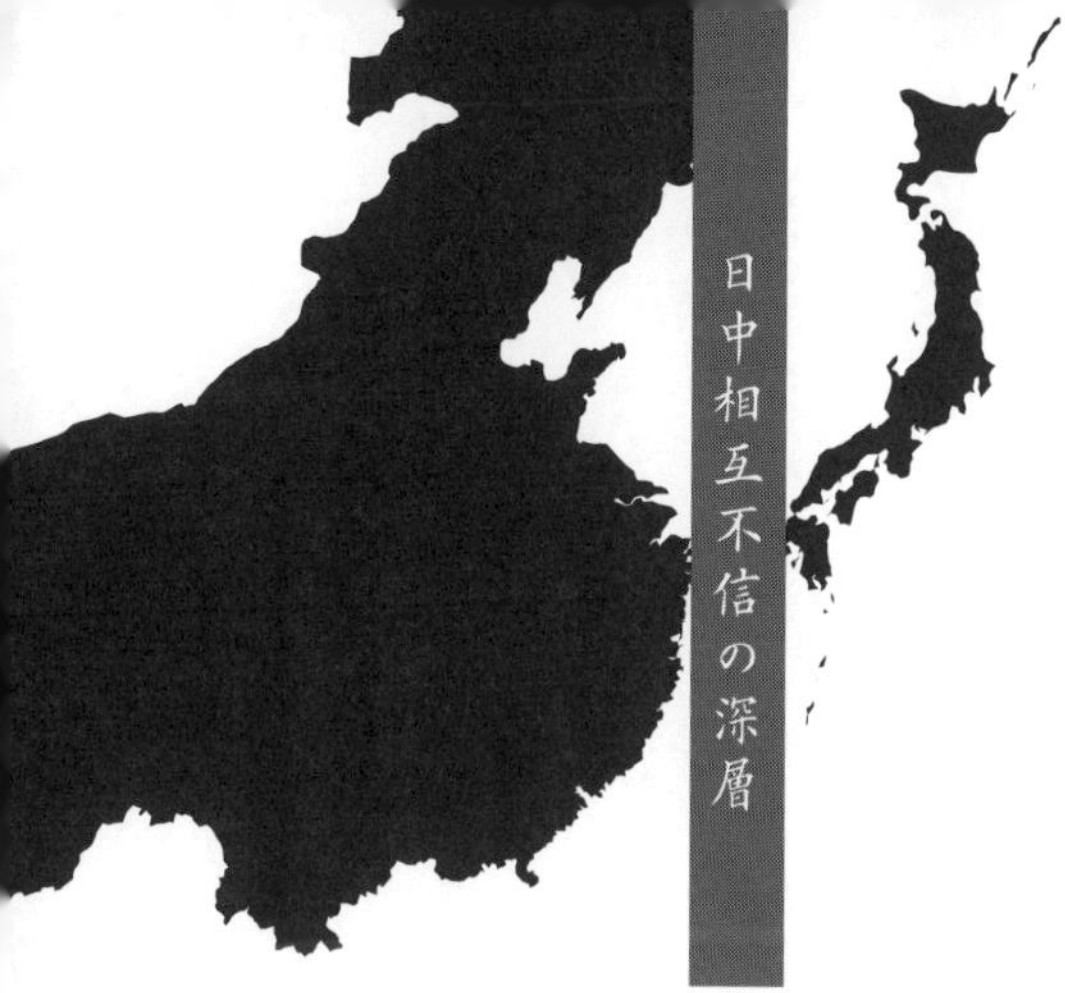

日中相互不信の深層

日中文化社会比較論

河原昌一郎
Shoichiro Kawahara
〔著〕

彩流社

目次

序章　日中文化の異質性と衝突

日本と中国大陸とは地理的に近く、古代から多くの交流があるが、地理的近接性や歴史的交流は必ずしも文化的同質性を意味しない。たとえば、ギリシアとトルコはエーゲ海を隔てて向かい合っており、古代からの関係も深いが、両国の文化、社会はまったく異質なものである。インドと中東諸国家との関係も同様である。

こうした事実は、文化的な同質性または異質性の形成は、地理的近接性や歴史的交流が決定的な要因となるのではなく、それぞれの国家の成り立ちやそもそもの社会形成に起因する固有の文化的、社会的要因が働いていることを示唆している。少なくとも、日本が東アジアに位置するというだけで、日本や中国大陸の文化を安易に東アジア文化といったように一括りにして理解するようなことは避けなければならない。

日本文化が中国文化とは異質なものであるという主張は、日本では古くからあった。たとえば、江戸時代初期に山鹿素行は『中朝事実』（一六六九年）と題する歴史書を著し、中国では王朝が度々変わって君臣の義も守られていないが、日本では万世一系の天皇が支配して君臣の義が守られており、日本の朝廷こそが中朝（中央の王朝）として最も尊い存在であると主張した。また、江戸時代中期に本居宣長は、「もののあはれ」が日本文学の本質をなす日本固有の情緒であるとするとともに、約三五年を費やして著した『古事記伝』（一七九八年）では「やまとごころ」の存在を重視し、国学の確立を導いたとされる。こうした国学の流れが、幕末の尊王思想にも大きな影響を与えたことはよく知られたところであろう。

明治になると西洋文化が日本に紹介され、日本は官民を挙げて西洋の文物の摂取に努めることとなるが、その一方で中国との外交レベル、民間レベルでの交流が進んだ。中国との民間レベルでの広範な交流は、明治以前にはなかったことであり、日本人は実質的に歴史上初めて中国文化、社会の真の姿に触れることとなる。

こうした中で、福沢諭吉は早くも『文明論之概略』（一八七五年）で日中文化の異同について論じた。福沢諭吉によれば、中国は純然たる独裁政府であって至尊と至強が一体化しているが、日本では至尊（天皇）と至強（将軍）が別にあり、さらにこれを調和させるための道理が存在する。このため、中国人の考え方は一方向に偏することとなり、思想貧困とならざるを得ない。これに対して日本では権力が分散しているために自由の気風があり思想が豊かである。西洋の文化を摂取するためには、精神の働きが活発で思想が豊かでなければならない。こうした考えのもとに、福沢諭吉は「支那の元素は一なり、日本の元素は二なり。此一時に就て文明の前後を論ずれば、支那は一度び変ぜざれば日本に至る可らず。西洋の文明を取るには日本は支那よりも易しと云ふ可し」(1)と論じるのである。

すなわち、福沢諭吉は、日本と中国との政治体制・社会には基本的差異があり、日本のほうが西洋文化の摂取に適している。中国の政治体制・社会は西洋文化を摂取する上で適当なものではなく、政治体制・社会の抜本的変革がなければ中国は西洋文化を適切に受容することはできないだろうというのである。

福沢諭吉は、こうした認識を経て、後に「脱亜論」（一八八五年）[2]と言われる論考において、「我が国には隣国の開明を待って、ともにアジアを興すという猶予はない。むしろ隣国との列から脱して西洋の文明国と行動をともにするようにし、中国朝鮮への対応は隣国だからと特別の扱いをせず、西洋人がこれら諸国を遇する方法で対応するだけである」[3]と述べ、中国朝鮮に極めて厳しい見方をするようになる。

長谷川如是閑は、戦後の発表となるが、『我観中国——その政治と哲学』（一九四七年）で、東洋には中国とインドとの二つの大陸系の文化と、それに対して独自の地位をもつ日本文化との三大系統の文明が存在するとした。そして、「さういふことは、欧米人の間にも、今に到って知られたことではなく、明治維新前後に日本に来て、多少日本の事情を研究した外国人らのうちには、日本文明が、シナ文明の単なる継承でないことを認めたものが沢山あって、その著書にもその点を強調しているものが少くないのである」[4]と述べている。さらに、日本には仏教や儒教の経典があるが、聖書または仏教典がそのまま西洋文化またはインド文化とは言えないように経典そのものが精神文化ではなく、「日本の精神文化は、経典や書物よりは、日本国民の心と、それが働き出した日本の歴史と、日本人の上から下までのあらゆる形態とに具現されている点に於て特徴があるのであって、いはば日本の一事一物から、日本人の一挙手一投足までが、日本の精神文化の産物なのである」[5]と述べる。日本の文化は、ある者の手によって、思想、行動準則等として体系化されたようなものではない。したがって、日本の文化は経典や書物に著わされているのではなく、日本人の生活、行動に具現されているとする点はまさにそのとおりであろう。

一九五七年に公表された梅棹忠夫の『文明の生態史観』[6]は、日本文化と中国大陸の文化とに相違があるというだけではなく、旧世界を二つの地域に分け、ユーラシア大陸の両端またはその外にある日本と西欧諸国とからなる地域を第一地域、旧世界から第一地域を除いた地域を第二地域とした。日本を西欧と同じく第一地域に分類し、日本文化と西欧文化とは共通したところが多いとする。

梅棹忠夫によれば、第一地域に属する国は、高度の文明を実現し、高度資本主義国となっているが、第二地域に属する国は第二次世界大戦後に新しく独立した国が多く、その事情は様々である。そして、第一地域と第二地域との違いは基本的に社会構造が異なることによってもたらされているとする。第一地域の諸国では、資本主義化する前の体制はすべて封建体制であった。これに対して第二地域においては、現体制の前の体制は主として専制君主制か植民地であり、また破壊と征服とが繰り返された地域である。第一地域の諸国は、こうした第二地域におけるような破壊と征服をまぬがれた地域であり、そのことによって、日本と西欧は旧世界の両端にありながら封建制から高度資本主義国へと平行的発展を遂げることとなり、多くの共通性を有することとなったとするのである。

ウィットフォーゲルは、その著『東洋的専制主義』[7]で共産圏、イスラム圏、中国王朝を「単一中心社会」として分類し、欧米、日本、自由主義圏を「多数中心社会」として分類する。言うまでもなく「単一中心社会」は専制的で、「多数中心社会」は民主的である。日本を西欧と同じグループに分類し、日本と西欧の社会の共通性を主張する点では梅棹忠夫と共通している。

なお、日本文化の西欧との類似性については、カール・マルクスも『資本論』（一八六七年）に、「日本は、その土地所有の純封建的な組織とその発達した小農民経営とをもって……忠実なヨーロッパ中世の姿を示している」(8)と記し、日本社会が中国のような皇帝専制の下での社会とは異なるという認識を示している。

また、よく知られたことであるが、サミュエル・ハンチントンは、その著『文明の衝突』で日本文明について、「一部の学者は日本の文化と中国の文化を極東文明という見出しでひとくくりにしている。だが、ほとんどの学者はそうせずに、日本を固有の文明として認識し、中国文明から派生して西暦一〇〇年ないし四〇〇年の時期にあらわれたと見ている」(9)とし、日本文明を世界的に一つの独立した文明として紹介している。

このように、日中の文化の異質性は、これまで多くの著書、論考で、それぞれの立場や考えの下に指摘されてきた。そして、現実に、中国との官民レベルでの交流が深まった明治以降、日中間では頻繁に対立や紛争が生じ、まさに文化の異質性を背景とした「文化の衝突」というべき事態が繰り返し起こっている。

明治前半期に起こった中国の華夷秩序をめぐる攻防はその一つの例であろう。これについては、詳しくは第八章で述べるが、特に朝鮮をめぐって華夷秩序・冊封体制(10)を維持したい中国と、これを打破して近代的な国際関係を構築しようとする日本が攻防を繰り広げたのである。結果は、日清戦争での日本の勝利により、華夷秩序は終焉する。

しかしながら、これ以降も日中間の衝突は続いた。日本は日露戦争の結果、それまでロシアが有していた南満州における権益を承継し、多大の犠牲を払って得たその権益を確保しようとするが、これに対して中国は政府も関与した広範な反日・排日活動を繰り広げ、日本の権益利用を妨害しようとした。これについては、第九章で改めて述べるが、中国は日中間で締結された条約の違反行為を平気で行い、日本人殺害を含むテロ的行為を繰り返した。こうした中国の行為は日本人を憤慨させるとともに、中国政府への不信感を募らせることとなり、満州事変へとつながるのである。

満州事変後も満州を除いた大陸での中国の反日・排日活動はやまず、日中間の対立は深まるばかりであった。そして盧溝橋事件を契機として日中間は全面的な戦争に陥り、ついに日本は米英との戦争を招くこととなる。一九四一年一二月八日に「米国及英国ニ対スル宣戦ノ詔書」が発布されるが、その中の次の一節は、日本の中国に対する見方をよく表したものとなっている。

「中華民國政府曩《さき》ニ帝國ノ眞意ヲ解セス濫《みだり》ニ事ヲ構ヘテ東亞ノ平和ヲ攪亂《かくらん》シ遂ニ帝國ヲシテ干戈《かんか》ヲ執ルニ至ラシメ茲《ここ》ニ四年有餘《ゆうよ》ヲ經タリ」（中華民国政府は、かねてから帝国の真意を理解せず、みだりに事件を起こして東アジアの平和をかき乱し、ついに帝国に武器を取って立たせることとなり、それから四年余りが経過した）(11)。

この一節は、言うまでもなく、盧溝橋事件で日中が戦争状態に陥ったその背景について述べたものであるが、日本の誠意または善意を理解しようとせず、両国間の合意を無視して恩を仇で返すような行為を繰り返して対立を引き起こす中国政府に対する不信感と遺憾の念が如実に表されている。

戦前においては、結局、日中間で信頼関係が築かれることはなかった。日中はことあるごとに対立し、衝突を繰り返したのである。そして、その背景には、相手方に対する根本的な不信感があったとしてよいであろう。

それでは、戦後の日中関係ではこうした事情に何か変化が生じているのであろうか。この問いに対しては、残念ながら、戦後においてもこうした事情は実質的に何も変わっていないと言うべきである。

戦後、日本は自由主義陣営に属し、大陸の共産中国（中華人民共和国）とは、しばらくの間、国交を持たなかった。日本が再び中国と国交を持つようになるのは一九七二年の日中国交回復においてであるが、交流が本格化するのは、中国が改革開放政策を開始した後の一九八〇年代になってからである。

一九八〇~九〇年代において、周知のことであるが、日本はＯＤＡ供与、企業進出等を通じて、中国に対して巨額の資金を投入するとともに、技術の移転、協力等を行い、経済発展を支援した。これは、もとより、中国がこのことにある種の恩義を感じ、将来の日中友好に寄与し得るものと期待したためである。それはまさしく誠意であって、何らかの底意があったというものではないだろう。ところが、大きな経済成長を遂げ、ＧＤＰが日本をはるかに凌駕し、軍事力も強化されて、まさに米国に次ぐ大国となった現在の中国が日本に対してとっている態度はどうであろうか。信頼できる友人として日本に接し、共存共栄の道を歩もうとしているだろうか。答えは明らかにまったくの否である。

中国は、自国の経済力、軍事力が強大化するにともない、日本に対して傍若無人の態度をとるようになった。日本の尖閣諸島に対する野心をあからさまにするようになり、同諸島周辺での領海侵犯行為を繰り返している。一方で、南シナ海では、自国の占拠する島礁またはその周辺海域を埋め立てて空港建設等を行い、南シナ海の軍事拠点化を進めており、日本の大動脈とでもいうべきシーレーンを脅かしつつある。また、東アジアでの米国の軍事的介入をできるだけ制限し、その軍事力を減殺するような軍事戦略をとり、米国に替わって東アジアでの覇権を獲得しようとする外交を進めるようになっており、米国にとっても中国は深刻な軍事的脅威となっている。

こうした中国に対して、日本人の多くは、どこか裏切られたという感情や失望感を持っているのではないだろうか。それとともに、不信感と警戒感が強まっているように思われる。内閣府が実施した平成二九年度「外交に関する世論調査」の結果によれば、中国に対して「親しみを感じない」とする日本人の割合は七八・五パーセントに及んでいる。また、日中関係が「良好だと思わない」とする日本人は七九・八パーセントである。現在の中国に対する日本の国民感情は、総じて悪いというほかはない。

現在と戦前とでは、国際関係がまったく異なっているが、日中相互に十分な信頼関係が築かれていないのは同様である。日本人は、やはり、中国または中国人に対して不信感を有している。その態様は戦前とは大きく異なるが、現在も依然として日中間では「文化の衝突」が続いているのである。

それでは、日本の文化と中国の文化とは、どうして衝突するのだろうか。このことを考察するためには、まず、中国の文化、社会がどのようなものかを知り、日本の文化、社会との本質的な相違を知る必要があろう。また、そうした日中の文化、社会の本質的相違を踏まえることによって、日中の過去の衝突の歴史の背景がより良く理解できることとなり、今後、中国に対して日本はどのように対応すべきかをより適切に検討することが可能となろう。

日本人は、今後とも否が応でも中国と向きあって行かなければならない。ところが、多くの日本人が、中国文化の異質性は感じても、どのように異質なのかがよくわからないため、中国にどのような考え方でもって臨むべきなのか戸惑っているというのが現在の状況のように思える。中国は、日本人にとって、まだまだ近くて遠い国なのである。

本書は、このような現在の日本人の需要に応え、また、中国問題を考える上での基礎的な知識形成の一助となることを願って著したものである。本書の構成は次のとおりである。

本書は、序章と終章のほか、四編十一章から成る。

第Ⅰ編は「中国の家族と村」をその内容とし、第一章では「中国の家族」を、第二章では「中国の村」をそれぞれ論じた。本篇は、中国の文化、社会の基礎をなす家族と村に焦点を当てたものであるが、いずれも日本の家族と村とはまったく対照的な性格を有し、本質的な差異があることを明らかにした。

第Ⅱ編は「中国の社会と民族性」を考察した。本篇は第三章から第七章までの五章から成る。第三章では、「士大夫階級と中国社会」と題し、中国社会の形成、性格に重要な影響を与えることとなった士大夫階級について論じた。第四章は「都市の団体」の組織原理を論じ、中国の団体の一般的な性格について考察した。第五章は「易姓革命の思想」を万世一系の日本との比較の上で考察し、日中の国家の成り立ちや社会制度に大きな相違があることを明らかにした。第六章では、「中国人の性格・民族性」について検討を行い、日本人の性格、民族性とどのような相違があるのかを考察した。第七章では、「日中の文化・社会の差異」について、第一章から第六章までの内容を踏まえながら考察した。日本は縦割りのタテ社会であり、それとは対照的に中国は横割りのヨコ社会である。また、日中の文化・社会の最も根本的な本質的差異が何であるかを論じた。

第Ⅲ編は二章から成り、「戦前の日中関係」を整理した。本編では、戦前の日中関係の時期区分を行った上で、中国的な性格が比較的よく表れていると見られる時期を検討することとし、第八章では「華夷秩序攻防期の日中関係」を、第九章では「反日・排日活動期の日中関係」を取り上げた。

第Ⅳ編も二章から成り、「現代の中国――国際秩序に対する脅威」と題して、国力をつけるにしたがって国際秩序を無視して横暴な行為が目立つようになり、国際社会の脅威となりつつある現在の中国の動向とその特色を整理した。このうち第十章では、「東アジアでの覇権を狙う中国と習近平の「新時代」」を検討し、中国外交の特色や習近平の「新時代」の性格を明らかにした。また、第十一章では、「南シナ海問題と中国の性格」を検討することとし、南シナ海での中国の行動を通じてその国家的性格を検討した。

終章では、以上の各編各章で述べたことを踏まえ、今後、中国とどう向き合うかについて論じた。

なお、序章の最後になったが、「文化」と「文明」との用語の差異について述べておきたい。日本語において、文化と文明は必ずしも明確な使い分けがなされていないようであるが、一般的に、文化は道徳、宗教、政治方式等の生活様式や精神生活に重点を置く用語として用いられ、文明は特定の時代、地域における経済社会制度、技術進歩、生産方式等の外形的制度や物質生活の特色に重点を置いて用いられることが多い。本書においても文化または文明という用語は原則としてこれに準じて用いることとするが、本書で日中比較の主たる対象としているのは、言うまでもなく、両国における道徳、政治方式等を含めた生活様式、精神生活に係わる問題、すなわち、文化に関する問題である。

第Ⅰ編　中国の家族と村

現代はグローバル化の時代である。世界のあらゆる地域において、急速に交通・通信手段が発達し、特に近年ではインターネットの普及等によって、経済面だけでなく文化、社会、生活面での相互交流が大きく進展している。都会に住む人の生活様式は、世界のいずこにおいても大きな差異はないように見える。多くの人はマンションまたはアパートの一室に住み、電車や車に乗ってオフィスに通い、背広等の洋服を着て過ごす。家族は夫婦二人に子供というういわゆる核家族が主体である。農村の生活もまた大きく変化し、農村社会の変質が進んでいる。とりわけ中国では、中国共産党によって一九四九年に中華人民共和国が建国されてから家族のあり方や地方行政組織に大きな変革が加えられ、農村も短期間のうちに著しい変貌を遂げた。

しかしながら、大きく変化したように見える家族や村であっても、かつての家族員相互を結びつける考え方や、村と村人との関係といった人々の行動様式を規制してきた慣習は現在の家族や村のあり方にも影響を与え、その社会の性格を他と区別する重要な要因となっている。家族や村のあり方が、現在では、外観的には他と大きな差異がないように見える場合であっても、社会によって、家族や村に対する構成員の意識や習慣的な行動に本質的な相違があると感じることはよくあることである。グローバル化が進んだ現代においても、国家、地域によって文化、社会はそれぞれ異なっており、伝統的生活様式や習慣といったものは容易になくなるものではない。伝統的生活様式や習慣は、子から孫へと伝えられ、再生産されるのである。

都会が現在のように発達していない時代においては、どの社会においても、家族や村での生活が人々の生活の主要な部分を占め、その社会での伝統的生活様式の確立や習慣の形成に重要な役割を果たしてきた。したがって、その社会の伝統的な家族意識や村での習慣・村民意識等を把握することは、その社会の本質的な性格や人々の意識を探る上で有益であり、かつ、不可欠のものと考えられる。

本篇では、こうした観点から、民国期[12]の中国における家族および村を対象として、家族意識、家族結合のあり方、村の機能、村民意識等を分析し、中国の家族および村の本質的な性格を明らかにする。この場合、日本の家族および村と適宜比較を行い、中国の家族および村の性格が日本とは対照的なものであり、日中の家族および村には本質的な相違があることを浮き彫りにしていくこととしたい。

第一章　中国の家族

一・中国の家族の概況

家族はどこの国にあってもその社会の基本的構成要素である。そこで、ここではまず中国の家族の概況を日本とも比較しつつ見ておくこととしたい。なお、家族にはいろいろな定義があり得るものと考えるが、ここで家族とは、特に断らない限り、基本的に生計を一つにして同居して生活を営む親族集団のことを言うものとする。すなわち一組の夫婦とその子女（いわゆる核家族）が基本となるが、状況に応じて父母、兄弟等が同居している親族集団のことである。こうした家族の形態はおそらく最も自然で一般的なものであり、このことは日本と中国とで変わるものではない。

中国では、ときに何世代もの親族が同じ場所に同居している大家族が見られる。これは、「累世同居」（何世代もの親族の同居）や「五世同堂」（五世代の親族の同居）というような言葉があることからも窺えるように、世代を重ねても親族がばらばらにならずに一緒に暮らすことが中国では理想的な家族のあり方と考えられていたことによる。しかしながら、こうした大家族が同居するためには大きな屋敷・家屋が必要であり、また大家族の生活を維持するための家産がなければならない。このため、大家族を維持できたのは主に都市に住むごく一部の富裕な家族だけであり、大家族は中国で決して一般的な存在ではない。さらに、こうした大家族も世代を重ねるとともに家族が増え、家産が分割されることによって多数の小家族に分裂していく。また、十分な財産もなく、生活に余裕のない大多数の家族は当初から一般的に小家族である。現実的には、過去もそうであったが現在においても中国の家族員数は日本とほぼ同規模の三～五人程度である。

そして、日中ともに、程度または内容には差があるが、こうした家族が儒教の一定の影響を受けつつ父親の家父長的な権威の下で結集して生活している。また、兄弟間では長幼の序を重んじることも同様である。このため、日中の家族は、外観的には共通した一面を呈するものとなっている。

しかしながら、日中の家族は、こうした外観上に一定の共通性や類似性を示すことはあっても、家族員の結合原理を含め、その内実の性格は全く異なるものである。そして、ここで留意しなければならないことは、そうした家族の性格の相違は、単に家族・親族制度の相違といったものにとどまらず、その属する社会の性格または構造の相違をも反映したものであるということである。社会は多数の家族の結合したものであり、また社会のあり方が家族の性格に影響を与えずにはおかないことを考えてもこのことは明らかであろう。以下では、そうした社会のあり方との関係ということも念頭に置きつつ、日中間の家族の相違を見ていくこととしたい。

二　中国の家族の性格――日本のイエとの相違

日中の家族の性格の相違で、まず触れねばならないことは、日本ではかつてのイエ制度において日本の家族がイエという継続的組織の一構成要素をなしていたのに対して、中国の家族はそうした継続的組織を構成することなく原則として親子間の一代限りの集合体であるにすぎないということである。

日本のイエは、単に家族員の集合体というのではなく、家産、家業の一体的運営と継続が意識された一つの経営体的性格を有する組織であった。イエの長は家族の長というだけでなく、そうした家産、家業を包含した経営体の長でもあった。家業を営んでいくためには土地、施設等だけでなく、それに従事する使用人も必要であるが、イエの長はそうした家業を全体として統括、管理、運営する権限と責任を有していたのである。

家族はそのイエの中核的な構成部分を占めるのであるが、相続は主として長子による家督相続によって、そのイエの一体性を損なうことなく存続させていくことが最も重視された。イエは、そうした形で遠い祖先から子孫へと系統的に代々継承されることが予定されていたのである。したがって、日本のイエは世代を超えて綿々とした単系的な連続性を有するものであり、かつ、それは社会の中で一定の位置付けを有する基本的組織としての性格を有するものであった。

これに対して中国の家族は、一家族として生活している間は、家産からの収益または各家族員の収入、財産はすべて家族共有のものとされ、家族としての顕著な全体性を示すが、相続に当たっては原則として男子の数によって家産が均等に分割されてしまうため、家族としての継続性または連続性は維持されない。

中国人の家族としての結合の強さはよく指摘されるところである。現在の中国においても、出稼ぎ者の収入は郷里の家族のものとされる等、家族で蓄財に励む姿はよく見かけるところである。中国社会の構成単位が家族であるとされるゆえんであろう。外部からは、家族員の行動は独立した個人の行動というよりも、家族の一員としての行動として見られるのである。

こうした家族共産的な性格は、中国家族の家父長支配的性格とともに、歴史的に生存競争が厳しく、家族が協力して労働し、生活のための資材、所得を共同で確保しなければ生存を維持することが困難であったという現実的側面とによってもたらされている。

まず、中国家族の家父長的支配が、父親の子に対する支配権すなわち父権を基礎にしていることは言うまでもないところであろう。子が成年に達せず、精神的に未熟で、自活能力もない時期において、子が父権の下で保護、養育され、またその父権に服することは自然なことである。

ところが、中国家族の家父長的支配は、子を一個の独立した人格と見ることはなかった。子は未成熟であっても一個の独立した人格を有し、その人格や権利を尊重して一人の社会人となるように教育するというような発想は中国の家族にはなかった。こうした人格や権利の無視は、妻に対しても同様であった。中国家族の家父長的支配の性格が、このように家族員の人格や権利を否定した上で成り立つ奴隷制的性格を有していたことは仁井田[13]の指摘するところである。

たとえば、中国の諸地方では、借金をした場合に、貸し主に妻を質入れする質妻という慣習があった。妻を貸し主に質入れした場合、借金の元本だけを返済すればよく、利息を支払う必要はなかった。貸し主のもとでの妻の労働が利息の代わりとされていたわけである。もちろん、元本を返済しなければ妻は戻してはもらえない。そして、妻が質入れされている間に、すなわち貸し主のもとにいるときに子を産んだ場合は、その子は貸し主のものとされた。いわば、妻が質に出されたときから、妻に対する使用収益権は貸し主に移転しているのであり、妻が産んだ子は貸し主が収受すべき果実となるのである。[14]また、将来の労働力の確保のため、将来の男児の妻とするため幼女をあらかじめ買い取っておくという例もあった。[15]もとより、買い取られた幼女は家内労働力としても利用されたのである。こうした慣習の存在は、中国の家族において、妻や子の人格は全く無視され、物として見なされ、また扱われていたことを端的に示すものであろう。妻や子は、家長の一存でどうにでも処分されたのであり、妻や子はそれに異存を唱える自由は認められていなかった。この観点からは家長の権限は極めて大きいものであった。

このように家族員の人格を無視して物として扱う慣習が中国で形成されることとなったのは、中国の農家が一般的に極めて貧しかったことが大きな要因となっているものと考えられる。中国農村では人口過剰が常態化しており、一農家当たりの平均的な経営面積は零細であったことから、農作業はほとんどが人力によって行われた。役畜を利用できる農家はある程度富裕な一部農家だけであり、一般の農家は役畜を飼養できる余裕はなかった。畜力よりも人力のほうが安価で現実的な労働力だったのである。家族員は生活のために全く無償での労働が求められ、しかもその家族員の人格は無視され、家族の生活の都合または家長の一存でときに物と等しい扱いを受けた。

しかも、こうした労働力の投入にもかかわらず、家族員数が多い場合は農業収入だけでは家計を維持するのには不十分であった。このため、家族員のうち可能な者は雇農（長期の場合は長工、短期の場合は短工と言われる）や出稼ぎ人として出され、家計の不足を補うこととされたのである。こうして得られた稼ぎが全て家計に組み入れられたのは、不足しがちな家計を考えれば当然のことであろう。中国の家族に家族共産的な性格が広く認められるのはこうした事情を背景にしたものと考えられる。

以上から明らかなとおり、中国の家族は、中国農村の貧しさによってもたらされた家族員の人格否定による奴隷制的な家父長的支配を基本的な結合原理としている。中国家族の家族共産的な性格もその延長上にあるものである。

こうした中国の特殊な家父長的支配の性格の下で、家族員の人格、権利、独立性等は認められることはなく、ただ家長への、または家長が代表する家族全体への一方的な奉仕が求められたのである。中国の家族において、現在でも家族員の収入が全て家族全体のものとされ、家族全体のための労働が行われ、強い家族共産的な性格を示すのは、こうした家族員の人格否定による家長への、すなわち家族全体への一方的な従属的性格が、家族結合の要素として現在も存続し、家族のあり方に影響を与えているためと見ることができる。

すなわち、中国の家族の家族共産的な性格は、家族員による家族への自覚的な帰属意識や自己犠牲の精神によって成立しているものではない。家族内の個の埋没の中での強い家父長的支配が家族共産的な性格を生み出すこととなったのである。

したがって、中国の家族結合の源泉を儒教的な孝悌の精神に見出す考え方は必ずしも適当とは言えないだろう。ただし、親子兄弟に関する自然的情愛や孝悌を重んじる儒教的観念は家父長支配を補強するものであっても否定するものではない。現実の家族にあっては、こうした自然的情愛や儒教的観念が、厳しい現実生活の中での家父長的支配とあいまって家族結合を強化するものとなっていることは大いに考えられることである。ただし、孝悌の観念が強調されることによって、中国家族の家父長的支配の本質が覆い隠されてしまうようなことは避けなければならない。

三、中国の家族の全体性と個人性

ところで、均分相続の例で見られるように、中国の家族にはこうした全体性がある一方で、個人は生涯にわたって家族に埋没しているわけではなく、将来における家産分割を前提として、家族の中で各個人はたとえ潜在的であっても強い個人性を維持していることが指摘されている。たとえば、福武(16)はこのことについて「かかる家族の全体的性格は個人たる家族員の全然滅私的な強烈なる家族的全体意識に基づくものではない。それは言わば各家族員の持分意識に支えられたる全体性である。この意味において吾々は、中国の家族にあって個人はその中に没入しているとは考えない。個人たる家族員は潜在的であるにしろ、その個人性を全体性の中に有している」と指摘している。また、戒能(17)は中国家族の土地所有権について「支那農村慣行上の土地所有権は、個人権たる性格を多分に持っているように見受けられる。もっともこの点に関しては、家族共産の問題が、極めて重要であることは言うまでもないけれども、現在の家族共産関係が、合有的関係(18)であると言うよりも、却って民法のいわゆる共有的関係に近いようである」と記述しているのも、中国の家族所有の全体性よりも個人性を強調したものである。

このように、中国の家族結合には、現象的には全体性と個人性が併存しているが、最終的に相続、分家等によって家産が各家族員に均等に分割されることが予定されており、かつ、そのことが各家族員によって潜在的に期待されている。すなわち、中国の家族結合は、家父長的支配下での強い全体性を有する中で、将来の分裂に向けた個人性を育むという性格を内包しているのである。

均分相続制度は、中国の家族制度の大きな特色をなしており、またその性格を決定づけている。実際、均分相続は徹底して行われるのが常である。土地はもとよりのこと、家具什器にわたる一切のものが分割の対象となる。相続ではなく、分家等による家産分割であっても、家産の分割は相続予定者間で原則として均等に行われたのである。もちろん、地域によっては祖先祭祀の費用分として長子に幾分の割増しを行うといった家産分割も行われていたが、それは一般的なものではなかった[19]。

相続人間の遺産分割の協議は通常は一定の有力な立会人の参加のもとで行われた。協議がまとまった段階で各相続人の相続財産を明記した合意文書が作成され、それには相続人とともに立会人も署名することとされていた。立会人が参加することによって遺産分割の内容が関係者に公知のものとなり、その実行が担保されるのである。

こうした家産分割のあり方を見るとき、中国家族に見られた強い家族共産的性格または家父長的支配による奴隷的従属は、原則として子が未成年である期間や生活の必要性等から当面父の支配に服している必要がある期間に限られるということとなろう。子が成年に達し、一定の自立性を有するようになれば、それ以降は個人の潜在的持分に対する期待感に基づいた分裂的な衝動が強く作用するようになるのである。すなわち、全体性よりは個人性が強まるのである。

家産の分割は、分家、相続等の機会に行われるのであるが、それが抵抗なく均等に行われるということは、家族共産的な状態にあったときから各個人はそれぞれ差別なく平等な持分を有するものと認識していたこととなる。このことは、長幼の序または輩行主義の考え方は中国の家族内では少なくともそれほど強いものでなく、現実的には各家族員は個性を無視した家父長的支配に隷属していたことを示すものとなっている。

そして、家産が各人に分割された後は、各人は分割された家産の単独所有者として全く独立の家を構えるのであり、各人の関係は全く対等のものとなる。かつてあった家族の全体性に対して、顕著な個人性を示すのである。このことは、兄弟間だけでなく、親の生前に分家した場合の親子間の関係も同様である。たとえば、何らかの理由で母が子の土地を質としてとった場合に、子がその土地を耕作しようとすれば、子は母に通常の小作料を支払わなければならない。すなわち、借金や小作といった経済的取引が、親子といえども他人と何ら変わらずに行われるのである[20]。

子が親に対して行う養老についても、こうした個人性は貫徹される。親の生前の分家の場合には、親はいくらかの養老地を留保することが多いようであるが、この養老地も全く個人所有として使用される。すなわち、親が元気な間は親が自ら耕作し、親が耕作できなくなってからはたとえば子に通常の条件で小作に出されるのである。

現在においても、子が親の面倒を見るに当たって、親子間で養老のための契約を締結する家族が少なくないのは、中国家族のこうした個人的性格を反映したものであろう。たとえば、体が不自由となったある老夫婦は、子に九〇平方メートルの家屋を贈与するが、その一方で子は親を扶養し虐待しないという義務を負い、もしこの義務に違反すれば贈与を取り消すという養老契約を公証手続きを経て作成し、それによってようやく安心することができたという[21]。

こうした養老の実態等から明らかなことは、中国家族において親の養老は決して子の滅私的な孝行心からなされるものでないということである。分家の後の親子は基本的に対等なのであり、親の養老も親と子との対等な取引もしくは契約の下に行われるのである。もちろん、そうした契約の締結が一定の孝行心によってなされることが一般的であるとも考えられるが、その孝行心は決して自己犠牲的なものでなく、親との対等の関係を基本としており、親とは独立の個人性を強く有したものである。

中国の家族が、以上のように、均分相続制度の下で強い分裂性または個人性を有するということは、中国ではもともと家族が世代を超えて維持され、または継続すべき存在としては認識されていないことを示している。このことは、日本のイエがある種の経営体として一つの組織をなし、現在の存在が過去から未来へとつながる系統の一部として認識されることと全く好対照をなすものである。

四　日中の祖先崇拝の相違

日本と中国のこうした家族観の相違は祖先崇拝のあり方によっても見ることができる。

日本では、祖先は氏神として子孫を守護する存在である。イエは古代から続く系統をなしていて、その系統の子孫は祖先である氏神を祭祀することによって系統の維持と繁栄が約束されるのである。日本ではよく「ご先祖様を大事にしないと罰があたる」と言われるが、こうした感覚もこのような祖先に対する考えから生じているものであろう。守るべきはイエという組織であって、家族員はそのイエという組織に帰属しているのである。

これに対して中国の祖先祭祀には神を祭るという観念はない。また、祖霊が必ずしも子孫を守ってくれるとも考えられていない。戒能[22]の示す例によれば、子孫による祖先の祭祀は祖先に対する礼として行われるという。祖先が生前において子孫から受けていた礼が、死後も欠かされることがないように祭祀が執り行われるのである。そして、家に重大なことや病気があっても祖霊に祈ることはないという。また、「中国では伝統的観念として、子孫なき鬼は餓えるものであり継嗣なくして死んだ孤魂はこの世に厄災を招く」[23]と考えられていたため、祭祀を継ぐ相続の問題はそうした厄災を避けるためにも重大な事柄であったのであり、こうした伝統的観念の存在も中国の祖先祭祀の性格を示すものである。

すなわち、中国の祖先祭祀はあくまで祖先のために行われるものである。祭祀を絶やさないのは、祖先に礼を欠かさぬように、または祖先が餓えることのないようにするためである。祖先は、自らのために子孫に奉仕を要求するが、子孫を保護したり恩恵をもたらす存在ではない。子孫の繁栄は子孫自身の事柄なのであり、祖先のあずかり知らぬところなのである。先に中国の親子は相互に強い個人性を有していることを述べたが、このことは祖先と子孫の関係にも原則的に妥当している。祖先には礼を欠かさず、生前の関係が死後にも礼として存続するものの、祖先と子孫とはたとえ血縁関係はあっても本質的に対等であり、別個の存在なのである。日本のイエでは、祖先と子孫とは系統として連続しているという観念が強く、祖先と子孫とは一定の一体感で結ばれている。祖先の名を辱めないという言い方が日本にあるのも、こうした一体感を基礎にしたものであろうが、中国の家族にはこうした観念はない。

以上のとおり、中国の家族には全体性がある一方で強い個人性が見られ、その個人性が祖先祭祀の性格においても日本との相違をもたらしているが、このことは中国の血縁集団である宗族《そうぞく》の性格にも影響を与えるものとなっている。

五．宗族

宗族とは、共通の祖先を祭祀し、多数の家族に分散した血縁者を統合する父系の同族集団のことである。宗族に属する人は族人とされ、その長は族長と言われる。宗族の規模は大小まちまちであるが、有力な宗族では、誰が族人であるかを明らかにし、族人の結合を強めるため、家譜（または族譜）と言われる一族の系図が編纂される。また、祖先を祭祀するための建物である祠堂《しどう》や、祠堂の管理等の費用を捻出するため、共通財産である族産を有する宗族もある。ただし、祠堂や族産を保有するためには一定の余裕ある資力が必要とされることから、こうした例が一般的であるというわけではない。

宗族の内部の秩序を維持するために定められた規律は宗法と言われる。宗法は、通常、家譜の始めに書かれているが、その内容は血縁者たる族人の親睦や相互扶助を図ること等が主たるものとなっている。かつては宗法に違反した族人に対する懲罰の規定を設けることも多かったようであるが、少なくとも二〇世紀になってからはこうした例は減少し、一九三六年に定められたある宗法では祀堂の机椅子の借用およびこれらを破損した者の賠償義務を規定するのみであった。[24]

家譜で、宗法に続いて書かれているものが一族の名前のつけ方である。中国人の名前は概ね二字から成るが、そのうちの上の一字はその者の世代を表し、下の一字は同一世代における長幼の順序を表している。たとえば、長幼の順序を「仁義礼智信……」という字句で表したとすると、「桂智」という名を有する人は、桂という世代で四番目（仁義礼の次）に生まれた者ということとなる。このように、家譜では何代目の者にどんな字をつけるかをあらかじめ定めており、ときには三〇代も後の子孫の名を定めていることもあるという。[25]

宗族内では、以上のように名前のつけ方が決められており、名を聞いただけでその人の一族の中での長幼の序による位置がわかるようになっているので、宗族は、外見上、整然たる秩序を維持しているように見えるが実際にはどのような機能を果たしてきたのだろうか。

これについて、福武[26]は、一九三〇年代の華北農村の宗族について、わずかに祖先の祭祀を中心に結合が保たれているにすぎず、宗族内の統制や相互扶助等の機能は微弱であるとしている。祖先の祭祀は正月や清明節のときに祀堂があるときはその場所で、祀堂がないときは祖墳に参ってから族長の家等で執り行う。また、結婚や葬式のときも宗族内での協力が見られるという。

その一方で、宗族内での共同作業は全くと言っていいほど見られない。農作業は、その性質上、農繁期等において一定程度の共同作業が必須であるが、こうした共同作業は族人、異族にかかわらず必要に応じて行われており、族人だからといって特別の扱いがされるわけではない。また、金銭の貸付けや、土地を賃貸する場合にあっても、貸付条件や賃貸条件で族人と異族とで原則として変わりがあるわけではない。

こうしたことから、宗族は、祖先の祭祀を行うこと等によって血縁者の同族意識を高め、交流を深めるための親睦団体としての性格が強く、族人に対して義務労働を強いる等の何らかの統制的、強制的機能は基本的に有しておらず、通常の生活・経済活動はそれぞれの族人個々にまかされており、宗族の関与するところではないということとなろう。

宗族のこのような性格は、分家の後には強い個人性が見られるとした中国の家族の性格と符合するものである。父系的血縁者の集団である宗族は、すなわちこうした分家の集合体である。分家した後はたとえ親といえども基本的に対等の関係となり、それぞれの家が生計、経済面において独立性を有するようになることは先述したとおりであるが、こうした分家が何世代かにわたって集合したとしても、そうしたもともとの性格が変化することはないのである。宗族の族人が、経済的にはそれぞれが個人性、独立性を有し、原則として宗族の統一的な統制や支配に服するわけではないことは、中国家族の性格に由来する必然的なものと言うことができるであろう。

宗族の機能が祖先の祭祀等の儀式遂行を中心としたものにとどまる以上、族長の権力はそれほど大きなものであり得ず、また、族長に誰がなるかも族人にとってあまり重要なことではなくなる。「族長は単に最高輩最年長者として尊長たるに止まるのが一般」[27]であり、実質的な固定的権限を振るうものではない。族長には祖先祭祀の統率のほか、祖墳の管理、族人間の紛争の仲裁、分家の際の立会等が求められることがあるが、祖先祭祀以外は必ずしも族長でなければできないわけではなく、それぞれに適した人が当たればそれで足りるのである。

宗族の機能は現実的にはこのように限られたものであるが、一方で宗族には、宗法を定めて族人間の一定の秩序維持を図るという性格があることから、為政者が宗族のこの性格に着目して、いわゆる宗法秩序を行政に取り込み、社会秩序の維持確保に利用するという政策がとられていた。清代において、中央から配属される末端の官員は知県であったが、知県は民間の紛争についてはまず民間での調停に付してそこで解決させるという方針をとっていた。そして、そうした調停の際に重要な役割を果たしたのが宗族、親友、隣人、郷紳、村役員等の人であったという(28)。

宗族が中国の社会秩序維持のために何らかの役割を果たしてきたことは否定されないだろう。ただし、民間の紛争を原則として民間の調停で処理させる場合、ときには円満に解決されることもあろうが、調停が有力者の意向によって左右され、調停結果が恣意的なものとなるという弊害は避けられない。調停に当たる者も族長に限られるわけでなく、宗族内の者や親友、隣人等も調停者になり得た。特に異族間の紛争の場合にはどちらかの宗法が一方的に適用されるということではないであろう。

こうしたことを考慮すれば、宗法が中国の社会秩序の形成・維持に果たした役割を過大に評価することは禁物である。民間での調停が不調に終わった場合は官に訴える道も残されていたが、多くの場合、民間の紛争は地元の有力者等によってその度ごとに現実的な解決が図られてきたと考えられ、その意味では、紛争の解決に当たって、官の法規等による法的安定性よりは人的な要素が重視されたのである。

また、宗法秩序による倫理観を社会安定に利用しようとする為政者の試みにかかわらず、こうした倫理観は人民に十分に内面化されたものでなかった。清代に統治者が地方統治において基本理念として重視したものが「孝」の理念であった。ところが、同治年間に息子が老父を家から追い出し、扶養もしないという事件が起こる。老父が県に訴えたところ、知県は倫理に反する親不孝の案件としてその息子を呼んで取調べを進めた。こうした中で、その息子はやむを得ず、親友の調停によって従来どおり老父を扶養し、衣食を欠かすことがないことを保証した。これによって、その老父は県への訴えを取り下げたという(29)。

この案件は、官民がともに「孝」の理念によって問題の解決を図った事例として紹介されるものであるが、一方で「孝」の理念が人民には十分に内面化されていないことを示すものともなっている。本来、こうした道徳的、倫理的理念は、個人の心裏に内面化されていることを前提として、個人の自主的な行動に待つべきものであって、他から強制される性格のものではない。強制がなされれば、それはすでに道徳的、倫理的理念とは言えないだろう。

日本においては、こうした問題は基本的に家の中で処理すべき問題と考えられ、直ちに訴訟に訴えることは考えにくい。その根底には、親への孝は内面化された信念に基づく自発的なものであるべきで、外的な力で強制してまで行わせるような性格のものでないという考えがある。先に紹介した養老契約もそうであるが、日本人がこうした事例に違和感を覚えるのはそのためであろう。

なお、この事例でも明らかなとおり、宗法秩序の中においても、分家後の親子の関係は基本的に対等である。宗族は、個々の族人の生活、経済問題に介入するような権限を有していない。中国の家族制度の下で、経済的には個々の家族が全く独立した経済単位なのであり、日本のイエ制度のように本家、分家といった区別もまたないのである。中国の家族制度が、日本とは本質的に異なったものであることが理解されるであろう。

第二章　中国の村

一．村分析の視点

一般的に、村は、ある地方で一家族が個別で生活することの不便さを補うためにいくつかの家族が相互扶助等を目的として集団として生活するようになったものである。こうして最初に村を形成する家族の集まりが血縁集団すなわち同族であることは自然なことと考えられるが、中国の多くの村も、もともとは同族村落であったと考えられている。特に華中、華南では現在でも同姓村（村民の姓が全て同じである村）が多いのはこうした名残を示すものであろう。

ところで、中国の村の構造は、土地所有のあり方をはじめ、新中国（中華人民共和国）になってから大きく変化した。現在では、中国の村の土地は公有（集団有）[30]とされ、村組織は中国共産党による直接的支配の下に置かれている。たとえば、現在の村には自治組織として村民委員会が設けられているが、一方で村には共産党支部が置かれ、村民委員会は共産党支部書記の指導に従うこととされている。

しかしながら、農村構造や支配方式が変化しても、中国の村が本来有していた本質的な性格は変わらずに残っており、その本質的な性格が現在の村の性格や村意識にも影響を与え続けているということは考えられることである。そうした本質的な性格を明らかにするためには、中国の村はそもそもどのような性格を有していたのかということを分析する必要があろう。本章では、そうした観点から、民国期の中国の村が、日本の村と比較して、村結合や村意識[31]の面でどのような特色を有していたのかを明らかにする。このことによって、日中の村の性格上の差異が明確となり、両者の社会や民族性の相違を浮き彫りにすることにも資することとなろう。また、言うまでもないが民国期の村の性格を明らかにすることは、新中国成立後の現在の中国の村のより的確な把握を可能とするものである。

ところで、村結合のあり方を論じるためには、まず村がどの程度強く統合されているかということが明らかにされねばならず、また、村の意思がどのようにして決定され、どのような作業が村の行為として村民共同で行われるのかといったことが検討されねばならない。村民が村に帰属意識を有し、村民の村意識が高い場合は、村民は村の行為に対して村民としての自覚から参画していくが、こうした村意識が希薄か、または認められない場合は、村民を村の行為に参加させるためには、村民に対する何らかの誘導または強制が必要とされることとなろう。

二　日本の近世の村

中国の村との比較検討を行うため、まず、日本の近世の村の性格を確認しておきたい。

日本の近世の村は、村の境界や村民の範囲は原則として明確であり、村として生活面、経済面での共同作業が行われる等、比較的強いまとまりまたは統合性を有する地縁組織であった。検地によって村の土地（村の境界を定める「村切」が行われた）、石高、年貢負担者が明確にされ、年貢の納付に当たっては村全体で年貢納付に連帯責任を負ういわゆる村請負が実施されていた。村請負は村の統合性を強化する一因ともなった。

日本の近世の村には、村方三役と言われた名主（庄屋）、組頭、百姓代という村役人がいたが、こうした村役人が必ずしも独占的に村の意思決定を行っていたわけではない。一般には高持本百姓[32]を構成員とする寄合が開かれ、そこでの協議、決議を経て村としての意思決定が行われた[33]。寄合の構成員である高持本百姓は、「組仲間」[34]としての意識を有し、現実の発言力にはもちろんそれぞれの立場、家格等から生じる差があったと考えられるが、村の意思決定には原則として同等の資格で参画し、また決定内容の実施に共同で責任を負った。寄合では、意思決定の方式として、多くは多数決が用いられたことが知られている[35]。

村役人は、一部地域では選挙による選任も行われたが、特に近畿地方では家格等によって世襲されることが通常であった。このことは村役人とそれ以外の村民とを分離する要因とも考えられるが、日本ではイエ制度に基づく世襲は伝統的社会行為として広く受け入れられており、また、領主からの村役人を通じた下達等を別にして、村の重要事項の決定は寄合で決められるのであり、村民から見て、村役人の世襲それ自体が村支配の正統性に影響を及ぼすというようなことはなかった。

村では寄合での決議を通じ、村民として守るべきことが村掟（村法等とも言われる）として定められた。村掟は、必要に応じてその都度作られたようであるが、その内容は村の秩序の維持、風俗の取締り、出火盗賊の際の出動、用水の使用方法等、多種多様なものとなっていた[36]。また、用水管理は村の事業として実施され、分水の場所では各村の代表によって水番と称して昼夜を通した監視が行われた[37]。

このように、日本の近世の村の村民に対する統制は生産、生活の全般に及んでいたが、用水管理の実際に見るとおり、村民にとって村は一種の運命共同体的存在であった。村にとっての利益が守られなければ、自己の利益もまた守られないのであり、こうしたことが村民による村との一体意識または帰属意識を感じさせる契機となっていたことは容易に想像できるところである。また、村の意思決定には「組仲間」意識による内面的支持が与えられており、このことも村民の村意識を強化させるものであった。村内には高持本百姓だけでなく、水呑百姓等と言われた従属農民層が存在したが、これらの者も村の利益（または自己の従属する有力本百姓の利益）と一体化した存在であることに変わることはなく、村に対して一定の帰属心を抱く存在であったものと考えられる。

日本の近世の村は、総じて村民の村意識が高く、多くの共同活動が村民の内面的支持を得て村として行われていたのであり、自治共同体的な性格を比較的強く有する組織であったと言えよう。

三　中国の村の開放性

それでは中国の村はどうだったのだろうか。まず、中国の村の統合の程度を見るために、村の境界（村界）および村民の範囲について見ていくこととしたい。

　中国の村は、民国期以前においては、一定の村としてのまとまりを示しつつも、地域的に明確な境界を欠いていたことが知られている。[38]村として地域的に固定した境界はなく、その村の土地とはすなわちその村民が所有する土地のことであった。課税や各種の負担割当はその村民が所有する土地を基準として行われた。したがって、他村人との間で土地の売買が行われれば、その村の土地の範囲も変化し、それとともに課税や各種の負担割当も変化したのである。

　中国の村の土地の範囲は、このように固定的なものでなかったが、中国の村と村との境界としては、「看青」による「圏界」と言われた境界があった。看青の青は青田すなわち作物が植わった畑のことであり、看青とは畑に植わった作物が盗まれることを防ぐために看視することである。そして、看青を行う地域的範囲は「看圏」と言われ、ある村の看圏が他村の看圏と接する境界が圏界である。

　旗田[39]によれば、民国期において華北の村々では圏界が普遍的に存在していたが、この圏界は光棍《こうこん》または土棍《どこん》と言われた無頼漢による私的看青の縄張りから生じたものであるという。看青は、当初、土地所有者である村民自身の手で行われることもあったが、自力での看青では人手も足らなかったため、村民のほとんどが無頼漢であるが腕力もある光棍・土棍に一定の報酬を与えて看青を依頼するようになった。村民が看青のために組織した会は看青会と呼ばれる。ただし、その場合でも看青の依頼者と看青夫である光棍・土棍との関係は私的・個別的関係であり、村と看青夫との公的関係ではない。多くの村でこのようにして看青夫に看青が依頼されるようになると、看青夫と看青夫との間で看青の範囲についての縄張りができ、それが固定化するようになった。土地所有者が変わってもその土地を受け持つ看青夫は変わらず、一方で、看青夫が死亡その他の理由で交代しても、その後継者がやはり同じ縄張りを受け持つこととなったのである。圏界はこのようにして私的に形成されたものであり、公的な村の境界ではない。

圏界が一定の公的な意味を持つようになったのは、清末に政府（県）の命令で各村に「青苗会」が設立されるようになってからである。[40] 青苗会は、看青を主たる仕事とするが、それ以外の村の公的な仕事も行い、村役場としての一定の機能を有する機関である。政府が青苗会の設立を促進するようになったのは、清末になって政府の支出が増加して財源を確保する必要が生じたため、青苗会を通じて看青の費用徴収と併せ、政府が必要とする各種の費用徴収を行うためであった。青苗会が看青をこれまでの私的な関係に換えて村の公的事業として実施するようになったため、圏界が村の管轄する範囲、すなわち村の境界としての意味を有するようになったのである。

ただし、看青の事業の性格が変わっても、村民が圏界をただちに村の境界として認識するようになったわけではないことはもちろんであろう。現実に、圏界は完全なる村界としては考えられておらず、たとえば、圏界内にある土地であっても他村人の所有する土地からは臨時の費用徴収が行われない等、依然として人を中心とした運用が行われていた。[41]

この後、政府によって村の境界を確定しようとする試みがなされる。近代国家の建設のためには、村においても教育、衛生、産業振興等の所要の地域行政が実施されねばならない。地域行政を実施していくためには、村を近代的な行政機構として再編し直す必要があるが、そのためには管轄範囲の明確化が前提となる。村界の確定はそのために求められたのである。

一九二八年の北伐完了後、国民党は華北の農村改革に着手し、一九二九年にはたとえば一連の村政改革の法令とともに「河北省村界整理章程」が公布されている。しかしながら、同章程は実際的効果はなく、機能しなかった。これは、政府にこれをやり遂げるだけの十分な財政力がなかったということもあろうが、そもそも村には農民を指導して行政を行えるだけの実質的内容を有する組織がなかったためである[42]。したがって、村は、こうした法令が公布されても旧態にとどまるだけであった。中国の村の境界の確定は、結局、新中国成立後まで待たねばならなかったのである。

村の境界が確定していなかったということは、村の封鎖制または完結性が弱かったことを示すものであるが、中国の村はその構成員についても資格等で特定の要件を定めることは少なく、開放的な性格を有していた。すなわち、村民の範囲についても固定的でなく、変動的であったのである。中国の村の多くは、他村から定住の意思をもって移住してきた者をすぐ本村人として扱い、従来の本村人と区別することはなかった[43]。新来者に対して村の行事への参加等について何らかの差別が設けられるようなこともなかったようである。入村、出村は原則的に自由だったのである。

一部に、土地および家屋を本村で有していることが本村人の要件となっていると村民が意識している村もあったが、これは、土地を有している人が村の費用を分担するという現実を踏まえたものであろう[44]。ただし、そうした村であっても、土地および家屋を所有しなければ、その村に入って住むことが許されないわけではなかった。その村に住むようになって、たとえば一〇年もすぎれば本村人として扱われるようになったという。中国の村は全体として、土地だけでなく、その村民についても強い封鎖性を有するような組織ではなかったのである。

一般的に、組織が構成員に対して強い支配力または統制力を及ぼし、結合力にすぐれた組織であるためには、その組織に一定の封鎖性ないし閉鎖性が求められる。構成員等における封鎖性がなく、その組織が開放的性格を有しているときは、組織が構成員に対して強い支配力を発揮し得ないのは自明であろう。したがって、中国の村に封鎖性が乏しいということは、中国では強い村支配の実態がなかったことを示唆するものである。

四．中国の村結合の性格

さて、そこで、次に中国の村結合の性格について見ていきたい。

従来、中国の歴代王朝では、徴税と治安以外は政府が村と接触する面を持たなかったと言われる。こうした状況は民国期においても、村を一行政機構として位置付けていこうとする試みがあったにもかかわらず実質的には大きく変わらなかった。村のことは村にまかされていたのであるが、このことは政府の村に対する無関心を物語るものであっても、村が自律的で相互扶助的な自治共同組織であったことを意味するものでない。

民国期の中国で、村政を掌るために各村に置かれていた組織は村公会と言われる。この村公会は、実質的に清末の青苗会が名称を変じたものであり、本来は看青を主たる役割とするものである。先に述べたとおり、青苗会は、清末の行政需要の増大に伴い、看青以外の村の公的な仕事も行うものであったが、こうした村組織の設立に見られる経緯は、中国の村では、もともと、村民が自らの生活、生産のための自主的規律を作り、必要な事業を共同で行うといったような公的組織が少なくとも村を単位としては存在しなかったことを示している。

ただし、このことは中国の村にかつて自治的組織が全くなかったということではない。中国の各村には一般に村廟が設けられており、上供会、善会等と言われた会が組織されて村廟の祭祀が執り行われていた。こうした村廟祭祀の会すなわち廟会を催すための費用の捻出方法については、廟田がある場合にはその収入からまかなわれ、足らないときは参加者から拠出金を徴収する等多様であったが、廟会には村民は全員が参加することが原則であり、その意味で廟会は村の自治的組織であった。ただ、廟会の事業の範囲は、あくまで祭祀、儀礼上のものにとどまるのであり、村民の生活の改善や生産活動の共同化に及ぶものではなかった。民国期まで、中国では村組織が村民の生活、生産活動に関与、干渉するようなことはなく、村民の生活、生産活動はそれぞれの村民にまかされていたのである。

なお、ここで、中国の村でかつて実施されていた保甲制度について触れておきたい。保甲制度は、中国の歴代王朝が村での徴税および治安のために設けた制度の一つである。清朝では、地域によって差があったようであるが、一〇戸を一牌《ぱい》とし、一〇牌を一甲とし、一〇甲を一保とする保甲制度が実施されていた(45)。牌には牌長が、甲には甲長が、保には保長が置かれ、それぞれ構成員の納税の状況や治安に関する状況や動向を監視し、上部に報告したのである。納税額は保長を通じて各構成員に割り当てられていたが、滞納者には保長の報告等に基づき、必要に応じ県の徴税吏員による取立て等が行われたものと考えられる。このように、保甲制度は基本的に監視の制度であって、税の納付に村民が連帯責任を負うといった制度ではない。納税は各村民の経済生活に直接的で重大な影響を及ぼすものであるが、それにどのように対処するかはやはり村の関与するところでなく、それぞれの村民の対応にまかされているのである。また、保甲制度は現実に十分機能せず、形骸化していたところも多かったようである。(46)いずれにしても、保甲制度は村民の生活・生産面における共同活動またはそのための組織とは無縁のものであった。

こうしたことを踏まえ、あらためて民国期の村公会について見ていこう。村公会は、通常、村長と数人の会首によって構成される。村公会が実質的にかつての青苗会の変じたものであることは前述のとおりであるが、青苗会は看青を本来の目的とするものである。看青はもともと有力な土地所有者によって私的に行われていたのであり、それが発達した青苗会さらには村公会においても、その中心となる構成員すなわち村長および会首は村内の有力な土地所有者であった。

村長は村民の選挙によって決定されることとなっていたが、それは全く形式的なものにすぎず、事実上は会首の会合によって村長候補者が選ばれ、村民はただそれを追認するだけであった。村民は村長に誰がなるかについてはそもそも無関心であった。(47)

村長および会首が有力な土地所有者すなわち村内の財産家であることは、納税および費用負担の面からも必要なことであった。清末以降、増嵩した行政経費を賄うために県は納税のほか各種の費用負担を村に求めた。この場合に県は、各人ではなく、村に費用負担額を一括して割り当てたのである。県はこうして必要に応じて村から費用を徴収し、村はその都度費用を上納せざるを得なかったが、その上納金はまず村長や会首の立替え等によって支払われた。(48)したがって、村長および会首は、こうした費用の立替えを行うためにも一定の財産家であることが求められたのである。副村長は村長の指名によって決定するが、副村長は「村副」と言われ、また、村一番の富者を意味する「村富」(49)とも言われたというが、[50]これもこうした事情を反映したものであろう。

県から村に求められた費用負担額は、この後、村長および会首の決定によって、一般村民にそれぞれの負担額が割り当てられ、徴収された。負担額の割当は、県からのその都度の要求に係るものだけでなく、村の支出に必要な費用も併せて割り振られた。そして、そうした費用は、収穫期等において定期的に徴収されることが通常であったが、必要な場合には臨時的な徴収も行われた。

村公会の最も重要かつ主要な役割は、この村民に対する負担額の割当とその徴収であったとしてよいであろう。村公会には村行政一般を実施することが期待されていたが、村の支出の多くは軍需や公安費等の県から求められた費用負担であり、学校費以外は村自体のための費用支出はほとんどなかった。[51]一般村民は、村公会から割り振られた負担額を納入するほかは、村公会との接点をほとんど持たなかったのである。

そして、この村公会における負担額の割当は、先にも触れたとおり、村長および会首の決定によってなされたが、この決定について一般村民が発言することは何らなく、一般村民はただそれに従うのみであったという。一般村民と村公会との関係は、「会首の会議には一般村民の出席は許されず、村の重要事項は会首のみの会合で処理される。そこで決定されて村民に通告された事柄について村民は異議を唱えない。たとえば会首から通告された村費徴収額が自己の所有地あるいは耕作地の面積に比して過大であっても、村民は会首の通告に従う。異議申立は絶対不可能ではないが、実際に申立てる者はない。また、村費支出についても、村民は単に報告を受けるのみである」[52]というものであった。一般村民の村公会への関与が封じられている状況の中では、村公会で恣意的な決定が行われてもそれを排除できず、一般村民はたとえそれが不合理なものであると感じてもただ従うほかなかったのである。そして、一般村民に対する村費の取立ては、ときに過酷な方法で行われた。

すなわち、民国期の中国の村では、村公会で専権的に意思決定を行う村長および会首という支配層が存在し、それに盲従するほかなかった一般村民という被支配層がいたこととなる。支配層は一般に多くの土地を所有する財産家であり、村の実力者であった。民国期において、土地を五〇ムー以上所有する富農層は河北省で約八パーセント、山東省で約四パーセントであったとされる[53]が、そうした村内の一部富農層が中農、貧農層である一般村民を支配したのである。

村長および会首は村公会の決定を恣にし、それを一般村民に強いることが現実的に行われていたが、そうした権力の源としては、大きく二つのことが考えられよう。

一つは村公会が政府（県）と結びついた存在であり、政府の権力を背景としていることである。民国期の村の村長は、形式的ではあったがその就任には県の許可が必要とされており、村は末端の行政機構として機能することが期待されるものであった。村内での円滑な費用徴収と治安維持は県が村に求めるところであり、その観点では県と村公会との利害は一致していた。村公会はそうした県の意向や警察力等を背景にして一般村民に臨んだのである。

もう一つは村長および会首の経済力である。村長および会首は村内の富農層で多くの土地を所有しており、所有の土地を小作に出しているような場合は、当然、地主として小作人に対して優位に立つこととなる。また、財産家として他の村民に資金を貸し付けているような場合も債権者として債務者に強い発言力を有することとなろう。また、看青で土地所有者が無頼者を雇ったように、その経済力で何かの必要に応じて無頼者を使うことも可能であった。後に、共産党支配地において土地分配が行われたときに、地主からの仕返しを恐れて土地を受け取らない農民がいたとされるのは、この辺の事情を物語るものであろう。(54)このような経済力による強制性が、一般村民の抵抗を抑圧し、村長および会首による一般村民に対する支配を可能としたのである。

村公会はこうした二つの権力の源に依拠して一般村民に割り当てた費用負担額を事実上強制的に徴収した。一般村民は割り当てられた負担額に異議を唱えることはできず、また、徴収された費用の使途を非難することもできなかった。そもそも、費用の使途が村公会からどれだけ開示されたかも疑問である。村公会は、このような点から見れば、村全体を代表している会ではなく、一般村民からの村費徴収のために組織された村有力者による結社としての性格を有するものであった。(55)村有力者は村公会を通じて村費を徴収する側に立ち、一般村民は徴収される側となる。少なくともこの限りにおいて、村有力者と一般村民とは利害が相対立する関係であったのである。

以上のような村公会の性格と村結合の実態から明らかなとおり、中国の村では村としての共同事業はほとんど行われることがなかった。先にも述べたとおり、廟会が村の行事として行われることはあったが、村民の生産活動等について村が関与することはなかった。村として行われるのは看青または「打更《だこう》」(56)と言われる夜回りぐらいのものであったが、これらも必要やむを得ず行われるという色彩が強く、看青はもともと土地所有者によって私的に行われたことは前述のとおりである。農業生産の性格上、農繁期には一定の共同作業が必要とされるが、これらも親戚、近隣者等の間で個別に私的に行われた。日本の村の「ゆい」のように、村民の総出による共同作業が行われたり、村として労働力が組織されたりするようなことはなかった。村は、村民にとって何ら共同体的な存在ではなかったのである。

こうした村の実態から、中国では、村が村民に強い一体感や帰属意識を抱かせる存在でなかったことは明らかである。村民が村にアイデンティティを感じることは少なく、村意識は希薄であった。村は村民にとって生活、生産の場であっても、生活、生産は村民がそれぞれ個別に行うものであって、村がなければ村民の生活、生産ができないというものではなかった。

また、村長および会首は村の有力者がなったが、そうした村有力者に対する一般村民の内面的支持はなかった。村公会での村有力者による決定に一般村民は参画することが許されず、実質的に村有力者と一般村民の利害は相反するものであった。村有力者は、一般村民を代表するというような存在ではなかったのである。村有力者は、支配者として村民に臨んだが、支配のための権力の源はまさに実力であった。政府権力に基づく警察力や村有力者の経済力を基礎とした強制力が村有力者をして一般村民を服従せしめた。村内の結合力はこうした支配従属の上下関係であって、「組仲間」意識というようなものではない。村公会は、一般村民に対する関係では、村長および会首の利益を擁護する結社としての機能を果たしたものの、村全体のための村事業の実施は低調であった。村長も会首の会合で一般村民に関係なく決定されるのであり、その権力について十分な正統性を有する存在ではなかったのである。

五．日中の村の差異

日中の村には、これまで、村の統合の程度、村結合のあり方、村民の村意識等で、全く対照的と言っていいような差異があることを明らかにしてきたが、これらの差異は、結局のところ、村が村民にとってアイデンティティ・帰属意識を感じさせる存在なのか、そうでないのかという差異に集約できるものと考える。日本の近世の村は村民にアイデンティティ・帰属意識を感じさせるものであったが、民国期の中国の村はそうではなかった。

個人がある組織にアイデンティティ・帰属意識を感じるようになるには、組織がその個人にとって正統性を有し、かつ、運命共同体的な存在であることが必要である。内面的支持を与えられないような組織に個人がアイデンティティ・帰属意識を感じることはできず、また、運命共同体であると認識しなければ、アイデンティティ・帰属意識に伴う自己犠牲的な精神も生じてこないであろう。

日本の中世末期に近畿地方を中心に形成された「惣村」は、封建領主の専断、収奪に対し、村民が自らの権利を守るために団結して対抗することを目的として形成されたものである。そのときに惣村が年貢納入を一括して請け負う「地下請《じげうけ》」が実施されたが、この地下請は近世においては村請負として継承されている。こうした日本の村の系譜から見て取れるように、もともと日本の村は、封建領主の強権から団結して自分たちの利益を守る自治組織としての性格を有するものであった。この意味で、日本の村は、まさに運命共同体的存在であったのである。村が自分たちの要求の実現を求めて起こす暴動は「一揆」と言われるが、一揆とは本来は心を一つにするという意味である。一揆ではまさに村民全員が心を一つにして立ち上がったのであり、そこには自己犠牲的な精神を明白に認めることができよう。

日本の近世の村では、祭事、生活、生産にわたる多くのことが村として共同で実施された。村民の生活、生産にとって、共同労働、水利等をはじめとする村の共同事業は不可欠なものであり、その点からも村は村民にとってなくてはならない共同体としての認識を抱かせる存在であった。村の意思決定は高持本百姓の出席する寄合によって行われたが、その意思決定には組仲間意識による内面的支持が与えられていた。もちろん、村内では庄屋等の家格による発言力の差や貧富の差があり、村内での矛盾や不満も少なくなかったが、そのことは村の組織としての正統性や運命共同体としての性格を損ねるものではなかった。村は、村民それぞれにアイデンティティ・帰属意識を感じさせる存在であり、村民が共同で守るべき存在ないし対象であった。村民は運命共同体である村を守るために、互いに団結することができた。村民は、いざというときは互いの利益を超えて村を守るべく行動しなければならないという共通の認識を有していたのであり、現実に他村との争いや一揆のときにそうした認識に基づく行動がとられたのである。

これに対して、中国の村は共同体としての実態に乏しく、村民が村にアイデンティティや帰属意識を感じるようなことはなかった。村は、村民が内面的支持を与えるような正統性を有する存在ではなく、運命共同体的な性格を有する存在でもなかった。

中国の村が村民の生活、生産に関与することはほとんどなかったことはすでに述べたが、村と村民との関係が疎遠であるのは中国の土地制度と関係を有している面もあるので、この点について触れておきたい。

先に日本の惣村が封建領主に対する共同防衛的な組織であることを述べたが、こうした封建制度が、春秋戦国時代まではともかく、秦漢帝国成立以後の中国で一般的に普及するということはなかった。中国の村の構造は古代から大きくは変わってないものと考えられており、農民が自らの権利を守るために団結して自治組織を作るというようなことは歴史上起こり得なかったのである。

中国の土地制度は、唐の時代に均田制が採用されるというようなことがあったものの、「支那農村慣行上の土地所有権は、日本の旧時代土地所有権などと比較して、遥かに私権的性格が強固」(57)なものであった。中国の地方には封建領主は存在せず、皇帝によって任命された役人が地方を治めていたのである。

日本の近世の村の土地は、農民の占有する耕作地としての性格のほか、領主の土地としての性格も有しており、藩による違いはあったものの、農民が土地を売買するには大きな制約があった。イエ制度によって、農地は代々そのイエに引き継がれるのが通常であり、日本の村の土地は固定的であった。これに対して、中国の村の土地は、原則として農民が自由に売買できたのであり、このことに村や公権力が干渉することはなかった。村内の土地を誰が所有するかは、納税等の観点からは村にとって重要なことであり、日本の村では売買に対する制約があったが、中国の村では原則としてそうした制約はなかった。前述したが、こうした点で中国の村は開放的性格を有していたのである。

中国の村が村内の土地の売買に実質的に制約を設けず、開放的であったということは、村内での生活、生産に村民同士の強い相互依存性がなく、中国の村に共同組織としての実態がなかったことを示している。村民それぞれの生活、生産に関することはそれぞれの村民にまかされていたのである。

村内での経済単位は基本的に家族であった。村民の生活、生産活動は家族を単位として行われた。共同労働による農作業、農具の共同使用等は、必要に応じ、すべて家族を単位としたやりとりの中で個別に行われた。村がそうしたやりとりに関与するようなことはなく、そもそも村にはそのような機能がなかった。村民間で紛争が起こった場合も、村内の有力者に間に入ってもらって解決を図るのが通常であり、村に裁定機能は期待されていなかった。重大な案件は県に訴えられたのである。村公会は実態として実力をもって村民から費用を徴収する組織であり、村民の内面的支持を得た存在でなかったことは前述のとおりである。村民が村のことに関知せず、村長に誰がなるかも無関心であったのは、村と村民とのこうした関係にも由来するであろう。

村内での土地の売買や家族間での各種の取引は身分的な上下の関係はなく、当事者として対等の立場で行われた。地主小作関係においても地主と小作人との間で身分的主従関係は存在していなかった。小作契約は通常は一年契約であり、小作料は毎年定められた。民国期において、小作料は一般的には金納前納とされていたが、場合によっては分収（収穫量のうちの一定比率を小作料とする）の形態をとることもあった[58]。いずれにしても地主は、毎年、物価や小作人の経済状況等を勘案し、適当と思える小作人と適当と思える小作料で小作契約を締結することが可能だったのである。

地主は、金納前納であることから、小作料を受け取った後は当該土地での農業経営に基本的に無関心であった。小作人もまた一年契約で身分的に不安定であり、長期的視点から農業経営に取り組もうとする意欲は全くなく、毎年の生産をただ繰り返すだけであった。地主にとっても、当該土地はたまた最近になって売買で入手しただけのもので、数年後には都合で売却しているかもしれない。先祖伝来の土地といったような観念はなく、[59] 当該土地からは毎年とれるだけの収入があればそれでよかったのである。こうした土地利用の実態が、中国の農業生産を停滞せしめたことは否定されないだろう[60]。

また、小作料の金納前納は、必然的に高利貸を介在せしめることとなる。金銭の貸借は、親戚、友人等の間でも行われていたが、そうした者に適当な者がいない場合は高利貸（村内の商人等がなっていた）から金銭を借りるほかはなかった。高利貸は高利貸としての立場で、借用人（小作人）から金銭を収奪したのである。

先に、中国の家族では、分家した後はたとえ親子であっても金銭貸借等に際しては他人と変わらない対等の関係に立つことを述べたが、こうしたことと以上述べてきたことを併せて考えた場合に、中国の社会には、著しい個人性、利益性、打算性があることを見出すことが可能なものと考える。

中国の村民にとって、村はほとんど意識の外に置かれており、村意識は希薄であった。村はともに守るべき存在でもなく、共同で行動を行うような場でもなかった。村民は個別の存在として、それぞれの資金力、経済力等を背景にして生存競争に埋没していた。村民に身分的制約はなく、当事者としては対等であり、その行動は原則として利益打算的なものであった。村はそうした生存競争を行う場を提供するものであったが、それ以上の大きな役割を果たすものではなかった。

日本の村民は、村は利害を超えてともに守らなければならないものという共通認識を有し、村に対する強い帰属意識ないしアイデンティティを有していたが、中国の村民にはそうしたものはなかった。ともに守るべき「村」があるという共通認識の有無、そして自らが帰属しアイデンティティを感じる「村」の有無が、日中の村民が村に対して有する意識の本質的な差異と言うことができよう。

第Ⅱ編　中国の社会と民族性

「話せばわかる」という言葉は、五・一五事件のときに犬養毅首相が発した言葉として有名であるが、この言葉は必ずしも真実ではない。この言葉が真実であるためには、話合いに臨む双方が、少なくとも相手の話を理解する上で必要な一定の共通の価値観や文化を有していることが必要であろう。双方に一定の共通の価値観や文化的背景がなければ、話し合った内容についての受け止め方が双方で異なったものとなり、結局はわかり合えなかったという結果に終わる可能性が高い。ところが、現実には価値観や文化的背景がまったく異なる者同士が互いに話合いに臨むことは少なくない。

たとえば、理念的なケースで恐縮だが、嘘をつくことはいかなる場合であっても罪悪だとする文化的背景を持つAと、自己の利益の維持・増加のために必要に応じて嘘をつくことは問題がないとする文化的背景を持つBとが共同事業を行ったとしよう。すなわち、文化的背景を異にすることによってAとBとで嘘に対する許容度がまったく異なる場合である。このときにBが自己の取り分を有利にするために嘘をついていたことが発覚し、AがそのことをBに非難したとしたらどうであろうか。Bは自己の行為の正当性や必要性を主張するであろうが、それを聞いたAはますますBに対する不信感を強めるに違いない。BはBで、もしAが同様の立場・状況にあれば同じことをしたであろうと考え、さして悪いことをしたとは思わず、改めることもない。結局、AとBとは話合いをすればするほど相互不信を募らせ、両者の関係は破綻に終わるであろう。

実は、こうした理念上のケースでないにしても、これに類似した案件が、日中間では官民のあらゆるレベルで生じている。そして、その主たる要因は言うまでもなく相互の文化、社会に対する認識不足や誤った思い込みである。日中の社会や民族性は根本的に異なっている。ところが、そうした認識がなく、相手もまた自分と同じような社会的背景を持っているものと無意識のうちに前提して相手と接すると、いずれ大きな当惑と失望感にかられることとなろう。

本編はこうした状況も念頭に置きつつ、まず、中国の文化、社会がどのような性格を有したものであるかを日本の文化、社会との比較を行いながら解明する。

具体的には、中国社会の性格の形成に重要な役割を果たし、また、日本には存在しなかった士大夫階級の性格に関する分析を行うとともに、中国の都市の団体の組織原理を日本の組織との比較の上で明らかにする。さらに、中国特有の思想である易姓革命の思想について日本の万世一系の理念との対比を行いつつ、その社会的な影響を解明する。その上で、中国人の性格・民族性に関する検討を行う。

最後に、こうした分析、解明を通じて、日中の文化、社会の本質的な差異とは具体的に何であるかについて論じる。

第三章　士大夫階級と中国社会

一・士大夫とは

中国では、王朝期において士大夫階級と呼ばれる社会的階級が存在し、その階級が中国社会で大きな役割を果たすとともに、辛亥革命以後の中国社会のあり方にも影響を及ぼしてきた。したがって、中国社会の性格を明らかにするためには、まず士大夫階級についての理解を深めねばならない。

士大夫は、時代によってそのあり方が異なっているため明確な定義がなされているわけではないが、通常、狭義には科挙を通じて官僚となった者または官僚経験者を言い、広義には官僚となったかどうかを問わず科挙を媒介とした儒教的教養人およびその出身階層に属する者のことを言う。ここで、狭義の定義は明確であるが、広義の定義については科挙制度についての一定の説明が必要であろう。

科挙は隋の時代から実施されることとなった官吏任用試験であるが、明、清代における科挙の試験は大きく「科挙試」と「学校試（童試とも言われる）」に分けられていた。[61]

まず「科挙試」についてであるが、「科挙試」はまさに官僚候補者選抜試験であり、三年ごとに各省で実施された郷試、その合格者を対象として北京の貢院で実施された会試、さらに会試合格者を対象として紫禁城保和殿で実施された殿試の三段階で構成されていた。このうち、郷試合格者は挙人、会試合格者は貢士、殿試合格者は進士と呼ばれるが、挙人になれば官吏として任官することが可能であった。清代において、毎回の科挙試験で挙人となるものは千数百人、進士となるものは二〇〇～三〇〇人であったとされる。なお、殿試では不合格者を出さないこととされていたため、貢士となった者は特段の不都合がない限り進士となったのである。進士は、すなわち、上級の官僚候補者であった。また、進士のうち、首席合格者が状元、次席が榜眼《ぼうがん》、第三席が探花と呼ばれたこともよく知られたところであろう。

次に「学校試」についてであるが、「学校試」は「科挙試」の受験資格を与えるために行われた試験である。「学校試」は、明代から「科挙試」を受験するためには各省に設置された官学校（府州県学）の生徒でなければならないこととされたため、官学校の入学者を選抜するための入学試験でもあった。「学校試」もまた県試、府試および院試の三段階に分けられ、院試の合格者に生員（秀才とも言う）として、「科挙試」の受験資格が与えられた。県試では、地域による差異はあるであろうが、例えて言えば、概ね一〇〇人が合格した場合、府試で五〇人となり、最終的に院試での合格者は二五人といったような状況であったようである。なお、「学校試」の受験生は、県試、府試または院試のいずれでも、童生と言われていた。

ところで、この生員および童生は、科挙にはまだ合格しておらず、官僚予備軍として地方に滞留した存在である。生員または童生を問わず、地方で科挙に合格するための受験準備を行うためには、言うまでもなく、そのための経済力および時間的余裕が必要とされる。すなわち、生員および童生は、官僚ではないものの、地方における比較的富裕な家庭の出身者であり、しかも一定の儒教的教養を有した者であるということができる。こうした科挙制度によって生み出されることとなった儒教的教養人およびその出身階層は、すでに宋代のときから支配的階層として地方で重要な役割を演じるようになっていた。宋代には、地方では「学校試」ではなく「解試」と呼ばれる試験が実施されていたが、この地方試験に合格した際には、地方ではその合格を祝い、「鹿鳴宴《ろくめいえん》」ないし郷飲酒礼と呼ばれる集会が挙行された(62)。郷飲酒礼には当該地方におけるこの支配的階層に属する人が広く招待され、当該階層に属する者の交流の場ともなったのである。広義の士大夫とは、こうした科挙を媒介とした儒教的教養人およびその出身階層に属する者のことである。本書では、特に断らない限り、士大夫とはこの広義の士大夫のことを言うものとする。

二．士大夫階級の位置付け

さて、中国の王朝社会における各社会集団を、ピラミッド型の上下関係（支配・被支配関係）で位置付け、そうした上下関係のもとでの各社会集団を階級としてとらえるならば、士大夫階級を含めた中国王朝社会は図3―1のように表すことができる(63)。

中国の各王朝は戦闘団体を組織して軍事力で前王朝を打倒し、中国支配を開始した。戦闘団体としては、農民起義によるもの（たとえば明朝の朱元璋）や、従来の部族の武装集団が兵力を増大させたもの（たとえば清朝の八旗兵）等があるが、一旦政権を掌握すると、「馬上天下を得るも、馬上天下

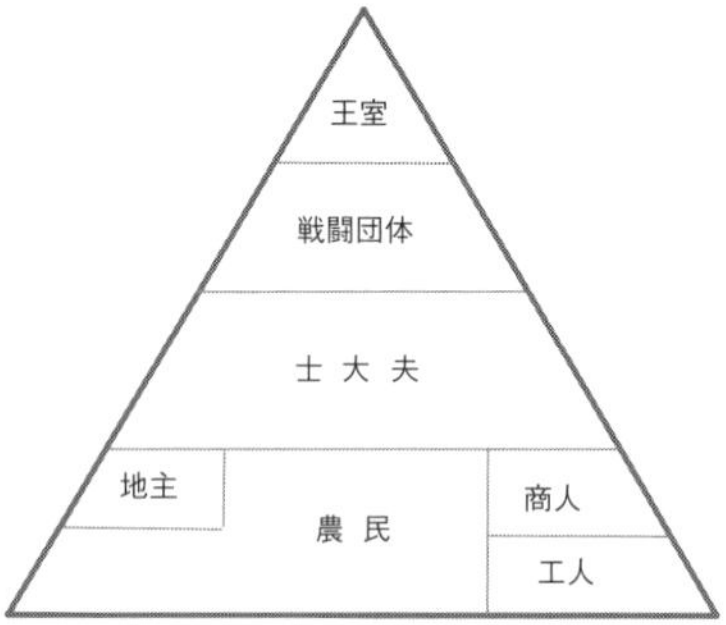

図3-1 王朝時代の中国社会
『支那社會の史的分析』経済資料第15巻第10.11号
((財)東亜経済調査局、1929年)27頁から一部修正して転載

を治むべからざる」（馬上で天下を得ても、馬上では天下を治めることができない）ことから、現実の統治に当たっては直ちに士大夫階級を利用することとなった。[64] もちろん、前王朝の中枢または高位にあった官僚は駆逐されたであろうが、新たに官僚を任命するときは士大夫階級から選抜するほかなかったのである。一方で、士大夫階級は、自らの生存と活動を維持するために、漢民族の王室であるかまたは異民族の王室であるかは問わず、どのような王室であっても常にそのときの王室につかえ、また戦闘団体に依存した。

士大夫階級は、このようにして王朝の政治権力の重要な部分を担い、支配階級として、主に農民から成る庶民に臨んだ。庶民は、日常的には、士大夫階級による支配を受けたのである。

このようにして、士大夫階級は、上は王室の権力につながり、下は末端の庶民に権力を及ぼし支配した。

こうした士大夫階級が中国王朝社会において果たした役割の重要性は容易に察することができよう。

三．士大夫階級の権力・権威の源泉

士大夫階級が庶民に対して優越的、支配的地位を保つことができた権力または権威の源泉としては、①皇帝権力の行使者であること、②地主としての経済力を有すること、③儒教的教養を身につけ知識を独占していることの三つが挙げられる。

①の皇帝権力の行使権限は、士大夫階級が官僚またはその予備軍であるところからもたらされるものである。士大夫は科挙を受験し、合格した者は中央または地方の官僚に任命された。科挙合格者のうちには、その成績等に応じて、中央で宰相に任命される者もあれば、その一方で末端の地方行政機関の長である知州や知県に任命される者もあった。いずれにしても、官僚の地位は実質的に中央から地方まで士大夫階級に独占されており、士大夫階級が皇帝権力を日常的に行使していたのである。この当時、知州や知県といった地方行政機関の長であっても、与えられた権力は行政権力だけでなく、裁判権等、統治に必要な権力は全て与えられていたのであって、士大夫階級は庶民に対して全くの優越的立場にあった。

ただし、言うまでもないことながら、官僚の地位を通して士大夫に与えられたこうした権力は、あくまで皇帝権力の一部なのであり、官僚としての士大夫は皇帝権力の枠からはみ出ることはできず、ただその権力の行使者であり、また利用者であったにすぎない。すなわち、士大夫階級は、皇帝を補弼し、ただ仕えるだけの存在であったが、士大夫階級の既得権益の確保にはそれで十分であった。皇帝に対抗したり、その権力を否定するような別の政治勢力を形成する必要はなく、そうした考えを持つこともなかったのである。

②の地主としての経済力は、士大夫階級のあらゆる活動の基盤であった。中国の地主制度について、唐末、宋初、つまり九世紀、一〇世紀に地主と佃戸（小作農）の分離が大きく進み、この時期は中国

の歴史の一大分水嶺であったとされる。(65) 明代の一四四八年に福建省で起こった鄧茂七の乱は、農村の小作人等が地主に小作料の減免を要求して立ち上がったものであり、北京政府が軍隊を派遣して鎮圧に当たるという大事件となったが、(66) この事件はすなわち、この時代においては都会（県城）に住む少数の地主に土地が集中し、多数の小作人が小作料等の負担に苦しんでいた状況を反映したものである。

鄧茂七の乱はその後の小作人による地主への抵抗運動の先駆的事例とされるもので、明末清初には地主の横暴に対して小作人が小作料の不払い等で対抗するいわゆる抗租運動が激化した。こうした小作人の抵抗もあって、揚子江下流域を中心とした地域では一田両主制という土地制度が広まることとなった。一田両主制とは、一つの土地が田面（上地）に対する所有者と田底（底地）に対する所有者との二者によって所有される制度のことである。(67)

このように、抗租運動が激しく行われたことは地主による小作料支払いの強要、収奪が過酷なものであったことの裏返しでもある。清朝雍正年間の一七二七年に制定された「抗租禁止条例」においては、小作人に小作料の支払いを義務付ける規定よりも地主の横暴な行為を予防することに重点が置かれたものとなっている。たとえば、郷紳（地方にいる士大夫の別名）が板棒を据え置いて小作人をむやみに打擲《ちょうちゃく》したような場合には、法規に従って処分することとされていた。(68) いずれにしても、士大夫階級が地主として得ることができた経済力は、彼らの活動を支えるとともに、小作人に対する優越的地位を保証したのである。

また、士大夫は、地方行政の実務を担っていたことから、その行政的権限等を利用して事実上地域での経済活動を支配し、地主としての収入に限らず、質屋、塩業、茶業等の商業経営に携わって蓄財していた[69]。

③の儒教的教養の習得と知識の独占は、士大夫階級による多数の無学な庶民に対する道徳的教育的な面での指導的立場を保証するものであった。郷紳は地域生活圏において、教育、教化、世論指導等に携わり、庶民との間の精神的紐帯としての役割を果たしていた。清朝では、郷民を進士・挙人・生員などの資格を有する士と、無資格の吏および民に分けていたが、士には廉恥が要求され、民の模範となる教養がなければならなかったとされる[70]。士大夫による義田、義倉、義学、義塚《ぎちょう》等[71]の設置は、士大夫に求められた役割の一部が実践されたものと見なすことができよう。

こうした、士大夫の役割は、もとより、儒教的教養を基本とした中国の王朝国家の統治理念にも即するものであった。清朝雍正帝によって公布された「聖諭広訓」は、孝を基本倫理とした清朝の統治理念を規定したものであるが、その中で、士大夫は四民の首として、四民を知的・道徳的に指導する責務を負わされている[72]。

このように、士大夫の庶民に対する知的・道徳的な指導的立場は政府公認のものであり、現実に士大夫が一部でそうした役割を果たしてきたことは事実であろう。しかしながら、こうした士大夫の知識の独占による指導的立場は、小作人に対する地主という立場と表裏の関係にあるものである。士大夫階級が学問にいそしみ知識を独占できるのは地主という経済力が基盤としてあるおかげである。小作人をはじめとする庶民は一般的に貧困であり、学問を行えるような余裕はなかった。経済力の大きな格差が、そのまま知識の大きな格差となっていたのである。

そして、地主が小作人に対して容赦なく小作料を取り立てたことは前述のとおりである。そうした過酷な収奪を行う地主が、すなわち庶民に対して道徳的に指導的立場にあるとされる士大夫なのである。現実的には、多くの士大夫が庶民をただ搾取の対象と見なしていたとされる。[73] 知識の独占は、経済的な優位性と相まって、庶民からの収奪をより容易にするものであった。

士大夫の儒教教義における指導的立場は、一部で義学の設置等を通じて庶民の教化に寄与する面もあったが、一方で、士大夫の庶民に対する立場をより強化し、士大夫による各種方策を通じた利益の獲得や蓄財を可能にせしめたのである。

四．士大夫階級の階級的特色

士大夫階級の階級としての最も大きな特色は、階級内部での縦の分断がなく、横の流動性が高い横割りの階級であるということである。日本の近世においては武士階級が支配階級であったが、武士階級は各藩に縦に分断されており、横への流動性はほとんどなかった。価値観や行動様式は武士階級として横に共通的ではあっても、武士の忠誠心の対象は、たとえば藩士であればその藩の藩主（大名）であり、藩が武士にとっての運命共同体であった。同じ階級の中にあって、強固な縦割り組織が存在していたのである。このことは資本主義社会における資本家階級にも共通している面がある。資本家階級は労働者階級に対する行動様式にこそ共通する面はあっても、資本家の組織する企業ごとに利害は分断されており、企業こそが資本家にとっての運命共同体である。日本では労働者にとっても企業が運命共同体であり、やはり、同じ階級の中に縦割り組織が存在している。これに対して、士大夫階級には、こうした縦に分断するような組織が存在しないのである。

士大夫階級が横割りの階級であるということについては、言うまでもなく、士大夫階級が科挙制度を基盤とした階級であることと密接に関係している。科挙制度は全国で所定の試験を実施して成績優秀者を登用する制度であり、その制度の性格上、本質的に出身地等は問題とされない。科挙合格者は全国から首府に集められ、官僚として登用されてそれぞれが命じられた官職についたのである。ただし、首尾良く殿試に合格して進士となっても皆が官僚として栄達できるとは限らない。知県等として一度地方に出されると昇進することは極めて困難であったとされる。このため、中央に残るために皆が翰林院（官僚実務の見習いの場。ここから中央の官僚が任命された）に残留することを希望したという[74]。

このように、科挙制度の下で、もともと士大夫の地方行政に対する関心や問題意識は希薄であったと考えられるが、官の側でも科挙に合格した士大夫が官職を利用して出身地との関係を深めることのないようにする措置をとっていた。官僚を本籍地の地方官として任命することを禁ずる「回避の制」と言われるものがこれであり、宋代にはこれが厳密に実施されていたという[75]。明代からは、前述のとおり、「学校試」が導入されたことによって地方に多数の官僚予備軍が滞留することとなったこともあって、士大夫と地方との関係は実態として深まるが、「回避の制」が除去されたわけではない。

「回避の制」は、言うまでもなく、官僚が本籍地の地方官に任命されれば自己の同族のみを優遇したり、当該地方で官僚が同族等の基盤を利用しつつ大きな権勢を振るうといった弊害が生じることを防止するためのものであるが、このことは一方で、地方政治を真剣に考えて地方の発展に長期的観点から建設的に取り組む官僚もいないという事態を招くこととなった。農村で行政が関心を有するのは徴税と治安だけであり、農村での事件や出来事が原則として農村内での処理にまかされていたのも、こうしたことが一つの要因になっていよう。行政が農業振興や農民救済のための事業に積極的に取り組むということは考えにくい状況だったのである。

このため、たとえば、清朝雍正帝の時代に、顧炎武（明末清初の儒学者）は、地方政治の発展のために、郷党（郷里の仲間）を指導するための郷官（当該郷里出身の地方官）を設置する必要があることを説いている。しかしながら、これについては、結局、認められることはなかった。清朝は、地方の発展よりも、郷官の設置によって地方での分権的傾向が強まることを恐れたのである(76)。

なお、知州、知府、知県といった地方官は「回避の制」によって地元出身の者がなることはなかったが、地方における徴税、治安等の行政的実務は実質的に地元の士大夫に担われていたことには留意が必要である。地方官は人事異動によって二〜三年で交替するが、実際に行政的事務を行っている多数の吏員等はそうはいかない。また、行政的実務に習熟し、地元の事情にも通暁した者は、現実の行政を円滑に進める上で必要でもあった。一方でこうした士大夫による行政的権限の掌握が、当該地域での経済活動の支配をもたらし、士大夫が多くの経済的利益を独占することとなったことは前述のとおりである。

ただし、地方に定着または滞留している士大夫といえども、「科挙試」に合格して中央で高位の官職につきたいという希望を強く抱いているのであり、また、自己の同族でそうした者が出ることを常に願っているのである。その意味で士大夫階級は、科挙制度の下で、やはり全体として強い流動性を有しているる階級であるとしてよいであろう。日本の近世の武士が忠誠の対象とした藩といったような縦割りの組織は中国には存在しないのである。地方は、中国の士大夫にとって、政治的経済的な支配の場であり、経済的利益の収奪の場であっても、忠誠の対象でもなく、運命共同体的な組織があるわけでもなかった。士大夫階級は、全国どこにいても科挙制度を通じて中央に直接つながる存在だったのである。

このように、士大夫階級は横割りの階級であったが、派閥間の勢力争いないし抗争は極めて熾烈であった。早くも唐代において、たとえば、各回の試験官と合格者が親分子分の関係を結んで派閥を形成して勢力争いを演じるようになり、また、進士と非進士が互いに派閥を作って争うなど、その熾烈さは当時の天子をして外部の盗賊は征伐できても朝廷内の派閥を除くのは不可能だと嘆息せしめるほどであったという(77)。

清代においては有力者によって試験官が買収されるといったような不正も絶えなかった(78)。重要人事等をめぐる派閥争いでは皇帝を巻き込んだ抗争が行われることもめずらしくなかった。それぞれの派閥が皇帝に上奏し、自らに有利な状況を作るため皇帝の判断を求めるというようなことが行われたのである(79)。ただし、こうした派閥はいかに熾烈に抗争を繰り広げるものであっても個人的利害をもとに形成された流動的なものであり、何らかの縦割り的な組織を作るというものでないことは言うまでもないだろう。士大夫階級は日本には見られない中国特有の横割り階級なのである。

第四章　都市の団体

一．都市の団体の種類

中国の都市の多くは、もともと市場が形成されていた場所が町として発展、拡大したものである。したがって、都市は、その地域の商業の中心地であり、各地との商業的交流の拠点となっている。また、都市には行政官衙、学校等の公的施設が設置され、士大夫も一般的には都市に居住していたため、都市は行政、文化の中心地でもある。

都市には商業的活動等のために当該地域の人のみならず、各地から人が集まり生活を営んでいるが、民国期までの中国の都市の団体を大きく分ければ同郷団体、同業団体および秘密結社の三つに区分される。

同郷団体は血縁に準じる郷党観念を中心とした団体であり、一般的に「会館」と呼ばれることが多いが、これは北平会館、寧波会館、山東会館、広東会館等、郷里別に施設を作って会館の名をもって呼んだからとされる。(80) 同郷団体では、同郷の会員の親睦、利益保護、相互扶助等が図られるが、同郷の範囲は特定の地方や市であることもあり、広いときは省であるなど、必ずしも一定しているわけではない。

　また、同郷団体の一種として、「幇《ぱん》」と呼ばれる同郷労働者の団体がある。これは、積み荷・荷下ろし、水売り、苦力《クーリー》、女中等の各種労働者ごとに団体を形成するものであり、それぞれが一定の縄張りを有し、仕事を独占している。たとえば、かつて、上海の女中は大多数が安徽省出身で、北平の水売り業者はすべて山東人であったという。(81)

　同業団体は、それぞれの業種の同業者が、商品の規格、価格、度量衡等の統一を図るなど、自らの営業を確保し、利益を守るために結成した団体であり、「行会」または「公会」と呼ばれる。当初は、同郷労働者の幇と同様、同郷人の同業団体という形で興ったものが多かったが、後には同業であれば同郷かどうかはあまり問わなくなり、民国期には同郷的でない一般の同業団体が多くなった。(82)同業団体はあらゆる種類の業種で形成されており、民国期の上海では数百種に上る公会が組織されていた。

　秘密結社は、特殊な政治的、宗教的目的を持っていたり、アヘン売買、賭博等の不法な事業を行うことを目的としたりしているため、秘密裏に作られる団体であり、内部の組織も明らかでないことが多い。

　民国期に中国にあった秘密結社で最も勢力が大きく、かつ、名が知られていたのは青幇《ちんぱん》であろう。青幇はもと清朝時代に大運河を往復して南方の穀物を北方に輸送した船頭仲間で秘密裏に作られた結社と言われ、アヘン売買等に従事するようになり、上海を中心に全中国で会員を持ち、会員数は一〇〇万人を超えていたと言われる。(83)上海で青幇は各界に広く浸透し、警察の大半、軍隊士官、公安局職員、政治家、工場職長と労務者差配人の大半、国民党労働指導者、多数の小商人、スラム街のプロレタリアート等が加入していた。(84)

上海では青幇が何をしようと、上海の警察の大半が青幇の会員であったという事実からも明らかなとおり、警察はその取締りには全く機能していなかった。一九二〇年代の青幇の最有力者の一人であった杜月笙《とげつしょう》は蒋介石の盟友であり、蒋介石自身も青幇の一員であったとされる。一九二七年四月一二日に勃発した上海クーデターは、蒋介石率いる国民党軍をバックとして、青幇が共産党に対して攻勢に出た白色テロであり、青幇のメンバーによって五千から一万人と言われる共産党員が虐殺されたという。(85) 蒋介石は上海クーデター直後の同年四月一八日には南京国民政府を樹立し、青幇と協力して各地で共産党勢力を駆逐しつつ政権基盤の強化を図っていく。このように、中国では秘密結社が公的な政治勢力以上に政治的に重要な役割を果たすことがあるのであり、このことは中国の団体の一つの特色として注目すべきことであろう。

二　都市の団体の組織原理

(1) 個人性と協力――大阪在留華商の例

中国人は個人的利益を直接の目的とした個人性を強く有するが、その一方で華僑組織等においては互いが協力して顕著な団結力を示すと言われる。それでは、このような現象は具体的にどのような形をとっており、また、彼らを協力せしめている要因は何であろうか。

このことに関して、やや古くはなるが、昭和の初めに南満州鉄道株式会社が発刊した一連の経済資料の中に、『在留支那貿易商』(86) と題する図書がある。同書は、当時、日本において雑貨、綿糸布の貿易に従事していた華僑団体の動向を調査し、その結果をとりまとめたものである。ここでは、主に、同書の大阪華商に関する記述をもとにして、この問題について検討してみることとしたい。

昭和初期の大阪華商の取扱商品のうち、重要なものは雑貨と綿糸布であったが、これらの取引のための営業拠点としての施設には店舗と行桟《こうさん》とがあった。店舗は特に説明の必要はないであろうが、これは、日本家屋を借り受けて中国風に改造したもので、一商店で一軒ということもあったようである。特徴的なのは行桟で、旅館式集合事務所とでも言うべきものである。行桟は、規模にもよるが、一〇〜四〇人の華商が止宿し、各部屋を仕切って事務室兼寝室としていた。行桟の主人は、すなわち旅館の経営者であるが、単なる旅館経営者ではなく、宿泊華商の各種取引上の便宜を図るとともに、自らも問屋業者であった。なお、行桟の宿泊華商は、そのほとんどが華北出身の華商であり、華中華南出身の華商は店舗を利用したとされる。こうした相違は華中華南では比較的大きな店舗を構えて商売をすることが多いという出身地の慣習や伝統に主として基づくものであろう。

行桟は、ごく小規模ではあるが、行桟の主人を首領とした同郷華商団体としての性格を有していた。行桟に宿泊する者は縁故者、知人、紹介による者等に限られており、山東、天津等の出身地ごとに分かれていた。

この行桟は、大阪華商の増加にあずかって力があったとされるが、これは行桟の主人が新渡来の華商の指導役を務めるとともに、宿泊華商の保証人役ともなり、行桟が大阪での華商の取引を支援し、また、保護する機能を有していたためである。邦商（日本の商人）は、行桟の宿泊華商と取引するときは、当該華商の信用状況が明らかでなくても行桟の主人の面子を信頼して取引をしたのであり、銀行が宿泊華商に当座貸越の便宜を与えるときも行桟の主人が口頭で保証することによってそうした便宜を与えたのである。そして、通常はそれでほとんど問題がなかったという[87]。ただし、行桟の主人はもとよりサービス精神だけでそうした取引上の便宜を図ったわけではない。行桟の主人は、宿泊華商から正規の宿泊料のほか、取引上の便宜の対価として「心付」または「歩金」と言われるものを徴収した。心付とは各種の世話になった御礼として与えるものであり、歩金とは取引紹介等によって得るリベートのことである。こうした収入によって、行桟の主人の収入はかなりの巨額に達したという[88]。この意味で、行桟の主人が宿泊華商に与えた各種取引上の便宜は行桟の主人のビジネスの一つなのであり、このビジネスは面子が基礎となっている。宿泊華商は、こうした行桟の主人の面子をつぶすことがないよう求められたのである。

さて、取引の営業拠点として店舗を有するか、または行桟を利用するかという差異はあっても、大阪華商のほとんどは、本国にある本店の指示によって買付をなし、それらの商品を本国に向けて発送するという役割を担うものであった。すなわち、大阪華商は独立した商人として営業を行うわけでなく、店舗にしろ、行桟にしろ、本国本店の出張所という位置付けだったのである。

しかしながら、本国の出張所であってもその経費を本国が負担したわけでない。在留華商の給料を含め、家賃、食費、通信費等の在留のために必要な諸経費は原則として在留取引中の諸収入によって賄うこととされていた。そして、これら在留取引中の諸収入とは売込み邦商よりの歩引、船会社の運賃割戻、保険会社の保険料割戻等であり[89]、これらはすべて取引に伴う慣習的なリベート収入であった。

歩引とは、商品の契約価格から一定の歩合を割り引き、在留華商の収入とするものであり、売込み邦商が華商に支払うリベートである。割引率は相手方華商との関係によって一律ではないが、通常は契約価格の一～二分（一～二パーセント）程度であった。

船会社の運賃割戻は、日本の船会社が運賃の一部を出荷主にリベートとして割り戻すものであり、これも出荷主によって一律でなかったが、おおよそ一割程度であったという。ここで特徴的なのは、運賃割戻の交渉は日本の船会社と出荷主たる華商との間で直接行われたわけでなく、華人の経営する運送会社が華商を代表して交渉を行ったことである。当時、大阪には二つの華人経営運送会社があり、華商はいずれかの運送会社を通じて船会社と交渉を行ったのである。日本の船会社は華人経営運送会社と割戻率を取り決め、当該運送会社を通じて華商に割戻を行った。この際に当該運送会社も華商から幾ばくかのリベートを得たことは言うまでもないだろう。

保険会社の保険料割戻は、日本の保険会社が保険料収入の一定比率を出荷貨物に付保した華商にリベートとして割り戻すものである。各保険会社との割戻率の交渉も、保険会社と華商との間で直接行われたわけでなく、「公所」が華商を代表して交渉に当たった。ここで、公所とは、大阪中華北幇《ほくぱん》公所または大阪中華南幇《なんぱん》商業公所のことであり、大阪華商は出身地に応じていずれかの公所に属していた。割戻率は保険会社間の競争によって高くなっていったが、保険会社間での話し合いによってある時期からはすべて一律の割戻率とされることとなった。割戻は、公所を通じて華商に行うものとされており、その際に公所も一定のリベートを得たことは船会社の運賃割戻と同様であろう。

これらの慣習的なリベート収入が在留華商の滞在経費に充当されたことは前述のとおりであるが、

これらはもちろん商慣習としては健全なものではない。各華商は他を出し抜いてでもより良い条件のリベートを獲得しようとし、売込み側の邦商は顧客を確保するためにリベートの引上げに応じるというようなことが往々にして生じる。こうした交渉は一般的には闇の中で行われるのであり、商取引を不明朗なものとし、腐敗の温床ともなる。また、リベートの引上げは実質的な販売価格の引下げとなることから、経営圧迫の大きな要因となった。

このため、邦商団体からは華商団体に対して度々これらの慣習的なリベートの撤廃もしくは簡素化の申入れが行われた。しかしながら、これら申入れは、常に華商側の一致した強い反対や、華商側による邦商側への切り崩しに遭遇し、あまり大きな成果をおさめることはできなかった。リベートの撤廃は邦商側にとっても顧客を失う恐れがあったため、リベートの撤廃が不可能で不利であることを説く邦商も現れ、結局は現状維持とするほかはなかったようである。前記『在留支那貿易商』では、こうしたリベート撤廃に関する交渉の際における華商側の主張が、「日本綿糸布や雑貨が今日の如く支那に売れ行くに至ったのは全く華商活動の賜物なれば些細な値引慣習の如き今更ら云々するに当たらぬであろう。之に加えて華商側にありては過去の永き慣習によりこれら諸割引収入は在留経費の一部に充当する仕組みになっている。今この途を突然失うことは甚だ迷惑千万である。どうでも全廃したければそれだけ値の方を上げ事実上の割引を無くするようにしては如何」というものであったことを紹介している[90]。要は、これまでのやり方で十分な成果を上げてきているのだから今さらやり方を変える必要はなく、ましてや既得権益に介入するようなことはやめてもらいたい。実質的に価格が下がるというなら、この慣習には手をつけないで、その分価格の方を上げればいいではないか、というのである。

こうしたやりとりは、日中双方の関係者の考え方の相違をよく反映している。邦商側が慣習的リベートの撤廃を要求したのは、もちろん実質的な価格低下を防止するという目的もあるが、不透明で不合理な取引慣行はできるだけ除去し、合理的で公正な取引制度を確立することによって対中貿易の健全な発展を図ろうとしたものと言うことができよう。ところが、華商側にとっては、公正な取引制度というようなものは理解の外であり、ほとんど考慮の価値がないものであった。彼らのめざしていたものは、あくまで既得権益の確保であり、またそうした中での自己利益の最大化であった。既得権益の確保は華商全体の共通した利益として考えられたのであり、そのために彼らは協力し、団結した。

ただし、当時における対中貿易の進展は、商人による売込み努力もさることながら、運送業や保険業の発展によるところも大きく、これらが全体として機能することによって貿易が発展したことは言うまでもない。ところが、華商にはこうした認識はなく、対中貿易の増加は一方的に華商活動の賜物であることを強調しているが、これなども貿易に対する見方がただ自己利益の確保という観点からだけになっているためだろう。

以上の昭和初期における大阪在留華商の活動実態から明らかなとおり、華商の商活動にはリベートが常に大きな役割を果たしている。在留華商にとって、本国からの送金よりもリベート収入が実質的な彼らの収入であり、リベート収入を極力大きくすることは彼らの重要な在留目的であった。リベートの率は、前述のとおり、一般の取引では邦商と在留華商との間で個別に取決めがなされ、船会社の運賃割戻と保険料割戻については華商団体を通じて交渉が行われた。そうした交渉の場で在留華商は、一定の相場感はあったであろうが、自己利益の最大化のために個別に全力を尽くしたのである。一方で、在留華商は、既得権益であるこれらリベート慣行を守るために華商団体を通じて協力し、一致団結した。こうした在留華商による抵抗の前に、邦商側はこれらリベート慣行をほとんど崩すことができなかったことは前述のとおりである。

他方、在留華商には、貿易制度の健全化や、公正な貿易制度の確立といったことは理解できないものであり、視野にないものであった。彼らの眼前にあったものは既得権益であり、既得権益を利用して自己利益の増大を図ることであった。在留華商が団結したのは、こうしたそれぞれの個人的利益を維持するためであったとして良いであろう。

しかしながら、既得権益と自己利益だけにこだわるような貿易業務のあり方はいつまでも存続できるものでもない。時代が下るにつれて日本の貿易商は自ら大陸に進出し、大陸と直接に取引を行うようになったこともあり、在留華商の役割は徐々に低下、縮小することとなったのである。

(2) 組織原理

大阪在留華商の例では、リベートという既得権益を前にして、華商団体の構成員には個別性が見られるとともに、当該既得権益を守るための協力、団結が行われたことが明らかとなったが、それでは前述した中国の都市の団体では一般にどのような組織原理が見られるのであろうか。

大阪在留華商の例が示唆することは、中国の団体には組織原理として、団体としての目標の実現ではなく、団体の構成員の個人的利益の保護を図るという面が強く見られるということである。

中国で「会館」と呼ばれる同郷団体は、外見的には同郷会員の親睦、宗教行事の挙行、宴会等を行う社交団体にすぎないように見えるが、それは決してそうではない。たとえば、同郷団体の構成員相互に係争があった場合は、同郷団体内の有力者によって和解または仲裁が行われた。また、構成員の一部が外部の官民に対して訴訟その他の係争関係に入った場合には、同郷団体または同郷団体の代表者が官その他外部との交渉に当たり、構成員に対する侵害を防止する例になっていたという。(91)

中国で同郷団体がこうした機能を担うのは、国家がこうした機能の提供を保証できず、また信用もされていなかったためである。もしも国家の警察、司法機能が健全で、十分に信頼に値するものであり、特定の団体に頼らなくとも個人で生活を営むに不安がないものであれば、同郷団体は個人の生活上の問題には直接関係しないまさに社交団体としての役割を有するにとどまることも可能であったであろう。ところが中国はそうではなかった。

国家による保護が保証されないところでは、個人はいきおい何らかの団体にいくらかでもその保護を求めざるを得ない。中国の同郷団体はこうした要請に応えるものであったのである。同郷団体への加入は強制的なものでなかったが、こうした団体に全く加入せず個人で単独に生活をすることは事実上困難であった。

しかしながら、その一方で、中国の同郷団体の機能は、基本的に個人の個別具体的な生活・経済活動上の利益を守るというにとどまるのであり、団体としての何らかの目標をもって個人の行動に影響力を及ぼすというようなものではなかった。個人の個別の行為に干渉することなく、逆に個人が外部の官民からの干渉や制約を受けた場合にそれを阻止し排除する機能が期待されていたのである。

こうした同郷団体の性格上、同郷団体は、団体としての発展や団体としての利益増大は重視されるところとはならない。このため、同郷団体の董事や会首の権限はそれほど大きいものではなく、彼らは個人的才幹や財力または人望によって選出され、その職務は時に輪番制（月番制）であることもあったという[92]。

このように、同郷団体は組織としては強力な結合力を有するものではないが、各構成員の個別の利益やこれまでの慣行が侵害される事態が生じたような場合には、一致団結して自らの利益を守るのである。組織としての行動に、個人的利益の保護という観点が強く反映するのは、大阪在留華商の団体と共通するものがあろう。

国家が十分な法的保護機能を果たしていないために団体がそれを必要な範囲で補うという性格は、同業団体においても同様であり、同業団体ではそれがさらに明確なものとなる。同業団体では、それぞれの業種に応じて、度量衡の統一、市場規則の策定、価格・賃金の取決め等が行われ、構成員にその遵守を要請した。これらの定めの多くは、本来、国家が所要の規定を公的に整備し、商取引の基礎として法的保護を与えるべきものである。ところが中国では、従来こうした公的な産業政策は十分な関心が寄せられないままに打ち捨てておかれたのであり、商工業者が自らの営業を確保し、営業上の利益を守るためには、同業者の間で自ら必要な取決めをなすほかなかったのである。

したがって、同業団体が行う取決めは、本来的に、構成員たる商工業者の円滑な営業活動の確保を図り、その利益を維持することが主たる目的とされているのであって、各商工業者の行為を必要以上に制約し、または拘束しようとするものではない。

しかしながら、同業団体においては、仲間内だけの利益を既得権益として確保しようとし、そのために他を排除しようとすることがしばしば行われる。その一つの例が同郷同業団体による特定地域における市場独占である。たとえば、民国期の北京では、豚肉屋・豚屠業はほとんどが山東人、豚油屋は全て山東掖県《えきけん》人、料理屋・飲食店は山東掖県・福山県人、風呂屋は河北省定興県人、糖餅行（一種の菓子屋）は北京人または南京人、為替・質屋・煙草商は山西人、顔料業（建築材用）は山西人の団体によって独占されていたという。(93) こうした同郷同業団体による市場独占は清国期以前から行われていたものであり、複数の同業団体が市場を分割的に支配することもあった。

同業団体は各業種、各地域で形成されたが、これら全体を包括するような組織は中国に存在しなかった。すなわち、業種をまたがるような組織、または全国的な組織というものは結成されることがなかった。(94) 各同業団体は、それぞれの地域またはそれぞれの業種で原則として個別に活動した。仲間内だけの各個人の利益を守るということであれば、それで十分ということであったのであろう。個人の利益を超えた、業界全体の利益のための発展ということへの関心は希薄だったのである。

同業団体に加入するかどうかは一応自由とされていたが、同業団体に加入しないまま営業を継続することはいろいろな面から事実上困難であった。たとえば、顔料業にあっては、同業団体に加入しない同業者には商品を卸さなかった。商品の生産地が四川、湖南等の遠隔地にあるため、そこで仕入れて北京へ運送するということを一商人が全てやることは現実的に難しい。同業団体はこの仕入から販売までを一手に取り仕切っているのであり、同業団体に加入しなければ、商売が立ち行くような価格で商品を入手することができなかった。顔料業を営もうとすれば現実的に同業団体に加入するほかなかったが、その加入金は甚だ多額であった。顔料業の同業団体では、三カ年働いて一〇両を残すことの難しかった時代に三〇両の加入金をとったという[95]。こうした新規加入者からの加入金等が同業団体の幹部の懐を潤したであろうことは想像に難くない。

このようにして、同業団体は当該業種における営業上の利益を団体内構成員で独占するとともに、構成員と外部の者との間の訴訟や紛争には構成員に代わってこれに当たり構成員を保護した。また、構成員間の不必要な競争やトラブルを避け、それぞれの構成員の営業が円滑に行われるよう商品規格の策定や度量衡の統一等が団体内で取り決められたことは前述のとおりである。各構成員の個別の営業活動に同業団体が干渉することはなく、営業活動はそれぞれの自由にまかされており、構成員同士の激しい競争もあったと考えられるが、同業団体の存続は全構成員にとっての利益であった。構成員間の紛争は、いわば同業団体によって確保されている独占的利益の配分をめぐる争いであり、既得権益者グループの中の争いである。同業団体の幹部が、新規加入者から多額の加入金をせしめることも既得権益と化した独占的利益の配分（新規加入者の将来の営業利益からあらかじめ徴収するリベート）の一つととらえることが可能である。同業団体の縄張りを荒らされたり、同業団体の存続が脅かされたりすることは、すなわち個々の構成員の利益や既得権益が脅かされることであり、こうした事態が生じた場合には、構成員は対外的に強い結束力を示すのである。

他方、同業団体の統制に対する構成員の違反には同業団体によって私的制裁が加えられた。また、構成員間の紛争は顔役が間に入ることによって仲間の内で仲裁または調停が行われた。

構成員の統制違反または構成員間の紛争として持ち込まれる問題としては安値販売が多かったよ

うである。薬業、たばこ業、靴業等を問わず、言わば協定価格を破って安値販売を行い、顧客を奪われた同業者から訴えられたのである。このほか、誤認するようなまぎらわしい商号を用いて品質の悪い商品を売り、営業妨害を行うというようなこともあった。こうした案件に対する制裁または調停の方法は、同業団体によって様々であったが、軽いものは罰金等が科され、重いものには除名処分がなされた。(96) なお、顔料業の場合は、価格統制に違反した者はすべて除名であったという。除名されれば、すなわち営業の途が絶たれることは前述のとおりである。

制裁にはこうした経済的措置だけでなく、暴力や体罰の適用という荒っぽい方法も頻繁に用いられていた。仕立屋の同業団体では、同業者が標準より安い仕立料で請け負った場合、当該同業者を呼び出して話をし、話がつかなければ団体役員がこれを殴った。理髪業の団体では、かつて、会館内に統制を破った者を殴る棍棒が置いてあったという。(97) 商品の独占ができない手工業関係の団体では殴打、杖打という罰を加えることが多かったようである。

こうした団体内での私的制裁は、現在の法感覚からすれば許容されるものでないが、かつての中国において官は徴税と治安以外には重大な関心を示さず、民同士の紛争は主として民における仲裁や調停での解決にまかされ、その際に暴力を振るうことも実質的に放任されていたのである。民のほうで官憲や司法に訴え出ることもあったが、現実的に民は官を信用していなかった。民が訴え出ても団体内の紛争ではそもそも官が相手にしないことも多かったであろう。官と団体幹部との癒着も考えられるところである。制裁に暴力を行使することが実態として社会的に容認されていたのであり、このことは中国の団体が威嚇という手段を用いることによって統制力を強化することを可能としたのである。

このように、中国の団体の組織原理は、独占的利益や既得権益の確保という利益の供与とともに、暴力的制裁という威嚇または恐怖によるのである。利益と威嚇とが相まって中国の団体は統制が維持され、団結が保たれている。ただし、ここで留意を要することは、暴力的制裁は原則として団体の独占的利益や他の構成員の既得権益を侵害しようとしたときに行使されるということである。理髪業の団体が、統制料金を破った構成員に棍棒で殴ったというのはまさにこの例である。守られるべきものはまず団体幹部や構成員の既得権益なのである。何らかの原理原則や社会的価値を守ろうというのではない。中国の団体はそもそもそうした目的を持っていない。

こうした中国の団体の組織の性格は、日本の武家社会におけるイエという組織の性格と一つの対極をなすような相違があることに気づくであろう。日本のイエで守られなければならないのは、イエの伝統的価値であり、名誉であり、またイエの系統としての存続であった。なかでもイエの名誉は最も重んじられ、イエの名誉を汚すことのないようイエの構成員には厳しい指導がなされた。イエの名誉はすなわち当時の社会的価値または価値観を体現したものであり、イエの組織に伝統的正統性を与えるものであった。日本のイエにとって個人の利益は最も軽んじられるべきものであった。イエのために忠誠を尽くし、イエの名誉そして存続のために構成員は死をも厭わないことが求められたのである。

中国の団体では組織原理としての伝統的正統性はほとんど重要性を持たない。そもそも中国では、自分の命を賭してでも守らなければならない正統性を有する社会的価値なり価値観が農村を含めて社会的に形成されず、またそうしたことを求める組織も存在しなかった。ごく一部において、たとえば皇帝直属の組織が皇帝に忠誠を誓うというようなことはあったかもしれないが、それはごく限られた範囲内のことであり、中国社会全体の意識や風潮に影響を与えることはなかった。それよりも、「国家が十分な政治力を持たず、法的な保護機能の役割を果たし得ないでいる時と処とでは、人民は自らその利益を守り発展させる機構をつくり上げる。血縁、地縁、職縁はいずれもその目的のために働かされる」(98)というのが中国における組織形成の主要な契機なのであり、必然的に個人の利益保護を強く志向する。中国の団体では、個別の既得権益または利益の確保が組織の存在意義そのものであり、そのために時に残酷な私的制裁行為に及び、他の人権は軽視または無視されたのである。

(3) 秘密結社

以上のような同郷団体または同業団体の性格は、秘密結社にもまったく共通するものである。中国で最も有名な秘密結社であった青幇も、前述のとおり、もともとは船頭仲間による同業団体であった。

秘密結社における利益性は、新人の入会の際にも見られる。新人が多額の入会金を支払うことは同業団体と同様であるが、秘密結社ではこのほか、後援者を見つけて、その後援者に入会金を上回る金額を支払わなければならない。後援者が新人を入会させるのは、会員を増やすためでもあるが、彼自身の収入の増加が目的である。新人にとって、入会時の出費は大きく、当人の資力を超えていることもあるが、それは入会後に他人の後援者となることでそれ以上の収入が得られるという(99)。新人の入会は、すなわち秘密結社幹部のビジネスともなっているのである。

秘密結社の収入は、入会金であろうと、恐喝で巻き上げた金であろうと、通常は会の資金として繰り入れられることとなっているが、現実には幹部による着服が日常茶飯のものとなっている。そして、それが因で幹部間に亀裂が生じて懲罰が下されたり、結社が分裂することもある(100)。

秘密結社が同業団体と異なるのは、幹部の下に下士官格のメンバーや兵士格のメンバーが存在し、常に外部を威嚇し、暴力行為に及ぶ準備が整えられていることである。実際、上海で青幇の勢力は警察をしのぐものであり、青幇の活動には警察も手を出せなかったことは前述のとおりである。

こうした秘密結社を自己の利益拡大のために利用しようとする政界、財界等の有力者は多数いた。彼らは秘密結社の会員となって、「強盗に資金を出し、武器やアジトを提供し、誘拐すれば金になりそうな犠牲者を教え、宮廷関係者のあいだでスパイを働き、阿片の取引に深く関わり、同じ社会的地位にある官吏に賄賂を使い、自分の堅気なビジネスを通じて盗品を売買した」(101)のである。

秘密結社においても、中国における他の団体と同様、組織の発展よりも幹部または構成員の個別の利益や既得権益の確保を図ることが結社の最大の目的であり、暴力はそのための手段として使われるのである。漢民族の民族主義を唱導するような秘密結社もないわけではなかったが、一般的には何らかの社会的価値や抽象的理念の実現を主たる目的とすることはない。孫文は、かつて、秘密結社を自分の政治的な意志に従わせようと望んだが、結局それが不可能と悟り、結社の構成員が自分の利益を第一に考えることを受け入れるほかなかったという(102)。

中国の秘密結社は、他の団体と基本的に共通した組織原理を有し、まさに中国の社会が産み出したものであり、しかも最も中国の社会的特質を反映した組織であるということができるであろう。

第五章　易姓革命の思想

一．中国王朝と易姓革命

中国社会の性格を知る上で、触れておかねばならないのが易姓革命の思想である。易姓革命の思想とは、天子の徳がなくなれば天命が革まり、天子の姓が易わるという思想のことであり、王朝交替の一理論である。中国では、その実在が確認されている殷王朝以降、統一王朝を挙げるだけで、周、秦、漢、魏、晋、隋、唐、宋、元、明、清と王朝が変遷した。また、こうした統一王朝と統一王朝との間には、春秋戦国時代、三国時代、南北朝時代といったような戦乱または混乱の時代があり、そうした時代には多数の王朝が興亡を繰り返した。こうした目まぐるしい王朝交替の中で、易姓革命の思想は一般庶民にも広く受け入れられることとなったのである。

易姓革命の思想は、もともと、中国の伝説期および三代（夏、殷、周）における王朝交替の故事に由来する。伝説では、人君の模範と讃えられる堯《ぎょう》、舜《しゅん》、禹《う》の三人が相次いで政権を掌握して天子となったが、このときの政権交替は天子が有徳の者に政権を移譲する「禅譲」の形をとって行われたとされる。なお、禹は治水に特に功績があったとされ、夏王朝の始祖とされている。

一方、夏から殷へ、殷から周への三代の王朝交替は「放伐《ほうばつ》」と言われる形で行われた。「放伐」とは、悪政を行う王を追放して討伐することであるが、これは、殷王朝の始祖の湯王および周王朝の始祖の武王の故事（「湯武放伐」として知られる）に由来するものである。夏王朝最後の王の桀王は残虐で徳を失っていたので、湯王がこれを追放して殷王朝を開き、武王は、同様に、暴君であった殷王朝最後の王の紂王を討伐して周王朝を始めたとされる。

王朝の存廃は、その王朝に徳が備わっているかどうかを判断する天の命によるものであるとする易姓革命の考え方は、「四書」(103)の一つとされる『孟子』に典型的に見られるものである。『孟子（梁恵王章句）』によれば、湯武放伐について、斉の宣王が孟子に「臣にしてその君を弑《しい》す、可ならんや」と問うたときに、孟子は「仁を賊《そこな》う者、之を賊と謂い、義を賊う者、之を残と謂う。残賊の人、之を一夫と謂う。一夫紂を誅するを聞くも、未だ君を弑するを聞かざるなり」(104)と答えている。すなわち、仁義を行わず、徳を失っている者は、天命によってすでに君主としての資格を失い、単に一介の男でしかないのであり、湯武の放伐は、こうした一介の男を誅したのであって、君主を殺したのではないというのである。

また、『孟子（離婁章句）』によれば、王朝交替について孟子は「三代の天下を得るや仁を以てし、其の天下を失うや不仁を以てす。国の廃興存亡する所以の者も亦た然り。天子不仁なれば、四海を保たず」(105)と述べている。三代（夏、殷、周）が天下を得たのは仁すなわち徳があったためであるが、その徳をなくせば天下もなくすのである。

孟子の考えによれば、天下を誰に与えるかは全く天の命によるのであり、天子といえども天下を人に与えることはできない。孟子は「堯、舜を天に薦めて、天之を受く。之を民に暴《あらわ》して、民之を受く」[106]と述べる。すなわち、堯、舜が天子になったのは、堯、舜が天に推薦されて、天がこれを受け入れた結果であり、また、天は誰を天子として受け入れたかを人民に明確に示し、天が示したものを人民が受け入れるのであって、堯が舜に天下を与えることなどはできないというのである。

こうした徳の変遷によって天命が革まり、王朝が交替するという易姓革命の思想は、中国に古代からあった五行思想とも結びつけられ、説明されるようになった。五行思想とは、ごく簡単に言えば、万物は木・火・土・金・水の五行（元素）から成り、万物はこの五行の生成順序（木→火→土→金→水）に従って変転するという思想である。王朝の変遷もこの順序に従うと考えられた。後漢末期の二世紀末に起こった黄巾の乱で掲げられた「蒼天已死　黄天当立　歳在甲子　天下大吉（蒼天已に死す　黄天当に立つべし　歳は甲子に在り　天下大吉ならん）」（『後漢書』七一巻）という有名なスローガンは、五行思想を反映したものと考えられている。火の徳を持つ漢朝が終わり、土の徳を持つ王朝がそれに代わる。年は甲子（干支の最初の年）で新たな時代が始まり、天下は大吉となろうといった意味である。[107]王朝打倒のために起こされた反乱で、こうしたスローガンが掲げられたということは、徳の変遷で王朝が替わるという易姓革命の思想が一般民衆にも広く浸透していたことを物語るものであろう。

易姓革命の思想によれば、王朝の断絶は徳の断絶によるものであって、血統が衰微、断絶したことによるものではない。血統が継続していても徳が失われれば王朝は実力で打倒されるのであり、まさに暴力的王朝交替を正当化する理論となっている。新王朝が成立した場合、徳を失ったとされる前王朝は、新王朝の正当化のためにも、通常、徹底的に否定される。前王朝の末代皇帝の非道や悪徳が虚実相混ぜて執拗に強調されるのもこのためである。

二．万世一系の日本と易姓革命の中国

これまで述べてきたように、中国では、易姓革命の思想によって、王朝交替に血統の継承、重視といった観念はなく、しかも新王朝によって前王朝が徹底して否定されることから、支配王朝はまったく非連続的である。このことは、「万世一系」の政治思想によって、系統を重視し、支配王朝が連続している日本とは好対照をなすものであろう。なお、万世一系という用語そのものは、明治になってから普及したものとされるが、日本では現王朝が古代からの唯一の王朝として連綿として継続しているという事実は明治以前においても広く認識されているところであった。

日本の皇室は、古代に成立した建国神話に出てくる天照大神を皇室の祖神として崇め、天照大神の子孫であるとされているが、このことは現在の皇統が存続する限り変わることはない。毎年一一月二三日に執り行われる新嘗祭は、収穫祭に当たるもので、最も重要な宮中祭祀の一つとされ、この祭において天皇は天神地祇に新穀を薦めて収穫を感謝するものとされている。ここでの天神地祇は、天神は高天原《たかまがはら》にいる天つ神、すなわち皇室の祖神であり、地祇は土着の神である国つ神、すなわち天降った皇室の祖先の建国に協力して功績のあった神のことと考えられている。すなわち、現在でも建国神話は息づいているのであり、こうしたことも王朝が不変であったがゆえに起こっていることである。日本の主たる神々が、日本の建国神話と関係する人格神であることが多いのも、日本で王朝が不変であったことと無関係でないだろう。

これに対して、中国王朝の国家的祭祀の対象として崇められる「天神」または「天」には、日本のものとは異なり、人格的要素が欠如している。民間で信仰される神には人格神もなくはないが、国家的祭祀の対象は主として非人格的なものである。これは、言うまでもなく、易姓革命に見られる中国での天の考え方を反映したものである。中国では、天の命によって王朝が交替するのであり、王朝が祭祀するのはそうした理法として考えられた「天神」または「天」である。中国において天にある最高の主宰神は上帝であり、または天空全体であって、これらは非人格的で理念的なものである。万世一系と易姓革命の相違が、国家の祭祀する神の性格も全く異なったものにしているのである。

さて、古代から王朝が不変であった社会と、王朝が暴力的に頻繁に交替した社会とでは、長い歴史的な時間の中で社会の性格に相違が生じるのは必然のように考えられる。それでは具体的に日中の社会ではどのような相違が生じることとなったのだろうか。次にこのことについて述べる。

三　王朝交替と日中社会

王朝不変（万世一系）の日本社会と、王朝交替（易姓革命）の中国社会で生じた重要な相違としては、①日本では忠の概念が浸透したが中国ではそうでなかったこと、②日本では国家の権威と権力が分化したが中国では未分化のままとなったこと、の二点が挙げられるものと考える。

まず第一点について、日本では天皇（皇室）という忠誠の対象が不変であったことから、忠の概念が現実社会と矛盾なく浸透しやすく、忠孝一致や君臣の義が強調され、忠は最も重要な道徳項目であり続けた。

ところが、孟子の易姓革命の概念は、君主に対する無条件での忠を説くものでなく、ある意味で不忠を容認するものとなっている。このため、『孟子』は、日本に他の儒教の典籍とともに伝わっていたと考えられるにもかかわらず、忠を重んじる日本の国情には合わないものとして敬遠され、ほとんど広まることはなかった。上田秋成が『雨月物語』で「一夫の紂を誅するなりといふ事、孟子といふ書にありと人の伝へに聞侍《ききはべ》る。されば漢土の書は経典史策詩文にいたるまで渡さざるはなきに、かの孟子の書ばかりいまだ日本に来らず。此書を積て来たる船は、必しも暴風にあひて沈没《しずむ》よしをいへり」[108]と言い、本居宣長が『玉勝間』で「かくて孟子終篇、ただ親に孝なるべき事のみをしばしばいひて、君に忠なるべき事をいへること一つもなし、……此書、人の臣たらむものの見べき書にあらず、臣たる人に不忠不義を教えたるものなり」[109]と述べているのは、こうした事情を示すものであろう。

前述したが、一七世紀に山鹿素行が著した『中朝事実』は、日本では神代、古代から皇統が不変であり、君臣の義が守られているので、日本の朝廷こそが世界の中心にある王朝で最も尊い存在であるということを主張したものであるが、幕末の尊王論の広がりを見ても、こうした理念は尊王論者を中心として多くの者の共有するところであったと考えられる。

これに対して、中国では、王朝が頻繁に交替したため、忠の重要性が強調されても説得力を持たなかったためか、忠の概念は一般には十分に浸透しなかった。中国で重視されたのは専ら孝であり、清朝も孝を社会統治の最も重要な徳目としていたのである。

ところで、忠は自己を超えた存在に対する忠誠心であり、自己の属する組織への忠誠心と結びつくものである。ところが、孝は原則として親子間のものであり、それ以上の広がりを持たない。日本人が組織への忠誠心を自然に持つことができる一方で、中国人がそうではないのは、こうしたことにも一因があるように思える。

日中の相違の第二点である国家の権威と権力との分離、未分離の問題は、万世一系の日本に起こり、易姓革命の中国には起こらなかった最も重要な歴史的事実の一つである。そして、この事実が日本と中国におけるそれぞれの民族、社会等の性格を大きく異なったものとすることとなったと考えられるのである。なお、ここで、権威とは他を信服させるに足る至尊性を有していることであり、権力とは実力行使を含めて他を服従させる力を有していることであるとしておきたい。

このことについて、まず中国について言えば、中国では易姓革命によって王朝が次々と断絶し、交替したため、権威と権力の所在はそのつど変転した。王朝は至高の存在であり権威と権力をともに独占しているが、王朝が滅亡して新王朝が興れば、その新王朝に権威と権力がともに移転した。たとえ暴力で前王朝を打倒しても権力を掌握しさえすれば、権威は必然的に備わり、至高の存在となったのである。言わば、権力のあるところすなわち権威があるのであり、中国では権力と権威の分化はついに起こらなかったのである。

一方、万世一系の日本では古代から現在まで王朝の交替がなかったため、権威の所在は変わらなかった。皇室の歴史と伝統を背景にして天皇は日本人にとって常に至尊の存在だったのである。ところが、権力は時代とともにその所在が変化した。平安時代になると藤原摂関家が権力を事実上ほしいままにするようになり、源頼朝が鎌倉に幕府を開設してからは将軍が権力を掌握して行政的権限を行使した。特に江戸幕府では将軍の力は強大であり、権威の所在が朝廷にあることは変わらなかったものの、権力行使の面では幕府は朝廷を事実上無視して全国を統制したのである。

こうして、日本では権威と権力は分化して、それぞれ別のところにあるという事態が生じ、しかもそれが常態化することとなった。前述したが、福沢諭吉は『文明論之概略』で、この権威と権力の分化の問題に触れ、将軍は至強であるが、至尊の存在は別であるため、これを神でなく人として見るほかはない。このように至尊の考えと至強の考えとの二つがあるため、日本人に自由の気風があり思想豊かとなっているのは偶然の幸せと言うほかない。中国の元素は一つで日本は二つなので、中国は一度変化しなければ日本に追いつくことはできず、日本のほうが西洋の文明を摂取しやすいという旨を論じている。

権威と権力が分化している否かによって生じる大きな差異は、権力の存在とは別に権威ある規範社会の存在を想定し得るかどうかということにあろう。権威と権力が分化している社会では、権威はそのままにして、現実的な覇権を確立するための権力を求めた争いが起こり得る。その典型的な例が戦国大名間の争いであろう。戦国大名は互いに相手を倒すべく権謀術数の限りを尽くすが、自己とは別に存在する権威を否定することは考えもしなかった。激しい敵対的状況の中にあっても、天皇という権威を中心にした秩序ある社会の存在が前提とされており、そのことは敵対する両大名の共通した認識であった。すなわち、権力をめぐる闘争の中にあっても、両当事者は互いに自己が属する秩序ある社会を想定し、その権威を尊重していたのである。

ところが、中国はそういう事情にはなかった。権威と権力が未分化のため、権力を求めた争いは必然的に権威を求めたものとなった。権力を握れば権力にすべてが付随するのであり、権力こそがすべてであった。闘争当事者が共通に尊重する権威や秩序というものは存在しなかった。闘争の勝者はすべてを手にし、敗者はすべてを失ったのであり、敵対的関係を超えて存在するような権威や秩序は、中国には存在しなかったのである。

権威ある秩序を持った社会の存在が想定され、かつ、その権威が信頼されなければ、社会の伝統やルールもまた尊重されないだろう。権力をあくまで重視し、他と共通のルールや権威を尊重する意識に欠けるという中国の社会的風潮は、こうしたところにも原因があるのではないかと考えられる。

第六章　中国人の性格・民族性

一．中国人に共通する性格・民族性

中国人の性格、民族性と言った場合、ここで想定しているのは漢民族のことである。中国政府が規定した民族の区分によれば、中国には漢民族のほかに五五の少数民族がいることとされているが、漢民族とは異なる独自の文化、伝統を有する少数民族はここでの検討対象ではない。漢民族は、現在、中国の人口の九二パーセントを占めており、言うまでもなく中国の代表的民族である。

漢民族は主として中国の華北、華中、華南に分布し、同じ漢民族と言ってもその地域性は大きい。たとえば、北京では北京語が話されるが、広東省、広西壮族自治区等では広東語、福建省南部では閩南語が話される等、話されている言語からして大きく異なっている。また、中国の北方と南方では、住居の形態や主食（北方の主食は小麦だが、南方はコメ）も異なるが、これなどはまさにそれぞれの地域の気候・風土の違いを反映したものであろう。和辻哲郎は『風土　人間学的考察』で、自然・風土との関わりにおいて人間は自分自身が置かれた立場を見出してそれに対応するための共同の手段を求めるのであり、その共同の手段の発見こそがまさに自己形成なのであるとし、風土によって生活様式が異なる旨を述べるが、(110) 当然、中国の北方と南方でもこのことは妥当する。

このように、中国は国土が広大で言語も多様であり、風土による地域的相違も大きい。しかしながら、それでも中国人には全体として共通する中国人的な性格または民族性というものが認められるのである。

ある民族の性格または民族性は、その民族が置かれてきた政治、社会、伝統、価値観等の状況を反映して歴史的に形成される。たとえ、その国土が広大であって地域的な多様性があっても、政治、社会、伝統、価値観等が長期にわたって共通の状態に置かれれば、その民族には地域にかかわりなくそうした状態に対応した共通の性格が培われるはずである。政治、社会の態様等が共通であれば、少なくともそれに対応した行動様式は共通のものとならざるを得ないのである。このことは、中国に限らず、たとえば日本においても東北人と九州人はやはり日本民族としての共通性を有し、イギリス人はウェールズ、イングランド等の出身地にかかわらずイギリス人としての特性を有しているが如くである。

さて、それでは中国人の共通的な性格または民族性とはどのようなものであろうか。

一九世紀後半に二〇年以上中国に在住して布教活動に勤めたアーサー・エチ・スミスは一八九四年に刊行された著書『支那人気質』で、体面を重んじることを最初に挙げている[三]。体面とはすなわち面子のことであり、体面を重んじるとは面子にこだわるということである。スミスは、体面を理解することはすなわち中国人の気質の大半を理解することだと述べる。たとえば、村内に紛争が起こったときに調停の労を執る者は、双方の面子が立つように調停するのであり、公平な解決が目的とされるのではない。訴訟でも大半は預かりとされ、勝敗はつけない。また、自己の過失を非難されることは面子を失うことなので、証拠がいかに明白なものであってもそのことを決して認めない。一個の打球が紛失し、荷運び人夫がこれを拾い取ったことの証拠が明白であっても、その人夫はあくまで拾い取っていないと主張し、打球の紛失した場所に行って密かに懐からこれを投げ出し、あなたの言っている打球はここにあったと叫ぶのである。主家にあって客人のペンナイフを隠した女中が、そのことが露見してもそれを肯んじず、テーブルクロスの下からこれを取り出したようにしてここにあった、ここにあったと叫ぶのも同様の例である。このように面子は中国人にとって極めて重要なものであり、他人から見て明らかとなっている事実であっても、そのことはあえて認めず何とかその場を取り繕おうとするのである。

一九三〇年代初めに上海または福建省でアメリカ領事館の副領事を務めたラルフ・タウンゼントは、一九三三年に『暗黒大陸　中国の真実』を著したが、タウンゼントが中国人の性格として最も強調したのは平気で嘘をつくことである。[112] 中国にいる英米人に、中国人の性格で英米人と最も違うものは何かと問えば、ほぼ全員が「嘘つきです」と答えるという。タウンゼントによれば、「中国人は誰でも、咄嗟に言葉を考え、その場凌ぎする。後で『違っているじゃないか』と言っても一向に構わない。後で持ち出しても無駄である。『目から鼻へ抜ける』とでも言うか、『口から先に生まれた』ようで実に抜け目がない。少しでも関連があるなら、また相手を騙せそうなことならすぐ使う。間抜けな苦力でさえ、こういう点では『間抜け』はいない」。[113] また、中国人は「言葉遊びが根っから好きで、ばれるまで言葉巧みに取り繕うが、いよいよだめだとなると、顔色一つ変えず、また同じく前言と矛盾する嘘をつく。そしていよいよ追い込まれると新手を繰り出す。諺の連発である。諺好きも困ったものである」[114]。

タウンゼントは、中国人が嘘をつく例を具体的かつ豊富に紹介しているが、中国人が嘘をつき、しかも狡猾である例として、あるミッションスクールの事件を挙げている。このミッションスクールは所有地である空き地を近くの中国人学校に貸し出した。もちろん中国人学校からの要請で、必要となったらいつでも返すという条件付きである。ところが、この中国人学校は当該空き地に、ミッションスクールの抗議にかかわらず、塀を建築し、当該空き地の所有権を主張し始めた。事件はアメリカ大使から北京政府に連絡され、塀は撤去されることとなった。責任者からは塀を撤去するとの連絡があったが、実際には撤去されない。強硬に抗議すると塀を撤去したとの証拠写真が送られてきたが、何とその写真は塀の一部に穴を開けてそこを通して中の写真をとり、塀がないように見せかけたものだった。いろいろのやりとりの末、約一年後に塀は撤去されたが、撤去の際にはこっそりと礎石が二、三個残されていた。もしミッションスクールがこの礎石の上に建物を建てたら石の返還、弁償を要求し、無理難題をふっかけるためである。これについては、他所で同様の事件が起こっていたため、ミッションスクールもこの手にかかることはなかった[115]。タウンゼントの紹介する同事件の概要は以上のとおりであるが、中国人の嘘と狡猾さの実態を如実に示すものとなっている。

以上に述べた①面子にこだわること、②嘘をつくことは、中国人の共通の性格の代表格として挙げられるものであるが、このほかに中国人の共通の性格または民族性を表すものとしては、③互いに信用せず疑い深い、④公共心、正義感に乏しい、⑤金銭への異常な愛着、⑥現実的、利己的である、⑦忍耐強く労苦をいとわない、⑧表面的で本質を見ない、⑨同情心がなく残忍である、⑩狡猾、老獪である、といったものがよく挙げられる。

こうした中国人の性格を統一的に説明するものとして、ある人は中国人の性格は老人的性格であると言い、ある人は女性的であると言う。確かに現実的なところや、狡猾、老獪なところは老人的であり、また疑い深いことや表面的なことは女性的であると言えなくはないのかもしれない。しかしながら、たとえば面子にこだわることや嘘をつくことは老人的性格または女性的性格とは直接の関係はないだろう。したがって、老人的または女性的といったものは、中国人の性格にそういう面が多く見られるということであって、中国人の性格を統一的に説明することができるというようなものではない。また、同様に、中国人の性格を粘液質という気質の類型で説明しようとする説もある。粘液質の性格としては、無感動、冷淡、動作緩慢、享楽的、消極的、不決断、粘り強さといったものが挙げられるが、中国人の性格はこれに該当しており、粘液質という気質類型で説明できると言うものである(116)。この粘液質という気質類型は、ギリシアの哲学者ヒポクラテスの思想に始まる。ヒポクラテスによれば、人間の身体には血液、黒胆汁、黄胆汁、粘液の四つの基礎的な体液があり、そのいずれが多いかによって四つの気質（多血質、黒胆汁質、黄胆汁質、粘液質）が表れるとするのであるが、もとより現在における医学的根拠を有するものではない。人間の気質には、ヒポクラテスの言う四つの気質類型に分類できる面があるとしても、その分類に十分に合理的で科学的な根拠があるわけでもない。しかも現実には粘液質以外の気質類型に属していると見られるような中国人も少なくないのであり、中国人の性格を気質類型から説明することにはやはり無理がある。

このように、ある民族の共通的な性格を個人の性格や気質の類型に当てはめてみても、的確に説明できるものではなく、また、なぜその民族がそうした共通的な性格を有することとなったのかということについては、全く述べるところがない。

前述したとおり、ある民族の性格または民族性は、その民族の政治、社会、伝統、価値観等を反映したものであるので、その民族の性格や民族性がなぜそうなのかを説明し、理解しようとすれば、やはり、その民族の政治、社会、伝統、価値観等を振り返り、それとの関係でその民族の性格や民族性を考察していくほかはない。「中国民族の性質は、中国社会全体を知らねばほんとうにわからぬこととなり、その代わり中国社会を知れば中国民族の性質が理解されたことになる」[117]ということである。言うまでもないが、民族の性格や民族性は、外観に表れる性格や表面的な現象だけでは把握し得ないのである。

二　中国人の性格・民族性の背景

そこで、次に、中国のどのような政治、社会等の状況が前述した中国人に共通的に見られる性格または民族性をもたらしたのかについて考察していきたい。

最初に中国人の代表的性格として挙げられる面子にこだわるということを取り上げてみよう。中国人が面子にこだわるのは、もとより、自己が他よりも不利となることを避け、一定の利得を確保し、または自己の地位や影響力を保持しようとするためである。そこには自己の利益を守ろうとする強烈な利己心が働いている。

中国人の面子は社会的な名誉という概念とは全く異なる。社会的な名誉は、一般的に述べれば、社会または組織の一定の価値基準を前提として、当該価値基準で高い評価の得られる行為または声評のことであって、個人的利益とは必ずしも直接の関係のあるものではない。すなわち、名誉を得るとは、当該社会または組織の価値基準に即した行為を行い、社会的に高い評価を得るということであって、個人的な利益が伴う場合もあればそうでない場合もあり、ときには個人的利益が犠牲にされることもある。個人が自己の利益を犠牲にして名誉に殉ずる行為は決して珍しいものではない。すなわち、名誉は社会または組織の価値観を表したものなのであり、個人的利害の範疇を超えたものなのである。名誉は個人的存在とは別に一定の価値体系を持った社会または組織の存在を前提としている。社会または組織は個人的自己の外部的存在であり、一方で自己は他者とともにその社会または組織を構成し、その社会または組織の規律や価値観に服している。また、そうした社会または組織の規律や価値観は社会構成員全体によって尊重されるべきことが暗黙の了解となっている。個人はその社会または組織に帰属意識またはアイデンティティを有し、社会または組織は個人にとって忠誠の対象でもある。個人が社会または組織にアイデンティティを強く有し、また忠誠心が強いほど、個人的利益の有無はともかく、名誉が得られたことによる個人の満足度は高いものとなろう。

こうした名誉の観念は、日本の江戸時代を考えてみるとわかりやすい。個人はイエ、村、藩といった組織に帰属していたが、ここではイエを取り上げてみよう。武家社会であった江戸時代において「○○家」と言われるイエは社会の基本的構成単位であり、各個人はイエという組織に帰属し、それぞれのイエの規律や価値観に服していた。イエは個人の忠誠の対象でもあり、運命共同体でもあった。そうした中で何よりもイエの名誉、存続が重んじられ、イエの名誉を守るよう行動することが個人の名誉でもあった。一方で、イエは天皇の権威の下に、皇室を頂点とするイエ社会の中に組み込まれていた。個人の属するイエはそうした社会の中で育まれてきたものであって、イエはそれを包括する社会の価値観に即したものであり、また社会の価値観を体現したものにほかならなかった。天皇の権威は、各イエが共通して守るべきものであって、そのことは互いが敵味方になっても変わるものではない。こうした社会の中にあっては、たとえ敵であっても、その敵が社会の共通の価値観に照らして名誉ある行動をとっていれば、その敵の名誉を認めることは可能であり、むしろそうすべきということとなろう。「敵ながらあっぱれ」という評価は、こうした価値観の共通性を背景にしてはじめて理解されるのである。

さて、こうした名誉に関する予備的知識も踏まえつつ、あらためて中国人の面子について考えてみよう。中国人が面子を守ろうとするのは、自己の属する組織に尽くそうとするものでもなければ、社会の共通の価値観を守ろうとするものでもない。したがって、社会的な名誉とは無縁のものである。中国人の面子は、自己の個人的利益を確保し、他者との関係で立場が悪くなるのを避けるためのものである。あくまで自己が中心なのであって、価値判断は自己の利益を基準にしてなされる。自己の外部的存在としての一定の価値体系を持った社会または組織というものは想定されず、また、事実上、中国には存在していなかったと言っても過言ではない。

中国の村や都市の組織の性格については前述したとおりであるが、中国では個人が帰属意識を有し、または運命共同体であると感じるような組織や社会は歴史的に形成されてこなかった。この原因

については いろいろのことが考えられようが、やはり、異民族による征服王朝を含め、中国では支配王朝が度々変化するとともに、日本や西欧で見られた封建制度が中国では成立しなかったことが一因として挙げられるものと考える。

日本や西欧では権威の所在（日本は天皇、西欧はキリスト教）が長期にわたり変化しなかったため、一定の安定した価値体系を有する社会（日本のイエ制度、西欧のキリスト教社会）を形成することが可能であった。また、封建制度の下で武士や騎士は封建諸侯に忠誠を誓うとともに、武士道や騎士道という社会的倫理観を伴う行動規範を発達させた。すなわち、日本や西欧には、個人がアイデンティティや帰属意識を感じる一定の価値体系を有した社会や誇りをもって遵守すべき倫理的行動規範があったが、中国にはそうしたものはなかった。歴代中国王朝の地方での政治は、何らかの社会的価値観に基づいたようなものではなく、徴税と治安のみに意が注がれ、村での紛争や争訟は実質的に村内での解決にまかされていたことは前述のとおりである。

個人の属する社会が、その個人にとって内面的支持を与えることができ、十分に信頼できる価値体系を持った社会であれば、個人間の紛争はその価値体系でもって裁定を受けることが適切であると考えられよう。その社会の構成員の誰もが服している価値体系に則った行動をとることがすなわち正義であり、その価値体系で解決を図ることが公平を実現することとなるのである。

ところが、中国には、個人の利害を超えて個人が内面的支持を与え、信頼し得るような社会が存在しなかった。中国では、個人を包摂し、個人が帰属心や運命共同体的な意識を有することができるような組織が十分に発達しなかったのである。

守るべき共通のルールがなければ、個人間の紛争は、当該個人間でまさに実力で決着が着けられるほかはない。互いが支持を与え、互いが裁定に服することができるような価値体系を持った社会が存在せず、ともに受け入れている一定の価値基準に基づいた裁定といったものが期待できないためである。実力での決着とは、言うまでもなく強者の論理が優先するということにほかならない。互いが守るべき共通の基準はなく、強い者の言い分が通り、公平性は顧慮されない。

こうした社会では、個人を守る客観的基準が存在しないことから、個人は自己を守るために常に他者との関係で有利な立場になるように努め、少なくとも不利な立場にならないように注意していなければならない。不利な立場になると、他者との間で紛争となったときは強者の論理で押し切られ、大きな痛手を負いかねない。強者の論理がまかりとおる社会では、弱者には救いの途がないのである。

中国人が体面を重んじ、面子にこだわるのは、こうした強者の論理がまかりとおる社会的事情が背景となっていると考えられるのである。強者は全てを得ることができるが、弱者は全てを失う。したがって、面子を失い他者との関係で不利となる事態だけは是が非でも避けなければならない。このため、たとえ嘘であることが明白となっていても、面子を守るためにはどこまでも嘘をつき続けるのである。

中国では紛争を解決するための第三者的な場や基準がないため、何らかの形で紛争に決着をつけるためには、一般的には紛争当事者双方が同意できる者に紛争の調停を依頼するという形がとられる。こうした場合、依頼を受けた調停人が、双方の面子が立つように調停することとなるのも、ある意味ではやむを得ない。調停人は、双方の当事者にとって面子が極めて大事であることを十分に知っているためである。もし、一方の当事者の面子を失わせるような調停をすれば、当該当事者から大きな恨みを受けることとなり、ときには報復を覚悟しなければならないかもしれない。したがって、たとえ一方の当事者に明らかな故意、過失が認められるとしても、それをあからさまにするような調停は避けられる。こうした調停では、公平性や公正性は無視され、結果として不正の横行を許すこととなることは言うまでもないだろう。社会的正義の実現ということは、もともと度外視されているのである。

このように、中国人は、断続的な王朝支配、王朝政府の地方行政への本来的無関心、士大夫階級の腐敗といった政治、社会体制の中で、自己が帰属し、そして自己を守ってくれる正統性のある組織を持たず、強者の論理が支配する個人と個人との関係が実質的に全てという社会的状態に長期かつ継続的に置かれてきた。こうした政治的社会的事情は、華北、華中、華南を問わず基本的に同じであり、中国人が面子にこだわるという共通的な性格を形成することとなったのはこうした事情を背景にしているとして良いものと考える。貧困、人口過剰等による激しい生存競争という中国に普遍的に存在していた経済的事情は、中国人の面子へのこだわりをますます強いものとしたであろう。厳しい生存競争の中で生き残っていくためにも個人は面子を守ることが必要とされたのである。

三　強者の論理と民族性の不変性

ところで、面子を守ることが求められることとなったこうした政治的、社会的、経済的事情は、中国人の他の共通的な性格の背景ともなっている。

タウンゼントは中国人の代表的性格として嘘をつくことを挙げたが、中国人が嘘をつく場合としては、面子を守ろうとする場合、何らかの不当な利得を得ようとする場合等、いろいろな場合がある。面子を守ろうとする場合は、既に述べたとおりであり、自己が不利な立場に追い込まれないように、またはその場を取り繕うためにあらゆる嘘をつくのである。客観的にはたとえ皆がわかっていることであっても、決定的な証拠を突きつけられていよいよ駄目とならない限り嘘をつく。

不当な利得を得るために平気で嘘をつくのは、まさに強者の論理が通用する個人と個人との関係を中心とした社会を背景としたものである。嘘をついていて相手がそれに気づいたとしても、強者の論理が通用するところでは、場合によってはそれを押し通すことが可能である。少なくとも、嘘をついたことによって、口頭での非難はあるにしても、実質的に何らかの社会的制裁を受けることはない。社会的制裁を受けるような社会は、そもそも強者の論理が支配するような社会ではなく、そうした客観的価値体系を持った社会である。嘘をついて社会的制裁を受けないならば、嘘をついていても全く平気である。嘘を押し通すこともできるのであれば、嘘をつけばついただけ得をすることとなり、嘘は損にはならない。したがって、嘘がなくなることはないのである。中国人の嘘と狡猾さの事例として、タウンゼントの取り上げたミッションスクールの例を先に紹介した。こうしたことは外国人にとっては許しがたいものであろうが、中国では日常的に生じているのである。

前述した中国人に共通的に見られるこの他の性格についても、面子にこだわり嘘をつくことと同様の説明が可能である。

中国人が互いに信用せず疑い深いのは、嘘をついても平気な社会ではある意味で当然のことであろう。自己を守るためには相手が誰であってもまず嘘をついているのではないかと警戒せずにはおれないのである。

公共心、正義感に乏しいのも、強者の論理が支配的な個人と個人との関係を中心とした社会ではやむを得ないことである。基本的に自己を中心とした利害関係に支配され、自己の利害関係を超えて守るべき外部的または客観的な価値基準が存在しないところでは、公共心や正義感が育まれることもないのである。

金銭への異常な愛着も、他に頼るべき客観的価値や権威が存在しないという観点から理解されるものである。他者との個人的な力関係が何よりものを言う社会では、金銭以上に頼れるものはない。金銭は個人的な富とともに力の象徴でもあって、金銭があれば強者の論理が支配する社会での強者となることができる。金銭よりも何かがまさるといった価値観はない。中国人にとって金銭は全てなのであり、金銭に異常な愛着を示すのも当然なのである。

現実的、利己的であるのは、金銭に異常な愛着を示すことと表裏一体のものである。個人は自己を中心とした利害関係または生存競争の中で生きており、それ以外に顧みられる価値観が事実上存在しない。こうした社会では個人が現実的、利己的となるのは必然であり、また、そうでなければ生き残ることができないだろう。他者を疑い、現実的、利己的でなければすぐに誰かに騙され、または利用され、自己の生存をも危うくする事態を招くこととなりかねない。理想を述べてもせせら笑われるだけであり、そのことが評価されるような社会ではない。他者やその他のことはともかく、現実的な保身や個人的利得を図ることが賢い生き方なのである。

忍耐強く労苦をいとわないのは、まさに社会への現実的対応によるものである。強者の論理が支配する社会にあっても大多数の者は弱者である。強者の論理で抑えられた弱者は、他に訴え出るところもなければ、主張すべき客観的基準もなく、ただ堪え忍ぶ以外に方法がない。そうした社会的弱者には、中国社会の経済的貧困がさらに覆い被さり、ただ過酷な労働を黙々と行うことを強いていたのである。ただし、中国人の忍耐強く労苦をいとわない性格は、決して労働を尊ぶ何らかの価値体系があってそれを実践することによって形成されたというものではない。このことは、士大夫階級が肉体労働を蔑視し忌避することからも明らかである。忍耐強く労苦をいとわない性格は、やはり、中国の厳しい社会的事情に現実的に対応することによって形成されたものとして考えられるべきものである。

表面的で本質を見ないのは、現実的、即物的であり、疑い深い性格と関係していよう。自分の眼で見たものか、実際に経験したものでないと信用できず、抽象的、理論的な説明は受け付けない。これは筆者が農業技術者から聞いた話であるが、中国の農民に日本で普及している栽培技術を導入すれば収量が増加するということをその理由とともにいくら説明しても、その栽培技術を導入する農民はいない。しかたなく実際に一年かけて圃場でその栽培技術を導入して見せると、農民はその効果を目にして初めて導入するようになったという。その時々の現実的利害が優先する社会で、客観的論理性や抽象的思考には慣れておらず、あくまで表面的対応に終始し、たとえ論理的説得性があるものであっても他者の説明には疑いを抱くのである。

同情心がなく残忍であるのは、常に自己の利害が中心となり、他者との間で自己を超えた共通の価値基準や尊重するものを持たないという社会的事情が一つの要因となっているものと考えられる。こうした社会では他者への敬意や同情心はどうしても希薄なものとなろう。他者が自己と共通の価値を持ったものとしてとらえられなければ、他者への残忍性に歯止めがかけられないこととなる。もとより中国人の残忍性はこうした社会的事情だけから説明できるものではなく、歴史的要因等の影響も大きいとするべきであろう。

狡猾、老獪なのは、面子にこだわること、嘘をつくこと、疑い深いことといった性格と表裏のものである。互いが信用できず、まさに弱肉強食といった社会にあっては、相手に騙されず、逆に相手を出し抜くためにも、常に狡猾であり、老獪であることが必要なのである。

以上、中国人に共通的に見られる性格または民族性について、それらの形成に継続的かつ長期に影響を与え続けてきたと考えられる社会的事情等の背景についてひととおりの説明を行ってきた。もちろん、中国人の性格または民族性がこれらの事情だけから説明できるものではなく、さらに明確な説明のためにはこれ以外のいろいろな要素を考慮する必要があろう。しかしながら、中国の政治的、社会的、経済的事情が中国人の性格または民族性の形成に重要な影響を与えるものであったことは当然のことであり、また、これまで述べたとおり、これらの諸事情による説明に何らかの矛盾があるというものでもない。したがって、一見独特と見える中国人の性格または民族性も、長期にわたる中国のある意味で特殊な政治的、社会的、経済的事情によって育まれ、また長年月の間にそれが強化されてきたものであるとして良いものと考える。

ところで、右記のような中国人の性格または民族性がいつから存在するようになったかは必ずしも明確ではないが、少なくともこうした性格または民族性は長期にわたりほとんど変化しないものであるということを付言しておきたい。先に引用したスミスの『支那人気質』は一八九四年著であり、タウンゼントの『暗黒大陸　中国の真実』は一九三三年著であるが、これらの著書で紹介されている中国人の性格または民族性は現在と基本的に変わるものではない。

こうした言わば民族性の不変性については、文化人類学における文化とパースナリティに関する議論が参考となる。ここで文化とは、ある社会の生活・行動様式というように理解しておきたい。前述の中国人の共通的な性格は、社会的な行動様式という観点からは文化であり、個々人の行動の特色という観点からはパースナリティである。

さて、ラルフ・リントンによればパースナリティは文化によって形成される。[118]そして文化がパースナリティに及ぼす影響には二つの種類がある。一つ目はその子供に対する他の諸個人の文化型に従った行動から生じるものであり、この影響は生まれたときから作用し始め、それが最も重要な意味を持つ時期は幼児の時代である。二つ目は成長してからも絶えずその社会に特徴的な行動型を観察し、それに従うよう訓練されることから生じるものである。[119]そしてここで重要なのは一つ目の影響であり、「個人の生涯の最初の数年間が、パースナリティの内容の深層を形作る高度に一般的な価値＝態度体系を確立するうえに、決定的な時期である」とする。[120]

すなわち、個人のパースナリティの価値＝態度体系の基本は乳幼児期に本人には自覚されないまま文化に即して形成される。したがって、それは生涯ほとんど変わることなく、自身もまた社会的行動を通じて文化の一部を構成し、そうした行動様式がさらに次の世代へと引き継がれていく。

文化とパーソナリティに以上のような関係があるとすれば、社会の行動様式は世代を越えて受け継がれるものであり、すぐに変化するようなものではないということとなろう。このことは、いかなる社会、文化にも妥当するものであり、もとより中国も例外ではない。したがって、前述した中国人の共通的な性格はこれまでも大きな変化がなく、また今後とも基本的には変化しないであろう。

第七章　日中の文化・社会の差異

一．タテ社会とヨコ社会

これまでに述べてきたところから、日中の文化には本質的な差異があることが明らかになったと考えるが、日本社会と中国社会をごく単純化して対比的に考えれば、日本はタテ社会であり、中国はヨコ社会として見ることが可能である。

まず日本社会がタテ社会であるということから見ていきたい。図7―1は日本の近世の社会をモデル化して図示したものである。

日本の近世では、中央に幕府があり、地方にはそれに服従する藩があったが、中央の地方に対する支配はそれほど強いものでなかった。各藩は幕府の支配を受け入れ服従しているものの、各藩の実質的な運営は封建領主としての各藩主（大名）にまかされており、各藩はほとんど独立国と言っていいほど独立性が強かった。それぞれの藩には藩主に臣従する家臣団がいて藩という権力組織を形成していた。藩主と家臣とは封建主従関係に立ち、家臣は藩主に忠誠を誓うとともに、藩には運命共同体的な帰属意識を有していたのである。藩の領内にはくまなく村があって、それぞれが村方三役を含めた高持本百姓によって運営されていた。日本の近世の村が共同体的要素を強く持ち、村民の村意識が

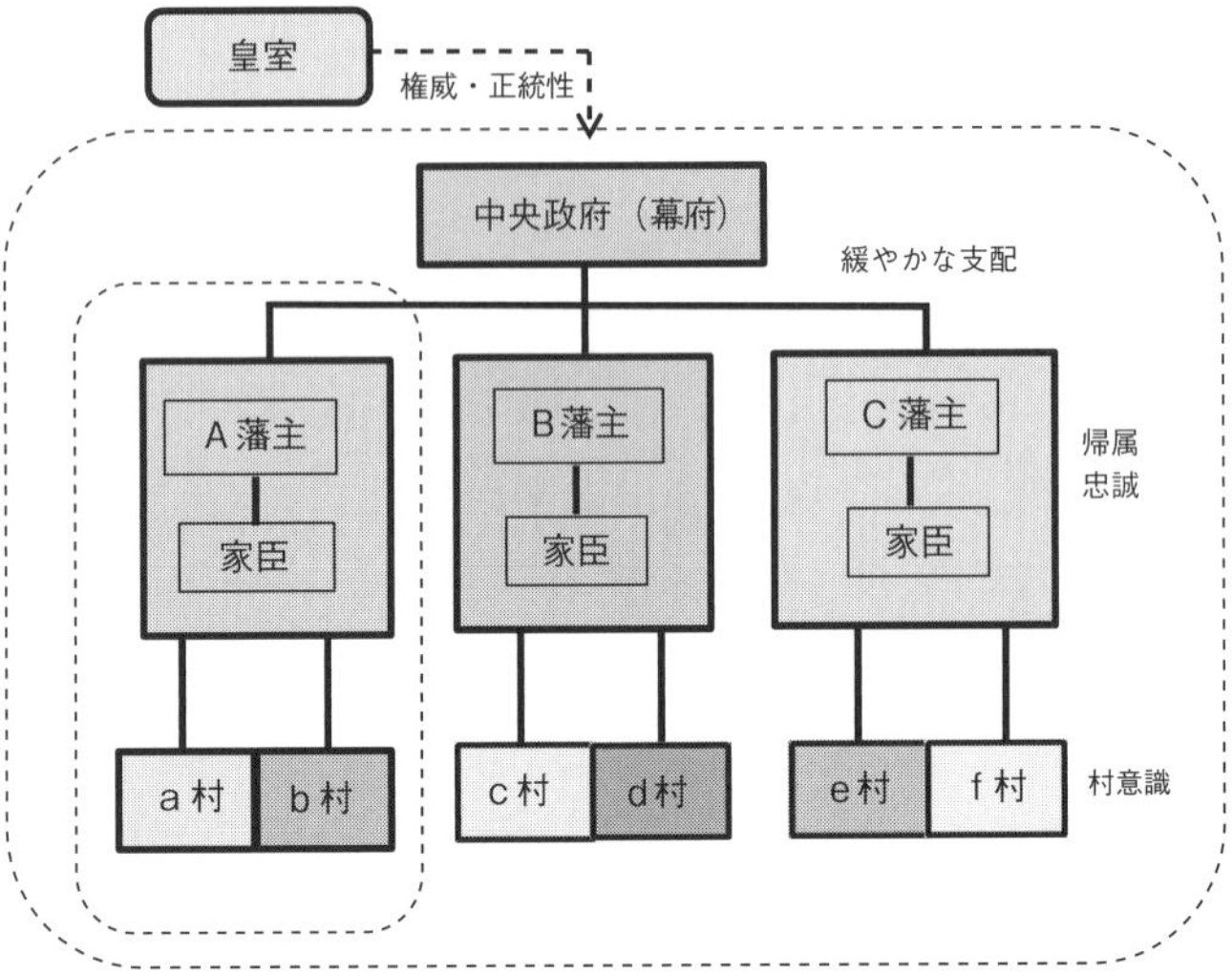

図7-1 日本の社会（モデル）
資料：筆者作成

高かったことは前述したとおりである。

日本の近世のこれらの組織において、全てイエが基本的な単位または構成要素となっていることは、日本の社会の特質を示すものである。幕府は将軍家によって運営され、各藩は各大名家によって運営されたが、大名家にも家格によって序列があった。各藩の家臣団もイエの集合体であり、家格によって家臣団における上下の関係または序列が決まっていた。そのことは村においても同様であって、家格によって村内での位置付けや役割が左右されたのである。

そして、こうした日本社会の秩序に全体として伝統的正統性を与え、伝統的権威の中心として存在したのが皇室である。皇室は、近世では権力の行使に直接関与せず、権力構造の外にあり、権力からは距離を置いた存在であったが、日本における最高の家柄として日本の社会秩序の中心的権威として君臨してきた。原則として皇室に近いほど高い家柄と考えられ、武士では天皇を祖先とする源氏が最も高い家柄であり、他は源氏への近さによって家柄が判断されたのである。このため、徳川家が源氏を名乗って伝統的正統性を得ていたことはよく知られている。将軍職も天皇によって任命されることによって正統性が付与されたのである。

このように日本の近世の社会では、藩または村という運命共同体的な強固な組織が存在し、その内部はイエを媒介として序列と連帯による統制が図られていた。藩はそれぞれが家臣団と領土とを有してヨコの移動が事実上不可能なタテ割の組織であり、または村も土地売買は原則として禁止され村民の移動も制限されている等タテ割の組織であった。もとより、村は藩の統治を受け、タテにつながっている。このとおり、日本の近世の社会は全くのタテ社会であったのであり、このことが現在の日本社会にも影響を与え続けている。

この日本社会のタテ社会としての性格について、中根千枝『タテ社会の人間関係　単一社会の理論』[121]では、日本社会は「場」を強調する社会であるとする。同書によれば、社会集団の構成の要因としては、「資格」と「場」とが設定できる。ここで「資格」とは社会的個人の一定の属性、たとえば学歴、地位、職業、資本家、労働者といったものであり、「場」とは一定の地域、所属機関等のように一定の枠によって形成された集団のことである。そして、日本人の集団意識は強く「場」に置かれており、そうした意識は日本人が自分の属する職場、会社、官庁、学校等を「ウチの」と言い、相手のそれを「オタクの」と言うことにも表れているとする。[122]藩や村という運命共同体的な組織に属し、どこの藩または村に属しているかということがその人の運命や対外的な位置付けを基本的に左右する場合、自己の

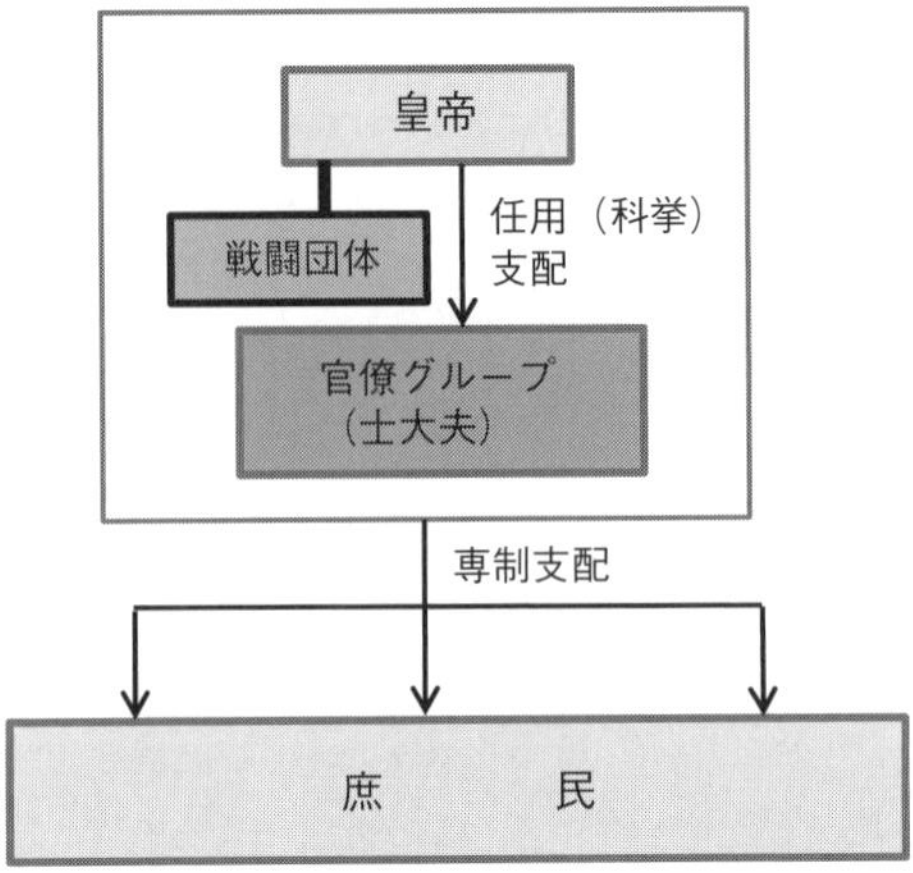

図7-2 中国の社会（モデル）
資料：筆者作成

属する組織すなわち「場」を強く意識することは当然のことである。そして、この運命共同体的な組織が現在では会社、官庁等となっているのである。日本人の集団意識が主に「場」に置かれるのはこうした社会態様を背景にしたものと考えられる。

次に中国社会がヨコ社会であることについて見ていきたい。中国の王朝時代までの社会をモデル化して図示すれば図7−2のとおりとなる。

王朝時代の中国社会は、皇帝およびそれにつかえる士大夫（官僚グループ）が支配階層を構成し、各地で士大夫によって実質的に支配されていた庶民が被支配階層を形成していた。図中の戦闘団体は満州人によって組織された八旗と呼ばれた軍事集団のことであり、皇帝に直属して支配階層の一部を構成した。八旗の旗とは、清の太祖ヌルハチによって制定されたとされる軍事集団の単位のことである。ただし、こうした戦闘団体の存在にかかわらず、士大夫は科挙を通じて皇帝によって直接官僚に採用され、また官僚として政府の各官職に任命された。戦闘団体と士大夫とは直接の関係がなく、また、日常的な庶民との関わりでも戦闘団体が大きな役割を果たすことはなかったとしてよいだろう。

中国王朝社会において士大夫階級の果たした役割、その階級的特色等は既に述べたところなので繰り返さないが、ここでは、士大夫階級が科挙・任官制度の下でヨコに強い流動性を有していたことを強調しておきたい。士大夫は全国に存在するが、科挙に合格すれば中央に集められ、命令に応じて全国どの場所にでも赴任するのであり、全国的なヨコ割の階級であった。科挙に合格した士大夫が着任する知州、知県といった地方の官職は、中央集権制度の下における末端地方機関の長という位置付けであり、あくまで政府の一官職であって、しかも通常は数年で交替した。士大夫階級においては、派閥間の対立はあっても封建社会におけるような地域のタテ割組織、主従関係というものはなく、そもそも日本のようなイエ制度がないため家格による上下関係といったものも存在しなかった。また、士大夫が官職を利用して出身地との関係を深めることのないよう「回避の制」が実施されていたことは前述のとおりであり、地方の分権化ないし独立化は王朝権力の警戒するところでもあったのである。

士大夫の支配を受けた庶民もヨコの移動が比較的自由であり、ヨコ割的な階級であった。民国期までは村の境界も明確に定まっておらず、村としての共同事業は農作業をはじめとしてほとんど行われず、村の村民に対する統制は極めて緩やかなものであったことは前述のとおりである。土地の売買は自村、他村を問わず大きな制約はなく、村民が他村に移動することも比較的自由に行われた。やはりイエ制度といったものがないため村内でも家格による上下関係または序列という秩序はなく、各家族は基本的に対等であった。もとより、地主、小作といった経済社会的観点からの優位・劣位または支配・被支配の関係には、前述した抗租運動にも見られるとおり、顕著で深刻なものがあったが、これらは身分的、封建的なものではない。農村での地主が小作に零落したり、その一方で小作が経済的に上昇して地主になるということも珍しいことではなかったのである。

以上のとおり、日中の社会にはタテ社会とヨコ社会という構造的な差異がある。それでは、日本のタテ社会と中国のヨコ社会で、具体的に何が日中の民族性や文化・社会に現在観察されるような差異をもたらすこととなり、また、結局日中の文化・社会の本質的差異とは何なのであろうか。次にこれについて述べることとしたい。

二．日中の文化・社会の本質的差異

日中の文化・社会には、これまで述べてきたとおりいろいろな差異があるが、その最も根源的なものは、自己を超える共通の価値が認められる社会であるか否かということである。自己を超える価値とは、正統性、伝統、社会的準則といったものであり、これらが認められる社会では自己とともに他者もそれを守るという相互の信頼感がその社会的基礎となっている。一方で、自己を超える価値が認められない社会では、そうした価値を他者が守るとは互いに信じておらず、結局、個人は自己の利益を唯一の基準として行動し、また、その枠を超えることがない。ここでは、自己を超える価値が認められる社会を「価値社会」、認められない社会を「非価値社会」と呼ぶこととする。言うまでもなく、「価値社会」が日本であり、「非価値社会」が中国である。

「価値社会」と「非価値社会」の分岐をもたらすこととなった要因としては、そもそもの国家の成立ちの相違等、様々なものが考えられるが、ここでは二つのものを挙げておきたい。その一つは国家の中の強固な中間組織の有無であり、もう一つは社会における伝統的権威・正統性の有無である。現実には、もとより、これら二つは相互に密接に関連し、相補う関係にある。以下では、まずこの二つの要因について説明し、その後で「価値社会」と「非価値社会」の相違について具体的に検討することとしたい。

(1) 中間組織の有無

中間組織は現在ではいろいろな意味で使われているが、ここで検討しようとする中間組織とは、国家と個人の中間にあって国家を構成する一要素となっている組織のことである。強固な中間組織が存在したかどうかは、日中間の社会構造上の重要な差異であった。これまでの説明で明らかなとおり、日本社会においては、イエ、藩、村といった強固な中間組織が存在したが、中国にはそうした中間組織が存在しなかった。

日本のイエは、繰り返しになるが、個人のアイデンティティの根源であり、忠誠の対象でもあった。イエは伝統的価値を体現したもので、イエの系統としての存続やイエの名誉を守ることが重んじられた。なお、この場合、個人は生まれながらにしていずれかのイエに属するのであり、イエはそもそも個人の利害や思惑を超えた伝統的存在であったことに留意しておきたい。

藩は封建的主従関係にある藩主と家臣団から成っていたが、これらは一面でイエの集合体であった。個人の属するイエは、こうしたイエの集合体の中に位置付けられており、たとえばその個人が家臣団の一員であったとすれば、個人はイエの名誉を守る存在であるとともに、藩主への忠誠を誓う存在でもあった。イエの集合体としての藩も、個々のイエも、同じ伝統的価値体系の下にあり、藩主への忠誠の実践がすなわちイエの名誉を守ることでもあった。

こうした伝統的価値または組織をめぐる環境の中にあって、個人は組織に内面的支持を与え、またはその組織の正統性をごく自然に受容したのである。また、個人は組織に強い帰属意識を有し、組織への献身的忠誠を誓い、個人よりも組織の名誉等を優先するという価値観を受け入れた。すなわち、個人は自己の利害を超えたもの、または自己の生命をも超えたものの価値を受け入れ、その存在を認識したのである。

そして、組織の構成員の間でこうした価値観が共有されることによって、共通の価値基準に基づく行動様式や行動基準が醸成された。こうした価値基準は、ときに自己の犠牲を強いるものであっても、自己を含めて構成員全員が守るべきものであり、また、守られることが十分に想定されているものであった。こうした価値基準は、個人からすれば内面的支持を与えつつ、同時に自己の枠を超えて他者とともに共有するものであったが、それが守られることは十分に信用していいことであった。自己の枠を超えた価値基準が守られることが、すなわち組織を守ることとなり、その社会における公正または正義を実現することでもあったのである。

日本の村も、藩とは性格が異なるものの、その意思決定は構成員の内面的支持を受け、構成員の忠誠の対象となる運命共同体的存在であったことは前述のとおりである。村もその構成員個人にとってはアイデンティティの対象であり、その規範は個人が内面的に支持するとともに、自己という枠を超えて他者とともに守られるべき存在であった。そうした存在が、日本では社会制度として確立していたのである。

日本の中間組織においては、個人が自己の枠を超えて内面的支持を与えることができるような価値観、すなわち、正統性が組織の結合原理として重要な役割を果たしていたと言うことができよう。

これに対して、中国では日本におけるような強固な中間組織が社会に存在しなかった。

士大夫階級は、科挙を通じたヨコ割の階級であって、その内部に運命共同体的な何らかの組織が構成されているわけでもない。科挙を受験するのは、もとより官途について富と栄位を手に入れるためである。決して皇帝に忠誠を尽くすためではない。ただし、皇帝に忠誠を尽くすと言わなければ官吏には採用されないであろうが、それはあくまで表面的なものであって、内面的支持を与えているかどうかとは別のものである。士大夫階級が官途につこうとするのは、一般的には個人的な利得の獲得が目ざされているものであって、それ以上のものではないと言っても過言ではないだろう。首尾良く科挙に合格した場合は何らかの官位につくが、官位には当然ながら上下があり、権限の大きいところとそうでないところ、また、利得やうまみの大きい官位やそうでないところがある。そのため、士大夫はそれぞれが派閥を作り、いい官位につこうとして相争ったが、そうした派閥争いは皇帝も嘆くほど強いものであった。ただし、こうした派閥は、言うまでもなく個人的な利害関係を通じて形成されているものであって、利害関係がなくなれば解消される性格のものである。もとより、派閥の発展や永続が目ざされるということなどではなく、派閥を構成する者のそれぞれの利得の拡大が目ざされているにすぎない。個人の枠を超えた価値観をもった組織が作られているわけではないのである。

中国の村も農民の共同体的な機能がほとんどなく、運命共同体的な役割を果たし得る組織ではなかった。民国期には村には公会が設置されていたが、公会は行政機能の一部を果たす程度の役割しかなく、村長または会首は村民の内面的支持を得られている存在ではなかった。村民の忠誠を得て村民を統率し、村として村民を代表して行動できるような組織ではなく、日本におけるような強固な中間組織というものでは全くなかった。村民間の争いの解決についても、村の規定に則って村によって裁かれるというようなことはなく、調停人に調停を依頼する方式を主としてとっていたことは既に述べたとおりである。

このように、中国社会では、個人の枠を超える伝統的正統性や共通の価値観を基にした強固な中間組織が成立しなかった。すなわち、個人の利害や生命を超えるような価値または価値体系を有するような強固な組織が中国に社会制度として確立することはなかったということである。

結果として、中国では、何らかの組織を作るにしても、共通の価値基準や価値観といったものはほとんど顧慮されず、それぞれの個人の利益の確保、拡大が強調され、求められることとなったものと考えられる。したがって、組織としての発展は重視されず、構成員が組織に帰属意識や忠誠心を有することも基本的になかった。中国の組織の結合原理は主として利益と恐怖であり、正統性はほとんど顧みられなかった。こうした中国の組織の言わば利益的性格は、都市の団体の組織原理において見たとおりである。中国の団体は、各個人の既得権益・利益を確保することが組織の存在意義そのものであり、そのために必要に応じて組織の構成員は団結し、または構成員に制裁を科した。中国の組織は、その価値観において、個人の利益ないし個人の枠を超えることがないのである。

(2) 伝統的権威・正統性の有無

さて、日中の文化・社会に根源的な差異をもたらすこととなったもう一つの要因として、伝統的権威・正統性の有無を掲げたが、これは強固な中間組織の存在がもたらす忠誠心の醸成等に関する効果を補強するとともに、個人的利害または自己の枠を超えた価値への信頼をより確かなものとするものである。

日本では、権力構造の外に伝統的権威を体現する皇室が存在し、イエ制度を媒介とした権力構造に権威と正統性とを与えてきた。こうした古来変わらぬ伝統的権威の存在は、自己の所属する組織の価値体系への信頼を強固のものとするとともに、皇室の権威の下にある日本が全体として共通の伝統と歴史を有し、価値観を共通にするという確信を抱かせるものでもあった。こうした伝統的権威の存在により、個人は、自己の所属する組織だけでなく、たとえ敵対している組織であっても、相手もまた基本的に同じ価値観の下にあるということを信じることができたのである。

一方で中国にはこうした伝統的権威は存在しなかった。王朝が断続的に変遷したこともあって、時代を超えて変わらない伝統的権威というものはなく、また伝統的権威を反映したような社会も形成されなかった。中国は権威と権力を独占する王朝によって支配され、王朝の変化によって権威と権力の所在も変化したのである。

また、中国では封建制度が成立せず、歴代王朝では、中央集権的官僚機構による支配が行われたため、強固な中間組織が形成される余地はほとんどなかった。伝統的権威が不在で、自己の枠を超えて忠誠の対象となるような組織もないという環境の下では、共通の価値観や伝統を尊重するような観念が育まれることもない。個人と他者または社会との交わりがそれぞれの個人の利益を基本的に唯一の尺度として行われるという文化・社会が形成されることとなったのは、こうした権威や客観的価値体系の不在が一因となっているものと考えられる。

(3)「価値社会」と「非価値社会」

このような強固な中間組織の有無および伝統的権威・正統性の有無という二つの要因もあって、日中の文化・社会には本質的な差異が認められることとなり、日本では「価値社会」、中国では「非価値社会」というまったく異なる性格を有する社会が形成された。

繰り返しになるが、日本人は客観的な価値体系や価値基準を自己に内面化させ、これを信頼することができる。日本人は歴史的に自己の枠を超えた価値を認め、そのために忠誠を尽くし、伝統的権威を尊重してきた。こうした歴史的に形成された民族性や社会の性格を背景として、日本人は自己の利害や枠を超えた価値体系・基準を受け入れ、その正統性を認め、これに内面的支持を与え、そして社会を構成する他者がともにこの価値体系・基準を尊重し、遵守するだろうと信じることができるのである。

ところが、中国人はこうした価値体系なり価値基準を信頼することができない。客観的な価値を信頼しようとする社会が中国で十分に形成されたことはなく、中国の社会はその意味でまさに「非価値社会」なのである。中国人は歴史的に自己の利害や枠を超えた価値を受け入れることがなかった。

また、中国人にとって忠誠の対象となるものもなければ、尊重すべき伝統的権威も存在しなかった。したがって、自己の枠を超えて他者とともに守るべき価値基準や共通規範といったものは形成されず、またたとえそうしたものが理念的に提起されたとしても他者がそれを守るとも思われていなかった。それを守るような社会的素地に不足していたのである。

こうした説明から既に明らかなとおり、「価値社会」か「非価値社会」かによって、社会の性格が全く異なったものとなる。

「価値社会」では、客観的価値基準が尊重されるため順法意識は高く、構成員相互の信頼度も高い。客観的な価値を守り、それに基づく公正性を実現すること、それがすなわち構成員がともに認める正義ということとなろう。「価値社会」では、こうした正義感は構成員に共有され、その実践を通じて正義感が社会的にさらに涵養される。「価値社会」は正義感を伴う社会でもあるのである。

一方で、「非価値社会」では順法意識は低く、また、構成員は相互に疑心暗鬼となり警戒し合うということとなる。構成員がともに実現しようとする客観的な価値がなく、行動の基準も個人的利益によって左右されることから、共有された正義感が社会的に育たない。もちろん、個人が何らかの問題で義憤を感じ、それに一部の者が同情するということは日常あり得ることである。しかしながら、それが個人的で個別のものである限り、他者もともに守るべき社会的な行為基準として共有化されるということはなく、また他者がそうした行為基準を守るとも信じられていないのである。

フランシス・フクヤマは社会の構成員相互の信頼度の強度を基準として日本を「高信頼社会」とし、中国を「低信頼社会」として分類する。[123] この分類は、「価値社会」および「非価値社会」を社会の構成員の信頼関係という観点から見たものと言うことができよう。フクヤマによれば、日本での信頼関係は家族、親族を超えて第三者にも及ぶが、中国では家族を超えて信頼関係が拡大することはない。したがって、日本では企業経営を経営の専門家に委託すること等によって組織的な発展が可能であるが、中国では家族以外を信頼して経営をまかせるということをしないため企業は国家企業を除き組織的に発展せず、小規模なままにとどまっているという。(124)

なお、ここで、中国では家族以外を信頼しないということについては次のように考えておきたい。すなわち、言うまでもなく家族以外の第三者を全く信頼しなければ社会が成り立つものではないが、中国においては、その信頼の範囲が、原則として、第三者との間では自己の利益に合致し、または矛盾しない範囲にとどまるということである。自己の利益を度外視した信頼を家族以外の者に置くことはない。日本におけるように、自己の枠を超えた客観的な価値基準（信用を重んじることを含む）や伝統、価値観を共有する者として第三者を信頼するようなことはないのである。

ところで、日本は古来、和の国または和の文化・社会の国であると言われてきた。この和の文化・社会とは、あえてごく簡単に一口で言えば合意の文化・社会と言うことができるだろう。合意によってルール（規則）を形成し、そのルール（規則）を遵守し、また、合意を守ることを互いに信じることができる。和の文化・社会については、昨今では事なかれ主義やナアナア主義といった弊害が強調されることもあるが、その本質は、皆が合意した客観的な基準または規則が守られ、または守られることが信じられている社会であるということである。すなわち、和の文化・社会とは、これまで述べてきた「価値社会」そのものなのである。さらに言えば、和の文化・社会こそが中国の文化・社会との本質的差異を具現化したものということとなろう。

また、和の文化・社会すなわち「価値社会」は、客観的価値基準に内面的支持を与え、合意に基づく他者との共存をめざす社会であるが、「非価値社会」は、客観的価値基準の存在を認めず、またそうしたものを信じず、あくまで強者の論理によって力の支配をめざす社会である。民主主義的な社会または専制主義的な社会という観点からあえてそれへの親和性を分類すれば、「価値社会」は民主主義に親和的であり、「非価値社会」は専制主義に親和的である。

第Ⅲ編　戦前の日中関係

次頁に掲げた表Ⅲ―1は、日本が近代国家としての歩みを始めた明治維新から第二次世界大戦までの期間、すなわち戦前における日中関係の時期区分を示したものである。時期区分にはいろいろな方法が考えられようが、ここでは日中間の国際的地位の変化等に着目して、「華夷秩序攻防期」（明治初年～日清戦争）、「半植民地期」（日清戦争後～第一次世界大戦前）、「反日・排日活動期」（第一次世界大戦～満州事変前）および「経済ブロック期」（満州事変～第二次世界大戦）の四期に区分した。同表では、時期区分と併せて、それぞれの時期の特色がより明らかとなるよう、各時期の日中間の主な条約と日本の大戦略を掲げた。ここで大戦略とは、一般的に、国家が生存と繁栄を確保するために内外の諸要素を利用して策定する総合的な国家戦略のことであり、国民的なコンセンサスが得られたものであるとしておこう。当時の日中関係は、主として、双方の国際的地位の変化の中で、日本の大戦略と中国の対日姿勢とによって形成されていたとしてよい。

まず、「華夷秩序攻防期」は、中国が従来の華夷秩序・冊封体制を守り、周辺国に対する宗主国としての地位を維持しようとしていたのに対し、近代的国際関係を構築し、列強の仲間入りをめざしていた日本がこれを打破、破棄しようとした時期である。この時期において、日清両国はまったく対等

表Ⅲ-1　戦前期の日中関係の時期区分

時期名	時期	日中間の主な条約	大戦略
華夷秩序攻防期	明治初年～日清戦争	日清修好条規	大日本帝国建設（富国強兵）
半植民地期	日清戦争後～第一次世界大戦前	日清通商航海条約 満州に関する条約	帝国主義的発展（ロシアの脅威の除去）
反日・排日活動期	第一次世界大戦～満州事変前	日清通商航海条約 満州に関する条約 南満州及び東部内蒙古に関する条約 中国に関する九カ国条約	帝国主義的発展（満蒙権益の確保）
経済ブロック期	満州事変～第二次世界大戦	日満議定書 塘沽停戦協定 日華基本条約	日満経済ブロック、日満支経済ブロック、大東亜共栄圏の形成、確立

資料：筆者作成

の立場で一八七一年に日清修好条規を締結するが、次第に朝鮮の地位をめぐって対立を深めるようになった。清国は朝鮮を藩属国のままの地位に据え置こうとし、日本は朝鮮が完全な独立国であることを主張したのである。結局、日清戦争での日本の勝利により、華夷秩序は終焉を迎えることとなる。

「半植民地期」は中国の国力が衰退し、自国領内の問題について国家としての当事者能力を大きく低下させた時期である。日清戦争の結果、日本は中国に対して列強と同じ立場に立つこととなり、日本の一方的な治外法権等を規定した日清通商航海条約を一八九六年に締結した。義和団の乱等もあって中国の国際的地位は地に落ち、列強のいわゆる中国分割が急速に進んだ。満州にはロシアが全面的に進出し、満州支配の意図を示すようになったため、日本と対立して日露戦争が起こる。戦争は辛くも日本が勝利し、その結果、日本はそれまでロシアが南満州で有していた権益を獲得することとなった。「満州に関する条約」（「満州善後条約」と通称される）は、日本がロシアから当該権益を承継することを清国が認めた条約である。このように、この時期において、中国は国力の衰微から、自国内の権益の処分をほぼ外国のなすがままにまかせるほかなかったのである。

「反日・排日活動期」は、中国における大衆運動の普及やナショナリズムの浸透により、中国政府も関与した反日・排日活動がこれらの大衆運動や国民感情を利用することによって組織的に行われるようになった時期である。「南満州及び東部内蒙古に関する条約」は、一九一五年に締結されたもので、いわゆる二一カ条要求で認められることとなった南満州の租借権期間（従来は二五年）の九九年への延長等を条約化したものである。この二一カ条要求をめぐって中国での反日運動が激化した。一九二二年に締結された「中国に関する九カ国条約」は、既得権益を保護するとともに、中国の門戸開放・機会均等を規定したものであったが、後述のとおり矛盾を含んだ条約であり、既得権益を否定しようとする中国に対して、日本側は苛立ちを強めることとなった。中国の反日・排日活動は、必ずしも民衆の自主的な行動によるものでなく、政府、関係機関の指示、扇動等による組織的で半強制的なものであることが多い。しかも日本人や日本人財産に対する暴行、略奪行為を伴うことも少なくない。このように、中国の反日・排日活動は、日本の侵攻に対する抵抗といった受動的な性格のものではなく、政府も関与して日本を積極的に中国から排除しようとする能動的で挑発的な性格が強い。ここで「反日・排日活動」として「反日・抗日活動」としなかったのは、そうした意味合いを含ませたものである。そして、この反日・排日活動が重要な要因となって満州事変へとつながるのである。

「経済ブロック期」は、日本が満州を実質的に支配下に置き、大恐慌後のブロック経済化という当時の国際経済情勢に対応して、日本が日満経済ブロックを核とした経済ブロックの形成を進めた時期である。満州事変後、一九三二年三月に満州国が建設され、日本との間で日満議定書が取り交わされた。一九三三年五月には塘沽《タンクー》停戦協定が締結され、満州事変後の日中間の軍事的衝突はひとまず終結する。しかしながら、満州を除く大陸中国においては反日・排日活動が執拗に繰り返され、ときに日本人を虐殺する事件も起こったことから、日本人をいたく憤激させ、日中関係は悪化した。一九三七年の盧溝橋事件をきっかけとして日中は全面的な戦争状態に陥るが、このときに「暴支膺懲」（暴虐な中国を厳しく懲らしめる）がスローガンとされたのは、まさにこの当時の日本人の中国に対する怒りと不信感を象徴したものであろう。戦争収拾の見通しが十分につかない中で、一九四〇年一一月には占領下の南京の汪兆銘政権との間で日華基本条約が締結される。また、日本の支配地域や戦略目的の拡大に伴い、経済ブロックは日満経済ブロックから、日満支経済ブロックへ、さらには大東亜共栄圏へと拡大した。しかしながら、第二次世界大戦で日本は敗北を迎えることとなる。

本編では、以上のような経緯をたどった戦前の日中関係のうち、中国の性格が比較的強く反映していると考えられる「華夷秩序攻防期」および「反日・排日活動期」をとりあげて、その期間の歴史的経緯を整理しつつ、過去の日中関係の特色を明らかにすることとしたい。本篇の記述は、したがって、歴史的事実の記述を中心としているが、それぞれの場面における中国側の反応や行為は、現在の中国を考える上でも示唆に富むものである。

第八章　華夷秩序攻防期の日中関係

一．対朝鮮政策と日清修好条規

成立したばかりの明治新政府にとって、最大の脅威はいつ起こるともしれない列強による日本侵略であった。一八七四年（明治七年）七月に、陸軍卿であった山縣有朋は、台湾出兵に関する上奏文「征蕃問題に対する封事」[125]で「西洋諸国とは交際が親密ですぐに戦争となるような憂いはないが、いったん事変が起こると強弱が隔絶しているので、降伏せざるを得ない。このことは自分の職責として日夜悩んでいることであり、一度これを思うと針が胸を刺すようである」[126]と述べているが、こうした思いは欧米の強力な軍事力を知る当時の新政府の指導者に共通のものであったとしてよいだろう。

欧米諸国による侵略を防ぐには、日本を欧米諸国と並ぶような国家に建設していくほかはない。また、日本が欧米諸国と同等の国であることをできるだけ早く欧米諸国に認めさせせなければならない。「富国強兵、殖産興業」はまさにこのためのスローガンとなった。こうした帝国建設を速やかに進めるという大戦略の中で、産業振興、国内法制整備等の内政における西欧化とともに、外政でも欧米諸国と同様の外交を行うことが求められたのである。

新体制となった日本が、旧来の外交上の方式をまず刷新する必要に迫られたのが、以前より対馬藩を通して外交上の関係があった朝鮮であった。

日朝国交について、明治新政府は、その成立の初めの明治元年三月に対馬藩に対して、幕府廃止王政復古を朝鮮国政府に通告すべきことを命じた。しかしながら、その通告書が従来の様式とは異なること、通告書の中の「皇室」、「奉勅」[127]という語句は日朝間では使われたことがなく認められないこと等の理由で、朝鮮は通告書を受け取ることを堅く拒否した。とりわけ、「皇」、「勅」等の文字で日本より朝鮮に迫るのは、徐々に朝鮮を日本に臣従させる野望を抱懐していることを示すものだとして強く日本を非難した。[128]日本は、まず朝鮮との国交問題で、華夷秩序または冊封体制の問題に直面したのである。

こうした中で、一八六九年（明治二年）六月に日本では版籍奉還が断行されて中央集権国家としての組織整備が進められることとなり、同年七月に外務省が設置された。こうした組織整備の一環として、明治新政府はそれまで対馬藩に委ねていた朝鮮との外交事務を外務省に接収し、外務省が直接に朝鮮との交渉に当たることとした。

同年九月二五日に外務省が日朝国交問題で太政官に提出した上申書では、「このように全世界文明開化の時代において、条約を結ばずにあいまいな私的交わりで、一藩の役人に取扱いを任せていては皇国の評判に係わることはもちろん、万国公法によって西洋各国から詰問を受ければ弁解のしようもない」[129]と当時の認識を記している。

また、同上申書では、朝鮮との交渉が頓挫していることを踏まえ、大要次のようなことを述べている。すなわち、朝鮮はかつて三韓征伐等も行われて歴代天皇がいろいろ配慮された国でもあるので、たとえ皇朝の藩属ではなくても国家として永く存立させておきたいところであるが、ロシアをはじめ列強が俎上の肉としようとしている。この時に、国際法を維持し、朝鮮をたすけ安んじることができるのは日本をおいてほかにない。もし、これを放置してロシア等の強国に併呑されると日本にとって永世の大害、燃眉の急となる。したがって、速やかに勅使を派遣して国際法に基づく国交を求めたいところであるが、彼の国の人は狭量でしかも傲慢であり、突然国書を送っても受け取らず、かえってこちらに恥辱を与えかねない。ついては最初から兵威を示して相手の傲慢さをへし折らなければ旧慣を改めようとはしないだろう。ついては速やかに軍艦一、二隻を用意し、使節もそれに乗って渡航して、日本の御一新の政体および国交の大義を説明して、盟約を重んじることとするよう、至急お取りはからい願いたい、というものである。

この上申書では、日韓国交の日本側の目的、考え方とともに、朝鮮に国交を受け入れさせるための強硬策を提示しているが、外務省はこの後に朝鮮の現状等を把握するため視察員を朝鮮に出張させて調査、交渉を行わせている。その視察員の報告等も踏まえて一八七〇年（明治三年）四月に外務省が太政官弁官宛てに提出したのが「対鮮政策三箇条伺ノ件」(130)であった。

三箇条の第一案は朝鮮との関係を当面は全く途絶し、日本の国力の充実を待って改めて対処しようという交渉一時中断論である。

第二案は正使ほかから成る使節団を軍艦数隻とともに派遣し、朝鮮に兵威でもって国交を迫るというものであり、砲艦外交論と言うべきものである。

第三案は、朝鮮は清に服属し、清の使節だけは受け入れていることから、まず日清両国が条約を締結し、日本は清と同等の立場で朝鮮に条約締結を迫ろうというものであり、日清条約先行論と言うべきものである。清との外交については、「支那通信は朝鮮交際よりは急務とは考えられないが、朝鮮を懐柔するという趣旨から論じれば、手順としては最も急ぐことである」[131]とされた。すなわち、このときまでは、日本は清との条約交渉をそれほど急ぐものとは考えていなかったが、朝鮮との交渉を進める観点から清との交渉に早期に着手することが適当とされることとなったのである。

そして明治政府が現実に選択したのはこの第三案であり、その後には第二案であった。明治政府は、同年、柳原前光らを使者として清に派遣し、国交樹立に向けての予備交渉を行わせた。予備交渉で清側が条約交渉に応じることとなったことから、日本側は伊達宗城を大使として派遣し、条約案についての正式交渉を行わせた。清側大使は李鴻章であった。

この条約交渉は、予備交渉のときから難航したが、その主たる理由は、日本が国際法に準拠して近隣諸国に西欧諸国と同様の外交を進めようとしていたのに対し、清は西欧諸国との新たな外交関係への対応を迫られる一方で、東アジア近隣諸国（朝鮮、安南、琉球、ネパール等）とは旧来の冊封関係を維持しようとしていたのであり、日本との間で西欧諸国と同様の条約を締結することに強い難色を示したためである。冊封体制での外交は、すなわち朝貢外交であり、条約締結などは必要とされない。

こうした事情を背景として、予備交渉における清側の当初の回答は条約締結の必要はないというものであった。日中両国は已に久しく交際があり上海での通商はこれまでどおり可能なので新たに条約を立てるに及ばず、旧例を維持すれば十分と主張したのである[132]。使者として派遣されていた柳原らはこうした事態に強い危機感を抱き、曾国藩（両江総督）や李鴻章（直隷総督）とも会見して条約締結の必要性を訴えた。日本で商売する清国の商人が増えているが、西欧諸国とのように条約がないから清国商人は不便であり、また、相互に隣国である日清両国が西欧諸国の斡旋がなければ条約の締結もできないということであれば西欧諸国の笑いものとなるだろうといったことを主張したのである。(133)

こうした経過をたどって、結局、一八七一年に条約交渉を行うことを清側は認めることとなった。日本との条約交渉について、李鴻章は外交事務を掌る総理各国事務衙門《がもん》（以下「総理衙門」と略称）への報告書で、日本は朝鮮、琉球等と違って清の朝貢国ではないので条約締結を求めることに不合理はなく、かえって条約締結によって日本が敵になることを防止することになるといった認識を示している。(134)これなどは当時の清国の外交観をよく表したものであろう。すなわち、清国にとっての外交は、基本的に、新しく形成された西欧諸国との外交関係と近隣諸国との冊封関係との二つであるが、日本はこのどちらにも属していない。したがって、日本との間で条約を締結することは差し支えないが、西欧諸国とは異なるものとし、日本が西欧諸国と一緒になって清に敵対する事態を避けることが得策であるというものである。

一八七一年六月から始まった条約案の正式交渉では、概ねこうした清側の考えに即して交渉が進んだ。清側は、欧米諸国との条約締結交渉では欧米側が用意した条約原案で協議することを常としていたが、日本との協議では清側も条約原案を用意したのである。日本側からは、清ベルギー条約を模した条約を持参してそれを清側に提示したが、清側は、日清両国は一衣帯水の隣国であり「西洋各国のように向こうから来るだけでこちらから行くことがない国とは同じにはできない」(135)等と述べ、西欧諸国とは異なる条約とすべきとして、日本側原案を協議の基礎とすることを峻拒し、清側原案を協議の基礎とするよう強く主張した。結局、これについては日本側が譲歩し、清側原案を基礎として協議が進められたのである。

条約交渉における清側の基本的方針は、日本を今後とも欧米諸国の側に立たせてはならないというものであり、欧米諸国に与えている最恵国待遇はそのためにも日本に与えてならないものであった。「中国において欧米諸国によって享有されている諸権利を特定的に日本にあたえることはできるが、最恵国条款は決して条約に挿入されてはならぬ」ということであり、これは曾国藩の献策であったという(136)。

こうして交渉は容易ではなかったものの、なんとか日清両国の合意が成り、一八七一年九月一三日に日清修好条規が締結された。

条約の内容は両国の完全な対等主義となり、修好条規では、領土は相互に不可侵なこと（第一条）、外交使節を交換すること（第四条）等の国交に関する諸原則とともに、領事裁判権を相互に認めること（第八条）が規定されることとなった。最恵国条項は盛られなかった。また、修好条規と同時に締結された通商章程では、輸入物品にはそれぞれが協議して定めた関税を課すこと（第一一条）、すなわち関税自主権を相互に制限すること、内地通商は相互に禁止すること（第一四条）等が規定された。

もともと欧米諸国と清国との条約に準じた条約を締結しようとしていた日本は、領事裁判権が相互に認められること、最恵国待遇が得られなかったこと、内地通商権を獲得できなかったことに多大の不満を感じたものの(137)、当時において日本の国力はまだ不十分であり、清との完全な対等条約を受け入れ、それに甘んじるほかはなかったのである。

この後、同条約の内容に対する日本側の不満もあって批准が遅れたが、一八七三年四月三〇日に批准、発効している。

二　台湾出兵と領土確定問題

日清修好条規の締結は、アジアに所在する二国が近代的国際法に準拠して外交関係を樹立した点でアジア外交史上画期的な意義を有するものであるが、同条約の締結にもかかわらず清国は周辺地域においては依然として旧来の華夷秩序または冊封関係を維持しようとしていた。そしてこのことが同じ地域を周辺地域とする日本との間で矛盾、摩擦を生じさせ、あつれきを深める重要な一因となるのである。一八七四年に生じた台湾出兵の問題は、そうした矛盾が表面化した重大事件であった。

事件の発端は一八七一年一二月に琉球人の難破漁船が台湾東南海岸に漂着し、生存乗員六六人のうち五四人が同地の原住民に殺害されたことである。この事件は、翌年になって日本に伝えられたが、日本としては、同年、廃藩置県の一環として琉球中山国を廃して琉球藩を置いたばかりであり、この事件を見過ごすことは適当なことではなかった。また、琉球藩監督の地位にある鹿児島県参事大山綱吉等は、当時無為に苦しんでいた旧鹿児島藩士族の不満を背景として、台湾生蕃の凶暴は許容できないものとして出兵膺懲することを主唱した(138)。台湾出兵論は、この後、征韓論とも相まって熱心に主張されるが、一八七三年の政変で征韓論を主張していた主要な対外強硬論者が下野するに及び、台湾出兵論も一時的に鳴りを潜めることとなる。しかしながら、一八七四年二月の佐賀の乱の勃発等、当時において不平士族の情勢にはすこぶる不穏なものがあり、鹿児島の不平士族が佐賀と呼応して暴発する恐れもあった。こうした不平士族の不満を外部にそらすための手段として大久保利通らは台湾出兵を考えることとなり、同年二月六日に大久保利通と大隈重信とが連名で「台湾蕃地処分要略」を閣議に提出して台湾の出兵を正式に決定したのである。[139]

この後、台湾出兵は国内での反対論もあり紆余曲折があったが、台湾蕃地事務都督に任命されていた西郷従道は出兵を強行し、同年五月二二日には台湾島南部海岸への上陸を終え、たちまちにして原住民の牡丹諸社[140]を屈服させ、同地を占領、駐屯の態勢となった。

このように、台湾出兵の決定は、国内事情が大きな要因となっているが、一方で、国外への出兵であるため、外交上の問題についての検討はもとより不可欠である。外交上の問題としては、主として、①征討しようとしている台湾蕃族の住む土地（台湾東部）が清国領であるか否か、②被害を受けた琉球人民が日本国民であるか否か（すなわち琉球が日本領であるか否か）という二点であった。

これについて、日本政府は所要の検討または対応を行ってきたが、前記「台湾蕃地処分要略」第一条は、この外交上の問題についての日本政府の基本的考え方や台湾出兵の目的を端的に示したものとなっているので、同条の内容を次に掲げておくこととしたい。

「台湾蕃族の部落は清国政府の行政権が及ばない土地であり、その証拠はこれまで清国が刊行した書籍にも著されている。ことに、昨年、前参議副島種臣が清国を訪問した時の清国の官吏の答えにもはっきりしているので、無主の地と見なすべき理由は備わっている。ついては、我が国民である琉球人民が殺害されたことに報復することは日本帝国政府の義務であり、討伐の理由もこのことを基礎とすることができる。対応については着実に蕃族を討伐して民を安んじることを主とし、清国から一つや二つの異論があることは従とする。」[141]

日本政府が、台湾蕃族の土地が無主の地であるとの確信を抱いたことについては相応の理由があった。一八六七年米船ローヴァー号が難破して台湾東南部に漂着し、一名を除き乗組員はことごとく原住民に殺害されるという事件が発生したので、米国アモイ駐在領事であったリゼンドルが清国の閩浙総督に抗議したところ、清側は台湾原住民の地は清国の版図ではないので兵をもって征伐はできない旨の回答を行っている。[142] その後、リゼンドルは原住民と直接交渉し、漂着した白人には一定の保護を与える条約を締結したが、同様の条約を清国と締結することについては、中国人は信用できないとして原住民側が断っている。[143] リゼンドルは、一八七二年一〇月、帰国の途に横浜で外務卿副島種臣と面談し、こうした事情を詳しく説明した。そして、台湾蕃地は、清国は他国のものと思っているようであり、いずれかの国が管轄して治安を安定させる必要があるが、なるべく日本が占有して管轄したほうが良い旨を述べ、副島に台湾出兵を勧めたのである。[144] こうして現実の台湾情勢は具体的に日本政府の知るところとなった。リゼンドルは、この後、日本外務省に雇われ、台湾出兵問題について日本政府に協力することとなる。

一八七三年、日清修好条規批准のために大使として北京を訪問していた副島は同年六月二一日に副使の柳原前光を総理衙門に派遣して琉球人民の殺害問題についての清国の対応を問わせた。このときに清側は、口頭ではあるが、台湾の原住民は「生蕃と言ってこれを化外においており、統治するようなことはしていない」「生蕃の横暴を制することをしないのは我が行政権が及んでいないためである」と回答した。前記リゼンドルの説明や清側のこうした回答を踏まえ、日本政府は、台湾原住民の住む地は無主の地と見做す理由があると理解したのである。

ところが、清政府は、日本政府が台湾出兵を行ったことを知ると、恭親王等による一八七四年五月一一日付けの文書で寺島外務大臣宛に台湾出兵の真偽を照会するとともに、閩浙総督名で台湾に在る西郷台湾蕃地事務都督に台湾は全土が清国領であり出兵は国際法および日清修好条規にも違反しているので撤兵されたい旨の文書を提出した。これと併せて、船政大臣に、軍備を整えて台湾に渡航して必要に応じて軍事力でもって事件を処理するよう命じた。清国は、従来は華夷秩序の下で台湾蕃地を化外の地として突き放していたが、近代法での領土確定問題であることを理解し、あわてて主張を変えてきたということであろう。

清国が戦備を増強するのを見て、日本側もまた警戒を強め、まさに日清の武力衝突も予想される事態となった。こうした事態に、日本から柳原全権公使が清国に派遣され、同年六月から清側との交渉が開始されるが、台湾蕃地および琉球の帰属問題で議論は平行線となり、結論を得ることはできなかった。日本国内では清国との早期開戦論が主流となっていたが、戦備が十分に整わない中での戦争は極力避けたいと考えていた大久保利通が自らの申し出によって全権弁理大臣に任命され、北京に派遣された。

大久保と恭親王らとの会談は実質的に四回ほど持たれるが、議論はほとんどが台湾蕃地の帰属問題に費やされた。琉球の問題は議論がなされなかった。日本側の主張は、国際法の原則に基づき、その地において有効に主権が行使されていなければ、すなわち統治の実態がなければその地は領土とは認められないというものであった。清側はこれに対して有効な反証を提示することができなかったが、清国領であることを主張し続けたのである。前述の一八七四年五月一一日付け照会文書では、「台湾は僻所の海島である。その中の蕃人の統治についてはまだ法律でもって行ってはいない。したがって、まだ郡県を設置していないのである。すなわち、礼記に言うように、その習慣を変えないということである。蕃人のいいようにしておくということである。そしてその土地は中国に所属する。中国の辺境ではこうした蕃人の類がほかの省でもある。それらは均しく中国の版図の中にある」(146)と主張しているが、これなどは清側の従来の華夷秩序的な考えを都合よく変更したものである。従来は化外の地は統治の及んでいない場所なので、その地の原住民は清国民ではないという扱いであった。ところがこの主張では、化外の地は統治していなくても、すなわち有効に主権が行使されていなくても清国領だとしている。その論拠は十分に説明されていない。

蕃地帰属問題については結局議論がまとまらず、会談は決裂したかと思われたが、イギリス公使の仲介もあって、大久保の帰国直前に、急転直下妥協が成立した。これは双方とも開戦は避けたいと考え、最後の瞬間まで解決策を模索した結果であろう。その結果、一八七四年一〇月三一日に締結された「日清両国互換条款」および「互換憑単《ひょうたん》」の主な内容は次のとおりであった。(147)

①台湾生蕃が日本国属民に害を加えたため、日本は軍隊を派遣してこれを討伐した。今、清国と一定事項を了解の上、撤兵する。
②日本の今回の行為は、保民義挙のためであり、清国は是認する。

③清国は被害者家族に一〇万両の救済金を支払い、日本軍が同地に建設した道路、建物の補償金として四〇万両、計五〇万両を日本に支払う。救済金一〇万両は直ちに支払い、補償金四〇万両は日本軍の撤兵と同時とする。

④今回の事件で取り交わした公文書は全て撤回消却し、今後は議論しない。当地の生蕃については清国が適切に対策を講じ、航海者が再び被害を受けないようにする。

妥結内容から明らかなとおり、日本の台湾出兵について清国は正当な行為として認め、撤兵に当たり日本軍の要した費用の一定額を補償するとしており、日本としては名誉ある形での撤兵が可能なものとなっていると言えよう。

蕃地帰属の問題については、まさに華夷秩序の法的なあいまいさが露見したものとなっている。日本の台湾蕃地への出兵が合法的なものであり清国が違法なものとしない以上、当該台湾蕃地は清国領ではないこととなる。清国領であれば、日本の出兵は主権侵害の違法行為となるためである。ところが、一方で、清国は日本軍が現地で建設した道路、建物に補償金を支払い、台湾生蕃を今後は清国が統治するものとしている。これは、日本が清国に台湾蕃地の統治権すなわち領有を認めたものである。一見矛盾した合意がなされているようであるが、これについては、日本の台湾出兵時までは蕃地について台湾の統治が実質的に行われておらず、華夷秩序の下で領有権の所在はあいまいであったが、爾後清国が当該地を適切に統治するのであれば日本は当該地の清国領有を認めることとしたとでも理解するほかない。日本は名誉ある撤兵と引き替えに今後は台湾蕃地が清国領であることを受け入れたのである。

琉球の帰属問題については、「日清両国互換条款」では琉球人を「日本国属民」と規定しており、明確に琉球が日本領であることを認めている。琉球人が日本国民でなければ今回の派兵は正当性の根拠を失うが、清側は日本の今回の行為は保民義挙のためであることを認め、その正当性を是認している。もともと琉球帰属問題については、日本側は極めて強い態度で臨むこととしていた。前記「台湾蕃地処分要略」第三条では、「清の官吏が、もし琉球が自国に朝貢していたことをもって両属の主張をすればこれには取り合わず、その議論をしないほうがよい」[148]と規定していた。冊封関係は、冊封を授けた国と受けた国との国際法上の関係が不明確であり、このため冊封関係は国家主権の問題についての国際法上の根拠とはなし得ず、議論には及ばないと日本側は考えていたのである。実際、大久保は清側との会談で琉球帰属問題を議論することは全くなかった。琉球が日本領であることを前提に議論を進め、前記のような内容で妥結に至ったのである。

以上のとおり、台湾出兵では、華夷秩序的統治で帰属に国際法上の疑義があった台湾蕃地を清国が領有することを日本側が認め、その一方で清国との冊封関係にあった琉球は日本の領土であることを清側が認める結果となった[149]。両者痛み分けとも言える内容であるが、日清間では国際法に基づく議論がなされるようになり、清国が引きずっている華夷秩序や冊封関係から徐々に離脱し、両国関係の近代化が一歩進んだものと評価することが可能である。

三．朝鮮における日清間の確執 ——華夷秩序と日本の安全保障との摩擦

（1）朝鮮開国

朝鮮との近代的国交を求める明治初めの経緯については既に述べたところであるが、日本の朝鮮政策は、この当時から常に欧米列強とりわけロシアの脅威を意識したものであった。一八七〇年七月に外務権大丞柳原前光は、太政官に提出した「朝鮮論稿」の中で、朝鮮は我が国の安全保障にとっての要地であり、ここを他国に制せられると我が国は危殆に瀕することとなるので、欧米列強に先んじて朝鮮との国交を確立させる必要性を説いている。特にロシアに対しては、将来は朝鮮を併呑する恐れがあるものとして警戒感を示している。

朝鮮との通交に関し、一八七三年に征韓論が国政上の重大問題として持ち上がるが、これは日本の安全保障の観点というよりも主として内政上の問題に起因するものである。当時朝鮮では、大院君による排外政策の下で、日本の使節に対する非礼や、日本居留民への暴行事件が発生し、これが征韓論の直接の理由となっていたが、より本質的には新政府の下で十分な処遇を受けていないと考える士族の不満を背景としていた。征韓論の主導者は西郷隆盛であったが、西郷は、「王政復古より六年の歳月を経て、大政維新の実尚挙らず、封建の遺習毫も消磨せず、新旧派閥の抗争激烈を極め、現状のまま放置する時は、早晩内乱を再発することを憂慮して居た」のであり、内乱を避けるためにはそのはけ口を海外に求めるほかはなく、「日韓関係の緊迫は得難い好機である」と考えたのである。(150)

しかしながら、西郷の意見が必ずしも政府内の多数を占めたわけではなかった。岩倉具視や大久保利通は内政整理や国力涵養の必要性をまず説き、西郷の主張する朝鮮への特使派遣に強く反対したのである。征韓論の決着には紆余曲折があったが、同年一〇月二四日、岩倉太政大臣臨時代理の奏議が明治天皇に嘉納され、朝鮮遣使の件は無期延期に確定した[151]。当時において、朝鮮への征服軍の派遣は清国および欧米列強の介入を引き起こしかねず、その結末は必ずしも予断を許さないものがあったが、そうした事態はとりあえず回避されたのである。

さて、征韓論は頓挫したが、日本が朝鮮と国交を樹立し、これに関与していく必要性は依然として存続している。先に「対鮮政策三箇条伺ノ件」でまず第三案が実施されることとなったことを述べたが、朝鮮に国交樹立を迫るため、いよいよ砲艦外交案というべき第二案が実施されることとなった。

そのきっかけとなったのが、一八七五年九月に発生した江華島守備兵による雲揚艦砲撃事件である。同事件は、軍艦雲揚が朝鮮西海岸を示威運動の目的をもって行動中、飲料水補給のため江華島に進航しようとしたところ、付近砲台から砲撃をうけたため、これに反撃し、一部砲台を占拠したというものである。日本政府はこの事件の問罪と、これを機に朝鮮に開国を求めることを目的として、同年一二月、黒田清隆を全権弁理大臣に、井上馨を同副大臣に任命し、翌年一月、六隻から成る艦隊を率いさせて朝鮮に派遣した。一行は二月一〇日に江華府副師営に入ったが、江華府入場のときは、「将卒すべて燦然たる正装を施し、甲串津から府城にいたる二哩の大路を堂々と行軍した」という[152]。近代軍隊を知らない朝鮮人に偉容を見せつけたのである。

黒田全権派遣の主たる目的は、もとより、朝鮮との国交樹立にあった。黒田全権への政府の訓令には、「我が国の主たる目的は国交を続けることにある。全権使節たる者は条約を締結することを主眼とし、相手方が我が国と交際して貿易を広めるという要求に従うときは、これをもって雲揚艦の賠償と見なし、それで承諾してもよい」[153]とされていた。国交のための条約が締結されれば、雲揚艦事件は不問に付してもよいとされていたのである。実際には、条約交渉はそれほど長時日を要することなく、両国間の修好条規は一八七六年二月二七日に調印され、同年三月二二日に批准を見ている。

このように、朝鮮開国は、日本によるいわば砲艦外交によって実現したのであるが、条約締結は、本来、その後の平和的修好を目的としたものである。条約内容は日本のみが領事裁判権を有する不平等なものとなっているが（この条項についての朝鮮側の反論はなかった）、これは列国の条約例に倣ったものであることは言うまでもなく、このことをもって日本が朝鮮で他国よりも優先的な地位を持とうとする意図があったとは言えない。このことは、この後、日本が朝鮮と列国との修好通商関係の樹立を強く望み、その仲介の労をとろうとしたことからも明らかであろう。また、日本側原案には、最恵国待遇の規定が盛り込まれていたが、朝鮮側が、西洋各国と条約を結ぶことは現在考えておらず、もし結ぶこととなってもまず日本と相談することとなるはずであり、その時に日本側から朝鮮側に意見を言うことが可能である等を主張したため、[154]最恵国待遇の規定は削除されている。

本修好条規は、その締結の経緯から明らかなとおり、第三国による関与または干渉を受けず、全く二国間の交渉のみで妥結に至っている。このことは、朝鮮が外交自主権を有する独立国であることを前提としたものであり、第一条の「朝鮮国ハ自主ノ邦ニシテ日本国ト平等ノ権ヲ保有セリ」という規定はそのことを明記したものである。当時、朝鮮は清国と冊封関係にあり、朝鮮の条約締結については清国が宗主国として干渉してくることも考えられたが、清国は「属国というのは旧例を順守して冊封朝貢の儀典を行うだけである」[155]とし、内外政は属国といえどもその国の自主にまかされていると説明しており、同修好条規への清国の関与はなかった。近代国際法の観点からすれば、冊封の法的関係は不明確であり、実際、内外政における実質的主体性は「属国」にあったとしてよいものと考える。しかしながら、この後、清国は朝鮮を名実ともに属国の立場に置こうとし、朝鮮政府への関与を強めるとともに、日本が朝鮮で勢力を持つことを抑制し、排除しようとするようになる。そして、このことが日清間の対立を招くこととなるのである。

(2) 清国による宗主国の主張

清国の李鴻章は、まず、列国に朝鮮が清国の属国であることを認めさせるために、朝鮮が列国と今後締結する条約にそのことを規定させようとした。日本に次いで、朝鮮と国交を結ぼうとしていたのは米国であったが、李鴻章はその仲介を買って出て、自ら起草した草案を提起した。その草案の第一条では「朝鮮は中国の属邦たるも内治外交は其の自主に帰せり」と規定するとともに、李鴻章は、調印後は朝鮮国王より清国の礼部に条約文を送達し、その批准を経て公布すべきことを主張したのである[156]。これについての折衝が重ねられたが、米国が李鴻章の要求を受け入れることはなかった。米朝修好通商条約は一八八二年五月に締結されたが、これには李鴻章が主張した規定は設けられていない。その後、朝鮮は一八八六年六月までに、英国、ドイツ、イタリア、フランスといった国と同様の条約を締結している。

しかしながら、清国は朝鮮との宗属関係を放棄しようとはせず、朝鮮をあくまでその属国に留め置き、政治的外交的に清国に従属させようとした。一八八二年に締結された中国朝鮮商民水陸貿易章程では、その前文で「朝鮮は久しく属邦に列し、外交儀礼に関することは全て定めがあるので、さらにこれを議論する必要がないだけでなく、今回締結した条約は中国が属邦を優遇するためのものであるので、他国に適用することはできない」ことを規定した。一八八三年四月に締結された中朝通商章程およびそれに次いで締結された吉林與朝鮮商民随時貿易章程[157]にも、朝鮮が属邦であることを宣言する同様の規定が設けられた。これらの章程では、清国と朝鮮とが宗属関係にあることをもって、清国のみに独占的な利益が与えられ、他の国にはそうした利益が与えられなかったことから、日本の対朝鮮貿易は、清国に比して極めて不利な立場に置かれることとなった[158]。

清国の朝鮮とのこれらの章程締結は、清国の朝鮮に対する政治的影響力の強まりを背景としている。一八八二年に起こった壬午事変、そして一八八四年に起こった甲申事変は清国が朝鮮への影響力を強めることとなった重大事件であった。

壬午事変当時、朝鮮王朝内では、国王の高宗の実父である大院君を中心とした一派と、高宗の妃である閔妃やその一族を中心とする一派とが対立し、激しく争っていた。このとき、朝鮮の政権は閔氏一族が掌握して開化政策をとっており、朝鮮政府は日本から軍隊教官を招聘して軍の近代化に努めていた。しかしながら、これに不満を持つ軍卒も多く、大院君はこれら不平軍卒を扇動して一八八二年七月二三日に暴動を起こしたのである。

暴徒は閔氏一族の多数の政府高官を殺害したが、閔妃はかろうじて難を逃れた。さらに、暴徒は日本人軍隊教官らを殺害し、日本公使館を襲撃した。花房公使をはじめとする公使館員は応戦しつつ隙を見て公使館を脱出し、仁川を経て、多数の死傷者を出しながらも英国艦船の助けを借りて長崎にたどり着いた。警報を得て日本政府は直ちに軍艦を派遣して居留民を保護するとともに、花房公使を全権委員として所要の軍隊、軍艦を従わせ、再び朝鮮に派遣した。

これによって、同年八月三〇日、日本と朝鮮は、朝鮮政府は①二〇日以内に犯人を逮捕、処刑すること、②日本国遭難者の遺族扶助料を支払うこと、③損害賠償として五〇万円を支払うこと、④日本国公使館に日本の守備兵を置くこと、⑤特使を派して謝罪することという済物浦《さいもっぽ》条約を締結した。このとき、清国は朝鮮の宗主国として日朝間の調停に当たることを提議したが、日本側はこれを謝絶している。[159]今回の日朝の交渉は、「明治九年ノ条約ヲ続カントスル者ナレハ条約記名ノ双方ノ外ニ他ノ関係ナシ」[160]というのがその理由であった。

しかしながら、今回の事変が短期に終息したのは清国軍の動きによるところが大きく、この事変を機に朝鮮への影響力を大きく拡大したのも清国であった。清国は事変発生後速やかに軍隊を京城に派遣した。[161]清国軍は事件の首謀者と考えられた大院君を軟禁して清国に送致し、反乱を鎮圧した。その後、清国軍は京城にそのまま駐留し、秩序維持に当たるとともに、朝鮮の君臣や日本国公使館を監視したのである。

壬午事変終息後、閔氏一族が引き続き政権を担当したが、朝鮮政府への清国の影響力が強まったこともあって、閔氏一族はかつての親日的政策を変更して事大的（守旧的）政策をとるようになった。この当時、朝鮮の政治家は日清いずれかを力と頼んで政権を壟断しようとしていたのであって、革新党必ずしも革新主義ではなく、守旧党必ずしも守旧主義というのではない(162)。

さて、こうした閔氏一族に不満を持ち、日本の力を借りて政権を奪取し、近代化を推進しようとしたのが、金玉均、朴泳孝、洪英植等の一派である。これら一派は、在朝鮮駐劄公使竹添進一郎等と予め通謀の上、一八八四年一二月四日、郵政局開局式を機会にクーデターを決行し、主要閣僚を殺害して、金玉均を領議政、李載元を左議政、洪英植を右議政とする新政府を組織した（甲申事変）。竹添公使は、国王からの保護の求めに応じ、一個中隊の兵を率いて王宮に入り、王宮の警護に当たった。

一方で、閔氏一族は京城に駐屯する清国軍に助けを求めたため、清国軍は大兵をもって王宮に赴き、王宮内の日本軍部隊に対して攻撃を開始した。王宮内の日本軍部隊はこれに応戦したものの、小部隊ではいかんともし難く、竹添公使は部隊と日本人居留民の一部とともに王宮を出て、一二月七日、仁川に撤退した。

これによって、新政府はわずか三日ほどで瓦解し、金玉均等のクーデターの主要メンバーは日本に亡命した。事変はこれで終局に向かうが、事変の際に、清国軍の軍紀が弛緩して清兵が日本人居留民三〇余人を暴殺略奪するという事件が発生しており、このことは日本人の清国に対する感情を甚だしく悪化させることとなった。

事変後、日朝間では一八八五年一月九日に京城条約が調印され、外交関係の調整が図られた。同条約は、暴動による日本国公私の損害を朝鮮側が賠償することを主たる内容とするものである。また、清国との間では、伊藤博文と李鴻章によって同年四月三日から事件解決に向けての談判が開始され、同年四月一八日に三カ条から成る天津条約に調印した。その内容は、①両国軍隊は条約批准の日から四カ月以内に全て撤退すること、②朝鮮には両国から軍事教官を派遣しないこと、③将来朝鮮に重大な変乱があって日清両国あるいは一国が出兵を要するときは互いに行文知照（文書で照会）して変乱平定後は直ちに撤兵すること、というものであった。

双方の軍隊を朝鮮から撤退させるということについては両国とも異存はなかったが、李鴻章がこだわったのは、朝鮮は清国の属国であり、今回は撤兵するも清国は宗主国として朝鮮有事のときは今後とも朝鮮に出兵する権限を有しており、また出兵があり得るということであった。天津条約の三カ条目はこの李鴻章の主張に応じたものである。ただし、この条項は、日本側は「右条約ニ付テハ独立属国ノ精神両国政府彼此同一ナラスト雖モ其出兵ヲ為スノ権利ニ於テハ我邦ハ日韓ノ条約ニ基キタルモノ」[163]という理解であった。すなわち、清国は朝鮮が属国であるが故に出兵の権利を有しているとしているようであるが、日本は朝鮮を独立国として認めつつ出兵の権利については条約（前記の済物浦条約）に基づき保有していると理解しているということである。

いずれにしても朝鮮変乱の際には双方とも出兵することがあり得ることとなったが、清国が宗主国の権限として主張している出兵について事前に行文知照を行うこととなったことは、日本の外交的成果とも言えるものであった。なお、甲申事変の際の清兵による日本人居留民暴殺略奪事件については、李鴻章はその事実を一切認めようとしなかったが、最終的に、李鴻章が清兵暴行事件を改めて調査し、もし清兵に有罪なる事実が発見されればこれを処罰することとし、このことを保証する文書を李鴻章から伊藤博文宛てに公文書で提出することで決着が図られている。

この天津条約の後、日本が朝鮮から完全に撤兵したこともあって、清国は朝鮮への支配力を強め、宗主国としての立場を強化していくこととなる。その一方で日本の朝鮮での政治的勢力は後退した。一八八五年一一月に清国の正式の使臣として袁世凱が京城に着任したが、朝鮮は独立国でなく清国の属国であるとの理由から、袁世凱は公使ではなく監理官または駐箚官と言われた。袁世凱は、この後日清戦争に至る約一〇年間、朝鮮の対外使節の派遣への干渉、電信事業や関税行政への介入等、朝鮮の内外政に大小となく干渉し、実質的な属国としての支配を強めていったのである。(164)

(3) 対清戦不可避との日本の判断

こうした朝鮮半島における清国との確執を通じて、日本は早晩清国との戦争は避けられないと認識するようになる。明治の初め、朝鮮半島における脅威は、ロシアをはじめとする欧米列強であった。日本はこれに対抗して朝鮮を保全するため、朝鮮を独立国として認め、その近代化に協力しようとしてきたのである。一方で、清国は、朝貢国であった琉球が日本に編入され、また清仏戦争(一八八四—一八八五年)を通じて安南を喪失するに及び、国威の衰微に歯止めをかけるためにも朝鮮については従来の宗主国としての地位を維持し、またそれを強化して朝鮮を名実ともに属国化しようとした。そして、このことが朝鮮をめぐる日清の対立の主要な要因となるのである。甲申事変の当時、英国公使から朝鮮を日清両国の共同保護としたらどうかとの打診もあったが、これに対して日本は、「日清両国の朝鮮に対する政略目的および傾向はまったく反対である。すなわち、日本は朝鮮の独立を希望しているが、清国はその宗主国の権利を保持しようとしている。したがって、共同保護は到底できるものではない」(165)という考えを示している。

台湾出兵、琉球編入等による清国とのあつれきを通じて、清国との戦争の可能性も視野に入れられるようになり、一八八〇年ごろから清国との戦争のための軍備の研究も行われるようになる。そして早晩清国との戦争は避けられず、そのための軍備充実を図る必要があると認識させることとなったのが前述の一八八二年の壬午事変であった。

山縣有朋は同年八月一五日に「陸海軍拡張に関する財政上申」で、ロシアの脅威は急迫化したものではないが、隣国の清国の脅威は差し迫ったものとなっているので、今後は清国の脅威に備えて陸海軍においては所要の軍備拡張を図る必要がある旨を建議している。また、山縣有朋は、一八八三年六月五日の「対清意見書」で「我が国が彼の国と条約を締結して以来、台湾の出兵、琉球の処分から朝鮮事変の処置に至るまで、すべて我が国にとっては止むを得ない当然のことをしただけであるが、このことが彼の国の勢いをしのぎ、その勢力を削ぐものとなっている。彼の国が我が国に対して不平を積んでいることは一日のことではない。彼の国は軍備が充実して内治が落ち着けば、その機に乗じて行動を起こし、東洋に君臨しようとし、我が国への恨みをはらす計画をする者がないとは言えない」[166]と述べ、清国に対する強い警戒感を示している。

清国との戦争が差し迫ったものとして認識されるようになる中で、右記「陸海軍拡張に関する財政上申」以降、清国との戦争を想定した軍備拡張が進められることとなった。日本政府は一八八二年一二月に軍備拡張長期計画を策定し、さらにこれに改変を加えて、陸軍は一八八四年度から一〇年間で歩兵二八個連隊、野戦砲兵七個連隊、騎兵・工兵・輜重兵各七個大隊を中心とした兵力整備を進めることとされ、海軍は軍艦整備計画において艦艇五四隻六万六千三百トンの建造が行われることとなった。[167]

このように、日本の当面の脅威は清国とされ、軍備の拡張もそれへの対応を主体として進められるのである。

ただし、一方で、この当時の東アジアにおける支配的パワーは露仏英の三国であり、日本の安全保障も常にそれら三国との関係を考慮する必要があった。山縣有朋は、一八九三年一〇月の「軍備意見書」で、「東洋の形勢を論ぜんには先ず之と大関係を有する所の欧州諸国即ち露仏英三国の政略と国勢とを観察せざるべからず」とした上で、ロシアについては、ロシアが今日に至るまで未だ曾て手を下さなかったのは運搬の道がまだ備わらず交通の便に欠けるところがあったためであり、したがって今より十年後にシベリア鉄道全通するに及んではロシア必ず蒙古を侵奪するであろうとし、フランスについては、もしロシアが蒙古を侵害することがあれば決して袖手傍観することはなく広西雲南に兵を進めることは疑いを容れないとしている。イギリスもまたこれを座視することなく、重慶に出て長江の利権を制してシベリア鉄道に当たろうとするだろうとする。そして、「故に東洋の局面に変動を喚起すべき者は露仏英の三国にして此の三国は何れも侵略政策を持さざるものなしとすれば其之を速かにすると否とは一に清国の形勢如何に之れ由らんのみ」とし、「東洋の禍機は今後十年を出でずして破裂するものと想像せざるべからず其時に及んで我邦の敵手たるべきものは支那にあらず朝鮮にあらずして即ち英仏露の諸国なり」とするのである。すなわち、露仏英の三国は、いずれシベリア鉄道の完成等を機に清国の分割に乗り出すであろうから、日本にとっての脅威は当面は清国であっても、将来的に脅威として直面することとなるのは露仏英の三国であるということである。

ところで、山縣有朋は、前記「軍備意見書」に先立つ一八九〇年三月に「外交戦略論」で日本の安全保障における「利益線」の防衛の必要性を提唱していた。「外交戦略論」では、「国家独立自衛の道には二つある。一つは主権線を防御して他人の侵害を許さないことである。二つは利益線を防護して自己の態勢を損ねないことである。主権線とは国土のことである。利益線とは、隣国の情勢が主権線の安全に緊密に関係している区域のことである」[168]と主権線と利益線の定義を示した上で、「我邦利益線ノ焦点ハ実ニ朝鮮ニアリ」と明言して、将来の日本の防衛を確実にするためには朝鮮の独立、中立を確保することが死活的に重要であるとするのである。この考え方に即して、日本は、「利益線」としての朝鮮を確保するために、まず清国を朝鮮から排除しようとする。

四．日清戦争――パワーバランスの変化と華夷秩序の終焉

(1) 日清双方の朝鮮出兵

日清戦争前後の東アジアの国際的変動は、一八九四年六月の朝鮮の東学党の乱に伴う日清両国の朝鮮出兵に始まり、同年八月に日清双方が宣戦布告、一八九五年四月に下関で日清講和条約の締結、さらに同年五月の遼東半島放棄の各国への通告という経緯をたどる。日清戦争をめぐる情勢は、当時の東アジアの国際政治の状況から、列国の干渉がいつあってもおかしくない状況で推移しており、日本も列国の干渉を十分に予想していた。したがって、日清戦争をめぐる各国の動きは下関の日清講和条約で終結したのではなくいわゆる三国干渉による遼東半島放棄で一つの区切りをつけるのである。

東学党は儒仏道三教を融合させて教義とした一つの宗教団体であり、南朝鮮を中心として勢力を築いていた。一八九四年初頭に全羅道で水利事業の負担に関して農民暴動が起こり、現状に不満を持つ多くの農民がこれに合流したが、この農民暴動を指導したのが東学党であった。東学党は、一八八五年以来失意にあった大院君と通謀しており、また、朝鮮駐箚清国使臣袁世凱とも関係があった。袁世凱は、一方で東学党を唆し、一方でこれを鎮圧して朝鮮での清国勢力を強固なものにしようとしたのである(169)。

一八九四年六月三日、朝鮮国王の同意を得て、公文による朝鮮から清国への出兵請求が行われた。清国はこれに応じて所要の部隊を出動させるとともに、天津条約第三条に従って日本政府に出兵を通告した。なお、この通告文では「属邦ヲ保護スルノ旧例」によって出兵することとされていたが、このことが日本政府によって「未ダ曾テ朝鮮国ヲ以テ貴国ノ属邦トハ認居不（認めおらず）(170)」という反論を招くとともに、戦争開始の理由ともされたのである。

清国出兵の情報に接した日本は、これに対して直ちに出兵することとし、混成一個旅団の朝鮮派兵を決定した。日本の出兵の根拠は済物浦条約の規定であり、また、清国には天津条約第三条に基づく通告が行われた。この時期において、日本は、清国との戦争を想定した所要の軍備拡張をひととおり終え、勝敗の帰趨はもとより予断を許さないところはあるものの、清国との戦争はいずれ不可避との思いを強めていたこともあって、今回の出兵であえて戦争を避ける気はなかった。日本は、日清間のパワーバランスの変化を感じ取っていたのであり、それに応じて、この後、開戦を前提とした強硬外交を展開する。こうした外交姿勢は、双方が戦争を避けようとした台湾出兵、壬午事変、甲申事変のときとは異なるものである。

日本がこのときに外交上の膠着状態を打破するために持ち出したのが、日清両国が共同委員を派出して朝鮮の内政改革を行うという案であった。この朝鮮内政改革案は、もともと清国が同意することはほとんど期待されておらず、清国が拒否した場合には日本独力で軍隊を駐在せしめたまま朝鮮政府に内政改革を行わせしめることが想定されていた。

この内政改革に関する提案は、一八九四年六月一六日、陸奥宗光外務大臣から日本駐箚清国公使汪鳳藻に提示されるとともに、在北京臨時代理公使小村寿太郎からは総理衙門へ、在天津領事荒川巳《み》次《じ》からは李鴻章に示すことが指示された。清国政府は、日本駐箚公使汪鳳藻を通じて同年六月二一日付公文で同提案に対する回答を行ったが、同回答は、日本の想定していたとおりと言うべきか、朝鮮の内乱はすでに平定されており朝鮮改革は朝鮮自ら行わせることが適当等の理由で日本提案を拒否するものであった。陸奥宗光は、この清国側回答に対して、翌二二日に日本側見解を公文で送付した。その内容は、朝鮮の情勢についての判断が異なり、今後は日本単独で朝鮮内政改革の計画を進めるのに遅疑することはないとしつつ、その末文は「本大臣がかくの如く胸襟を披き誠衷を吐くに及び、仮令《たとい》貴国政府の所見に違うことあるも、帝国政府は断じて現在の朝鮮国に駐在する軍隊の撤去を命令すること能わず」という字句で締めくくったものであった。(171) 日清双方の見解が異なるので、たとえ清国と対立しても、今後は日本は朝鮮で軍隊を駐在させたまま単独行動をとるということを宣言したのである。これと併せ、翌二三日に陸奥宗光は朝鮮駐箚大鳥公使宛に日清間の衝突は不可避なので京城に兵力を終結せしむべきとの訓令を発出している。(172)

しかしながら、日本は直ちに清国との開戦に踏み切ったのではない。英露両国から朝鮮出兵に関して干渉があり、日本はこの行方を見極めざるを得なかった。この時期、ロシアは東アジアでの不凍港を求めて将来的に朝鮮を支配下に置こうとするとの意図があると見られており、また英国は東アジアでの勢力または権益を維持するためにそれを阻止したいと考えていたことから、朝鮮は英露両国の東アジア政策の一つの焦点であった。

日清の朝鮮出兵に早くから反応したのが英国であった。英国は、当初、日本の処置が直接、間接にロシアの侵入を予防することとなるものであれば可とするという態度も示したが[173]、ロシアの介入を懸念して、日清両国には慎重な対応をとるよう求めていた[174]。日本が清国に対して提示した朝鮮内政改革案を清国が拒否した後、英国は、清国が日本の朝鮮内政改革案に条件を付してさらに協議したいとしているとして日本との仲裁を図ろうとした。日本はこれに対して、清国が朝鮮の共同改革に賛成であり、清国側の提案をまず示すということであれば協議に応じるという回答をしていたところ、予想に反して清国は日本が撤兵しなければ何らの新案も提起できないとして、英国の仲裁を拒否したのである。

この英国の仲裁と同時にロシアの干渉も進行していたため、清国はロシアの干渉に期待したということが理由として考えられるが[175]、いずれにしても英国の仲裁の失敗によって日本は外交上の自由を得ることとなった。一八九四年七月一二日、日本は清国に対して「英国公使は日清両国に対する友誼を重んじ好意を以て居中周旋の労を取り、日清両国の紛議を調停せんと努めたるも、清国政府は依然なお我が国の軍隊を朝鮮より撤去すべしと主張するの外、何らの商議もなさざるは、則ち清国政府が徒に事を好むものに非ずして何ぞや。事局既にここに至る。将来不測の変生ずるあるも、日本政府はその責に任ぜざるべし」との文書を発している[176]。

ロシアは日清双方の動きを注視していたが、清国政府がロシアに調停を求めていたこともあり、同年六月三〇日、ロシアは日本に対し、「朝鮮政府は、同国の内乱既に鎮定したる旨、公然同国駐在の各国使臣に告げ、また日清両国の兵を均しく撤去せしめることに付き該使臣等の援助を求めたり。よって露国政府は日本政府に向かい朝鮮の請求を容れられんことを勧告す。もし日本政府が清国政府と同時にその軍隊を撤去するを拒まるるにおいては、日本政府は自ら重大なる責に任ぜられるべきことを忠告す」[177]として清国との同時撤兵を日本に求めた。日本は困難な状態に置かれることとなったが、今回の内乱はまだその跡を絶っていないこと、日本の派兵は現状に対応したやむを得ないものであって決して領土侵略の意味を有するものでなく、内乱が治まれば速やかに撤退するものであること等を理由としてこれを謝絶した。

これに対するロシアの反応いかんによってはロシアの軍事介入も予期させたが、同年七月一三日、ロシアは、日本の朝鮮への侵略の意図がなく、内乱が治まった後は速やかに撤兵するとの意思に満足しており、朝鮮は隣国なのでその事変を傍観することはできないが、今回のことは日清両国の葛藤を予防しようとする希望に出たものであることと了解されたいとする旨の回答を文書で行った[178]。日本側に一定の条件をつけているものの、これによってロシアが日本の撤兵を強要せず、当面、干渉から手を引くという姿勢が明らかとなった。ただし、朝鮮の事変を傍観することはできないとしており、自国の権益に影響することには躊躇無く干渉する姿勢が垣間見える。

こうした中で、日本は単独で朝鮮に内政改革を迫り、その実行を促しつつあったが、前述の英露両国との外交交渉の動向を見極め、朝鮮にさらに強硬な手段を講じることとした。すなわち、同年七月一九日、日本政府は朝鮮政府に対して、①京釜（京城釜山）間に軍用電信を架設することを日本政府において自ら着手すべし、②朝鮮政府は済物浦条約に遵由し速やかに日本国軍隊のために相当の兵営を建築すべし、③牙山にある清兵はもと不正の名義を以て派来したるものなれば速やかにこれを撤退せしむべし、④清韓水陸貿易章程等その他朝鮮の独立に抵触する清韓間条約は一切廃棄すべし、と迫り、これへの回答は七月二二日を以て限り、最終的公文を送致したのである。(179)

これについては、全く周章狼狽した朝鮮政府からは期間内の回答がなかったため、日本は翌二三日、軍隊で王宮を囲み、王勅によって大院君を王宮内に招じ入れて国政を担当させることとし、大院君と日本公使との間で内政改革を進めることとした。その端緒として、朝鮮は清朝間で締結された条約の廃棄を宣言し、また、牙山駐屯の清軍を駆逐するための援助を依頼した。(180) この趣旨は、言うまでもなく、清朝間で締結された条約では朝鮮が清国の属国とされているのでこれを廃棄し、牙山の清軍は属国である朝鮮を保護せんとする不法な目的で駐屯しているのでこれを日本に駆逐してもらいたいというものである。

(2) 日清戦争と下関条約――華夷秩序の終焉

朝鮮からの援助依頼に基づき日本軍は牙山駐屯の清軍に攻撃を行うこととし、七月二八日に成歓で日清両軍の陸上における最初の衝突が起こった。また、海上では、これに先立つ七月二五日に豊島沖で日清双方の艦隊が遭遇し、海戦が起こっているが、いずれも日本軍が勝利をおさめている。[181]こうして両国は戦闘状態に入ったことから、八月一日に双方から宣戦布告が行われた。

日本の宣戦布告では朝鮮が独立国であることが主張されているが、清国の宣戦布告では、朝鮮が清国の藩属であり、同国で内乱等があったときに清国は随時兵や人員を派遣して同国の保護に努めてきているとして、清国の出兵や朝鮮の属国化を正当化するものであった。[182]このように双方の宣戦布告はまさに華夷秩序を破棄しようとする日本と、華夷秩序を何とか維持しようとする清国との対立を示すものとなっている。

この後、九月に陸では平壌の戦い、海では黄海海戦において清国の陸海軍は壊滅的な打撃を蒙った。このように日本軍が連戦連勝の勢いを見せるに至って、李鴻章は早くも講和の機会を求めるようになった。このため、一一月に日本の要求の範囲等を知るために天津海関税務司グスターフ・デットリングを派遣するが、日本政府は正式の使節でないことを理由にこれを拒否し、デットリングには上陸すら許さなかった。そこで、一八九五年一月に米国の仲介によって、総理衙門大臣ら二人を全権大臣にして派遣するが、日本側は同年二月一日の広島における第一回会見で両全権の全権委任状に不備があることを理由としてこれも拒否した。両全権は清国内での地位がそれほど高くなく、領土割譲を含むような講和条約締結といった重大な責務に堪え得るかを日本側は疑問視していたのである。[183]

こうした経緯を経て、清国は改めて北洋大臣李鴻章を全権大臣として任命した。同大臣一行は同年三月一九日に下関に到着し、翌三月二〇日から講和会議が開始された。その後、李鴻章が銃撃されるといった事件が発生し、交渉は紆余曲折を辿るが、四月一七日に講和条約（下関条約）の調印を見た。

同条約の主たる内容は次のとおりである。

①清国は朝鮮が完全無欠の独立国であることを確認すること
②清国は遼東半島、台湾及び澎湖諸島を日本に割譲すること
③清国は庫平銀[184]二億両を日本に賠償すること
④現に清国と欧米各国との間に存在する諸条約を基礎として日清新条約を締結するとともに、沙市、重慶、蘇州、杭州の四市を開放する等の通商上の措置を講じること

右記のうち、①は今回の日本の主たる戦争目的であり、当然認められるべきものであった。この同意規定によって、清国は朝鮮が藩属国であるとの主張は今後なし得なくなり、清朝間の宗属関係は実質的にも形式的にも完全に消滅した。朝鮮は独立国としての地位を確保することとなり、日本は朝鮮から清国の勢力を排除することに成功したのである。このことは、朝鮮を「利益線」とする日本の安全保障にとって重要な意義を有するものであることは言うまでもないだろう。

朝鮮は、清国にとって実質的に最後の藩属国であったため、清国が有していた華夷秩序の下での宗属関係はこれで全面的に消失することとなった。これとともに、もともと宗属関係の国際法的理解にはあいまいなところがあったが、藩属国であった朝鮮が国際法的に完全な独立国であることを改めて認めさせられたことによって、清国は、この後、他のかつての藩属国に対しても宗属関係の回復を主張するようなことは断念せざるを得なくなる。清国は、これまで、欧米列国との近代的国際関係と

ともに、東アジアの一部近隣諸国との華夷秩序的宗属関係を維持してきたが、華夷秩序的宗属関係が消失したことによって、清国の国際関係は近代的国際関係に一本化させられることとなった。下関条約は、東アジアの国際政治において、華夷秩序に否応なく終焉をもたらしたという意味で重要な意義を有するものである。

同条約の内容の②については、後に三国干渉と併せて述べることとしたい。

同③は、戦勝国である日本の当然の権利であるが、もともと庫平銀三億両を提示していたところ、清国の要求によって減額に応じたものである。

同④は、一八七一年締結の日清修好条規が日清開戦と同時に廃棄されていたため、新たに通商条約を締結する必要があったが、新通商条約では、日清間のパワーバランスの変化を反映させ、それを明確化するものとなっている。従前の日清修好条規においては、日清両国は全く対等であり、日本は清国に対して欧米列国と同じ立場に立つことはできなかった。日清両国のパワーが互いに他を圧倒することはできず、均衡していた。ところが、新通商条約では、パワーバランスの変化に伴って、日本の一方的な治外法権、関税自主権等の内容が含まれ、日本は欧米列国と全く同じ立場で清国に臨むことができることとなった。新通商条約の締結は一八九六年七月のこととなるが、それまでの間も日本は最恵国待遇によって欧米列国と同等の扱いを受けることが下関条約に規定されており、新通商条約の締結を待たずに下関条約締結に伴って日清間の相対的地位は変化したのである。日清関係はそれまでの対等の関係から、日本が列国と全く同じ立場で清国に臨む関係へと変化した。したがって、この下関条約の締結をもって、華夷秩序の終焉だけでなく、日清（日中）関係においても一つの重要な画期をなすのである。

（３）三国干渉

以上のとおり、日清間の問題はこの下関条約の締結で一応の決着を見るが、東アジアの国際変動は日清両国の合意だけで完結するものではなかった。当時の東アジアにおける有力なパワーは英露をはじめとする欧米列国であり、欧米列国が自国の利益に反し、または関係すると考えることについては、日清両国の合意に対しても干渉があり得たのである。日清講和の条件として、朝鮮の独立と清国の賠償金支払いについては列国に異存はなかったが、清国の領土割譲については重大な関心を有していた。列国に関心の薄い台湾、澎湖諸島はともかく、大陸の領土割譲については、干渉必至の情勢であったのであり、そのことは各国駐箚公使からの累次の電報等によって日本政府も十分に承知するところであった(185)。

一八九五年四月二三日、在東京の露独仏の三国公使が日本外務省に来て下関条約に関する異議を提起した。その内容は、遼東半島を日本が所有することは清国首府を危うくする恐れがあるのみでなく、朝鮮国の独立を有名無実とするものであり、極東永久の平和に対しての障害となるので、日本政府に遼東半島の領有の放棄を勧告するというものであった。

このいわゆる三国干渉を主導したのは朝鮮、満州に直接の関心を有するロシアであった。前述のとおりロシアは、朝鮮の事変を傍観するものでなく、必要に応じて干渉する姿勢を示していたが、同年四月一一日の閣議において、日本の企てた戦争はシベリア鉄道敷設に起因するものであり、その敵対行為は主としてロシアに向けられているという想定の下に、日本の南満州占領は許容し得ないこと、日本が要求を容れない場合は相応の措置を講じることという方針を決定した。[186]ロシアは当時から日本に対して警戒心を抱いていたのであり、ロシア主導による三国干渉は、この方針に即したものである。

ただし、フランスとドイツがロシアと共同歩調をとったのは、いずれも朝鮮、満州における利害ではなく、基本的に欧州情勢に対応したものであった。フランスは、この当時、欧州において露仏同盟を形成して独奥伊の三国同盟に対峙しており、国家の生存上、ロシアに協調せざるを得なかった。また、ドイツはもともと日本に対して好意的であったが、露仏同盟を遮断する観点から、あえて干渉に参加したもののようである。[187]

ロシアは日本に遼東半島放棄を勧告すると同時に、露骨な示威運動を開始した。ロシアは下関条約批准の地と定められた芝罘《ジーフ》に一七隻の軍艦を集結させるとともに、日本各港に停泊するロシア軍艦に出帆準備を整えさせ、また、ウラジオストックでは急に予備兵の召集を始めた。ドイツとフランスの軍艦もロシア軍艦に合流するなど、ロシアと共同行動をとる姿勢を示した。[188]

こうした三国干渉を受け、日本がその要求を拒否して新たな戦闘を開始することが不可能なことは、日本の陸海軍の精鋭がすでに前線に出払い、その余力がほとんど残されていないことからも明らかであった。ただし、もし英国がロシアと対抗する観点から日本を支援し、これに同調する列国が現れれば、この不利な状況を挽回しうる余地も全くないわけではない。このため、日本は英国に対して本件への助力を打診したが、英国の意向は本件には介入することはせず局外中立を守るというものであった。まだロシアの脅威が現実的に拡大していない中で日本が遼東半島を領有することの英国にとっての利益が十分に見出せなかったということであろう。米国も同様に局外中立という立場を保持し、イタリアはやや日本に好意的な態度を示したが具体的行動をとるに至らなかった。

このように軍事的、外交的に三国干渉の拒否が不可能であることが明確になる中で、日本政府は遼東半島放棄はやむを得ないとの判断を固め、五月四日の京都の臨時閣議で遼東半島の全部放棄を決定した。そして翌五日、その旨が各国政府に通告されたのである。

日本の遼東半島放棄によって、満州を当面現状のままで維持するというロシアの政策が貫徹されることとなった。この後、シベリア鉄道の建設とともにロシアは満州、朝鮮での影響力を増強させていくのである。

第九章　反日・排日活動期の日中関係

一・満州での日本の権益と日露協約

日露戦争は日本の辛勝であった。そして、その結果日本はロシアが南満州で有していた旅順、大連の租借権および南満州鉄道の経営権を承継し、南満州で一定の利権を獲得したが、そのことが満州における日本の立場を変化させることとなった。

ロシアの脅威は、やや遠のいたものの、ロシアは依然として北満州で有力な軍事力を保持しており、しかも虎視眈眈と復讐の機会の到来を待っている。したがって、日本はまずロシアに備えなければならない。

一方で、日本が南満州で獲得した利権を維持し、それを活用しようとすれば、満州全域の門戸開放を強く主張する英米両国と利害が鋭く対立することとならざるを得ない。日露戦争までは、ロシアの南進を防遏して満州を保全することは、日本および英米両国の共通の利益であり、日英米三国間の利害は一致していた。ところが、日露戦争後、日本が満州で権益維持のために特別の地位を求めるようになったことで、英米との協調に矛盾が生じるようになったのである。

そもそも米国大統領ルーズヴェルトは「列国が満州の中立化を保障する」ことを講和条件の一つと

して構想していた[189]。また、一九〇四年一一月に伊藤博文は英国公使館員に対して、「恒久的平和が得られるべき唯一の方法は、満州鉄道を中国領土に入ったところから国際化せしめることにある。……日本は、朝鮮がロシアの侵略を免れることができなかったとき、ただ、この侵略を怖れるために戦争に駈られたのであって、侵略の意図をもってしたのではない。戦争における日本最後の勝利を仮定してみても、日本は満州を欲せず、その地域の遠隔な国境にながく大部隊を駐屯せしめるほど強大ではない」[190]と述べている。こうした言説のとおり、満州を国際化し、日本が満州で特別の地位を求めるのでなければ、英米との間で利害対立はほとんど生じなかったであろう。ところが、日本政府の中では、日露戦争後、満州での利権は日露戦争を通じて国民の多大の犠牲で贖ったものであり、放棄などできるものではないという考えが主流を占めるようになった。また、それが国民感情そのものでもあった。そして、日本が満鉄を所有し、満州での特別の地位を主張しはじめたことが、特に米国との間であつれきを生じさせ、対立を深めさせていくこととなるのである。

鉄道王E・H・ハリマンの満鉄買収計画はそうした日米対立の前哨戦というべきものであった。ハリマンは、ポーツマスでの会議がまだ終わらぬうちに来日し、政財界の有力者との折衝を経て、一九〇五年一〇月一二日に桂首相との間で、満鉄を日米の共同管理とする予備覚書を取り交わした。

他方、米国滞在中の金子堅太郎は、ルーズヴェルト大統領の従兄であり自身の親友でもあるニューヨークの銀行家モントゴマリー・ルーズヴェルトと満鉄再建のための資金借入（米国からレール、機関車および車両を購入することを条件とする）に関する覚書を取り交わしており、そのことを帰国直前の小村に伝えていた。

小村は桂・ハリマンの予備覚書を帰国した日に知ったが、桂・ハリマンの合意内容では満鉄は実質的にハリマンの掌中のものとなり、金子の取り交わしている覚書よりは明らかに不利である。しかもロシアから日本への満鉄譲渡についての清国政府の承認前にそうした契約をなすことは法的にも不可能である。このため、小村は桂首相にその旨を説き、ハリマンとの覚書を撤回、破棄させたのである。

満鉄は、数年後に金子の覚書どおり、ニューヨークの銀行から資金の貸与を受け、米国からレール、機関車および車両を購入して日本所有の鉄道として再建された。

また、一九〇五年一二月二二日に満州善後条約が締結され、清国はポーツマス条約に規定されたロシアから日本への満州での権益の譲渡を承認した。これに加えて、満州一六都市の開放、鉄道守備のための軍隊の駐留、安奉鉄道（朝鮮に隣接する安東〔丹東〕と奉天の間の鉄道）の使用権の継続、日清合同会社による鴨緑江右岸の森林伐採等が規定されるとともに、南満州鉄道の使用の増進のために清国各鉄道との接続業務が別約によって締結することとされた（同条約付属協約第七条）。

米国の満州に対する門戸開放の要求は、米国のいわゆる「ドル外交」[191]の一環として、一九〇九年一一月のノックス米国務長官による全満州鉄道の中立化提案として現れた。ノックスは、「（一）満州の全鉄道を国際シンジケートで買収して所有権を清国に移し、借款継続中は国際シンジケートが運営する。（二）これが不可能ならば、列国共同で錦愛鉄道を建設し、満州の中立化を実現する」[192]ことを列国に提示したのである。なお、錦愛鉄道とは、満鉄に併行して、錦州から愛琿を結ぶ鉄道のことであり、これではたとえ満鉄を存続させたとしても満鉄の経営に重大な打撃を与えることとなる。

この満鉄中立化提案は各国を驚かしたが、賛成したのはドイツだけであった。英、仏は日、露の立場を考慮する必要があるものとして賛成せず、当の日露両国は強硬に反対意見を主張したため、満鉄中立化提案は成立せず、瓦解したのである。

一方、全満鉄の中立化というノックスの提議は、日露両国を強く接近せしめることとなった。日露両国は、すでに一九〇七年に、ヨーロッパでロシアを含めたドイツ包囲網を形成しようとする英仏の勧めもあって第一次の日露協約を締結していたが、このノックス提議を契機として第二次の日露協約を締結することとなったのである。

第一次の日露協約は公表と秘密の二条約から成っており、公表条約では日露双方の領土保全等の一般的な規定でしかなかったが、秘密条約では北満州と南満州の間に明確な分界線を引き、北満州はロシアの、南満州は日本の勢力範囲としていた。

第二次では、その秘密条約で、日露がそれぞれの特殊利益を相互に尊重することとし、もしこれらの特殊利益が侵害されるときは、日露はその利益の擁護防衛の共同の行為をなすことを規定した。第一次よりは日露間の親密度が明らかに高くなっている。これはまさにノックス提議の効果と見るべきであろう。

しかし、米国はこれであきらめたわけではない。一九一一年四月には米国主導の下で英、仏、独の銀行が参加した幣制改革等に関する借款協定（現実には辛亥革命勃発等で実現しなかった）が清国との間で成立し、満州開発については、日露両国よりも、四国借款団がまず申込みを受けるべきことを規定していた。(193) 日露両国がこれに抗議し、警戒したことは当然であろう。日露両国と四カ国との折衝の結果、一九一二年六月には日露両国も参加した六国借款団が成立した。日露両国は、借款団に参加はしたものの、特殊な扱いは認められていない。

このような動きを背景に、日露両国は一九一二年七月に第三次日露協約を締結させた。その秘密協約では、辛亥革命後の新事態に対処することを名目として、内蒙古の西側をロシアの、東側を日本の特殊利益地域だとした。四カ国に対する日露両国の利害は一致していたのである。

なお、日露両国はさらに一九一六年七月に第四次日露協約を締結するが、これは第一次世界大戦時においても日露関係の強化と満蒙の特殊権益の擁護を相互確認するものであった。このように、日露協約における日露は、満蒙におけるそれぞれの特殊権益を守るという共通の利益を基にして、その特殊権益を否定する米国という共通脅威に対して共同で対処する同盟的な関係に立っていたのである。しかしながら、そのロシアが一九一七年のロシア革命で崩壊してしまう。日本は極東での有力なパートナーを失ったのである。

二　第一次世界大戦と二一カ条要求

(1) 二一カ条要求

第一次世界大戦は、基本的にヨーロッパの戦争であったが、東アジアにおいても国際政治上の情勢に少なからぬ変化を及ぼすものとなった。

同大戦が開始されたのは一九一四年七月二八日であるが、英国は八月三日に参戦を決定し、八月七日に日本に援助を申し込んできた。[194] 東シナ海にあるドイツ艦隊を撃破してほしいというのがその理由である。

これに対して日本は、参戦は日英同盟の条約上の義務ではないが、同盟国としての情誼とともに、この機会にドイツをアジアから一掃して日本の国際的地位を高め得るという二つの観点から参戦を決定した[195]。

二〇一四年八月一五日、日本はドイツに対して膠州湾租借地の還付等を求める最後通牒を発したが、回答期限内に回答がなかったことから宣戦を布告した。その後、日本軍はただちに山東半島から上陸し、同年一一月初旬に膠州湾を占領した。

この膠州湾占領は、日本にとって、かねてから中国に要求して解決しなければならないと考えていた問題を提起する格好の機会となった。少なくとも日本がそのように受け止めたとしても決しておかしくはないだろう。日本はもともと膠州湾を中国に還付する予定ではあったが、膠州湾は日本の多くの財と人的な犠牲のもとに占領したものである。膠州湾の還付に当たって、中国側は当然その見返りに配慮するであろうと考えたのである。

日本が中国に要求すべきと考えていた問題は、満州における旅順・大連租借期限の延長、南満州鉄道営業期間の延長、安奉鉄道営業期間の延長というものであり、いずれも日露戦争の結果日本が獲得した権益である。この当時において、満蒙はすでに日本経済にとって不可欠のものと考えられており、日本としてはその権益を確保することがどうしても必要であった。このため、旅順・大連（一般的に「旅大」と総称される）の租借期限は一九二三年まで（租借期間は二五年）であったので、日本は租借期間を九九年間に延長することを望んだのである。鉄道の営業期間も同様であった。

日本は中国との間で本問題についての交渉を速やかに行い、拘束力のある条約として締結すべく、日本政府部内で中国側に提起する条約案をとりまとめたところ、条約案は二一カ条にもなった。そしてこの条約案が一九一五年一月になって中華民国袁世凱大統領に提示された。内容が盛りだくさんのものとなったのは、このときとばかりに政府・関係団体の各方面から要望、要求が出され、それらがつもりつもった結果であるという。[196] 膠州湾についても、中国に還付するのではなく、ドイツの租借権を承継し、日本が租借することとされていた。

二一カ条要求は、第一号から第五号までから成り、各号にある条項が合わせて二一カ条となっているものである。各号の概要は次のとおりである。

第一号：山東省に関する件。ドイツが有した膠州湾の租借権を日本が承継する等。

第二号：南満州に関する件。旅順・大連租借権、満鉄営業期間、安奉鉄道営業期間を九九年に延長等。

第三号：漢冶萍《かんやひょう》公司に関する件。同公司を日中合弁とする。[197]

第四号：中国沿岸の港湾や島嶼を譲渡したり貸与しないこと。

第五号：日本人を政治・軍事顧問として招聘すること等。

この二一カ条要求に関する日中間の協議は、四カ月以上にわたって続けられたが、結局、条文についての必要な修正を行い、第五号は削除された上で、一九一五年五月七日、日本が最後通牒を発し、同五月九日、中国がこれを受け入れることで決着した。内容的には当初要求の基本的部分はほぼ維持され、ドイツの膠州湾租借権を承継する条項も含まれている。日華条約としての調印成立は、同五月二五日のことである。

ところで、ここでは、日本による最後通牒の発出が袁世凱自身の要請によるものであった[198]ことに触れておかねばならない。日本の最後通牒の発出は、袁世凱の弁明のために用いられると同時に、人民の反日感情を強めるために利用された。袁世凱の弁明の相手方は、このごろようやくデモ活動等を通じて政治的影響力を有するようになっていた人民である。人民に対して、自分は脅されただけで責任はなく、全ての責任は脅迫的手段を用いた日本帝国主義であると弁明するとともに、大衆の反日感情を煽り、そうした反日感情を対日外交の上で利用しようとしたのである。日本はあまりにもうかつだったと言うべきだろう。この最後通牒の問題は、この後、ことあるごとに取り上げられて反日活動に利用され、日中関係に少なからぬ影響を及ぼすのである。

なお、この当時は、日本もそうであるが、世界的に大衆運動が活発化し、各国で大衆デモが起こるようになっていた。中国のデモも、こうした流れの中にあるものであるが、このことが辛亥革命後の新しい政府とともに、中国の政治に新しい要素を加えることとなった。そして、この中国の人民のデモは、主として日本を対象として、盛んに排外的活動をとるようになる。人民のデモは平和的に行われる限りは合法性を有しており、それだけでただちに各国の介入を招くものではないが、暴力的、破壊的活動等を伴うときには公権力による鎮圧も必要とされる。この後、中国の人民デモは、ときに急進的で暴力的な排日活動となり、中国政府の態度も相まって、日中関係を悪化させることとなる。

(2) パリ講和会議

ドイツの膠州湾租借権の承継問題は、大戦終了後一九一九年一月のパリ講和会議の場での協議の対象となった。中国はパリ講和会議を利用して、膠州湾の問題だけでなく、満州での権益問題等も解決しようと試みたが、中国の主張は各国の受け入れるところとはならなかった。ドイツとの講和条件について、日本は予め一九一五年一〇月に、ドイツとの単独不講和と講和条件予備協議を約した英仏露のロンドン宣言に加入し、欧米諸国との事前の意思疎通に努めてきていた。また、満州での権益の問題等は、そもそも講和会議の問題ではない。ただし、米国が講和会議で日本の膠州湾租借権承継を認めたのは国際連盟を救うためであったとされる[199]。すなわち、国際連盟の議案に日本が反対票を投じないようにするために膠州湾問題に賛成したのであり、本意ではなかったというのである。そして日本の満州での権益の問題を含め、列国の中国に対する地位の問題についてはあらためて一九二一年に開催されたワシントン会議で取り上げられる。

一方、パリ講和会議で見るべき成果のなかった中国は講和条約（ヴェルサイユ条約）に署名しなかった。また、講和会議の結果を知った中国の人民は一九一九年五月四日に北京で大規模な反日デモを挙行した。この動きは五・四運動として北京から全国に広がるのである。

三．ワシントン体制とその矛盾

(1) 新四国借款団

第一次世界大戦後、米国が国際社会での地位を高め、英国をもしのぐような覇権国としての地位を確保するに及んで、米国は中国に対する門戸開放政策を満州においてもより強く貫徹しようとするようになる。一九二〇年五月に成立した新四国借款団（米、英、日、仏による借款団）も、そうした米国の門戸開放政策の流れの中にあるものである。

同借款団の成立に当たって、日本は、南満州と東部内蒙古における日本の特殊利益に影響を及ぼすものでないこと、すなわち満蒙は除外することを主張したが、米国と英国はこれに強く反対した[200]。特に英国は、今回の米国提案の基本目的の一つは、各当事者がその勢力範囲でのいかなる経済上の優先権をも犠牲にし、中国全体を完全に開放して国際借款団の共同活動に委ねることにあると徹底した主張を行っている[201]。

日本は、さらに、満蒙に関する借款で日本の国防および経済上の安全に障害を来たすと認めたものについては、安全を保障するために必要な措置をとる自由を留保することを主張したが、これについては、各国が、新借款団が日本の安全に影響を及ぼすような施策を講じることはないことを言明するということで満足せざるを得なかった[202]。

結局、日本は、このとき、満蒙においてすでに借款事業として企画され、または事業着手された鉄道の一部を新借款団の共同活動範囲に提供することとなった。日本は獲得していた利権の一部を放出し、また、満蒙は例外扱いされなかった。日本は、満蒙でロシアという有力なパートナーを失い、孤立するようになっていたのである。

(2) ワシントン会議

ワシントン会議は、米国の招請によって、一九二一年一一月一二日に開催された。会議の参加国は、米国を含め、日、英、仏、伊、中、ベルギー、オランダ、ポルトガルの九カ国である。会議の議題としては、軍備制限問題とともに、太平洋問題および中国問題が考えられていた。これらは、当時激化しつつあった建艦競争を抑制するとともに、第一次世界大戦で変化した事情を踏まえ、太平洋および中国をめぐる国際関係を調整しようというものであったが、会議を招請した米国の主要な目的は、第一次世界大戦で躍進した日本の行動を制約し、中国における日本の利権を極力縮小、制限することにあったとしてよいであろう。

会議では、多国間条約として「海軍軍縮協定」、「太平洋に関する四国条約」および「中国に関する九カ国条約」が締結されたが、それぞれがその後の日本の国際社会での位置や日中関係に重要な影響を与えることとなるので、以下でその内容を簡単に説明しておくこととしたい。

(a)「海軍軍縮協定」

「海軍軍縮協定」の主たる内容は米、英、日、仏、伊の主力艦比率を五、五、三、一・六七、一・六七としたことである。日本は、当初、対英米七割の兵力が国防上絶対必要であることを主張したが、米国はそれに同意せず、最終的に、太平洋防備の現状を維持すること等を条件に対英米比率六割を受け入れた。日本が不満足な比率を受け入れたのは、もし会議が決裂して米国との建艦競争となれば、日本はとうてい米国にはかなわず、さらに不利な状況となることを見越したためである[203]。

これによって、英国はかつての二国標準主義[204]を公式に放棄することとなり、米国は英国と並ぶ世界一位の海軍国となった。なお、太平洋防備の現状維持とは、各国が太平洋で統治する島に新たな要塞、海軍根拠地を建設せず、防備を増大させないことである。ただし、ハワイは除外されていたことから、米海軍の太平洋での根拠地として整備が進められた。

(b)「太平洋に関する四国条約」

四国条約は、各締約国(日、米、英、仏)が太平洋で統治する島に関する権利を相互に尊重し、紛争解決に当たっては所定の平和的手続きをとることを取り決めたものである。条約は全四条から成り、内容は抽象的で簡単なものであるが、この条約の重要な意義は、この条約が日英同盟に代置するものと位置付けられ、その第四条で日英同盟の終了が明記されたことである。米国は、従来、日英同盟こそが日本の東アジアでの「特殊利益」を容認するものとしてその打破をめざしており[205]、四国条約の締結によってその目的を達したのである。四国条約は太平洋の現状維持に一定の法的な裏付けを与えたというだけのものであり、もとより同盟条約のような機能を有するものではない。日露協約を積み重ねてきた帝政ロシアは滅亡し、今また日英同盟が解消させられることとなった。日露協約と日英同盟は、日本が大陸政策を進める上での外交上の支柱とでも言うべきものであったが、これらがともに消失し、提携すべき有力国を失ったことは、今後の日本の大陸政策や東アジア外交をより困難なものとすることとなったのである。

(c)「中国に関する九カ国条約」

九カ国条約は、米国の中国に関する門戸開放政策を成文化したものであり、かつ、今後の日本の大陸政策に関して決定的に重要な意義をもつものであった。一九二一年一一月二一日にルート米全権から提示されたいわゆるルート四原則は、米国の門戸開放・機会均等主義を如実に示したものである。この四原則は九カ国条約第一条に取り込まれているが、その内容は次のとおりである。

①中国の主権、独立並びにその領土的及び行政的保全を尊重すること。

②中国が自ら有力かつ安定した政府を樹立し、維持するため、十分にして最も障碍なき機会を与えること。

③中国の全土にわたり、各国国民の商業及び工業に対する機会均等主義を有効に樹立し、維持するため、各国の影響力を行使すること。

④友好国国民の権利を損なう特別の権利または特権を獲得するために中国の情勢を利用しないこと、また、友好国の安全に有害な行為を黙認しないこと。

ルート四原則の門戸開放主義の意義をさらに明確化し、その適用を有効なものにしようとしてヒューズ米国務長官から提出されたのが、いわゆるヒューズ決議案である。ヒューズ決議案は九カ国条約第三条として取り込まれたが、その内容は、①「中国のいずれかの特定地域で商業上または経済上の発展に関し自己に有利となるよう一般的優越的権利を設定することを意図した取決め」、②「他国の国民から中国で合法的な商業もしくは工業を営む権利を奪うような、または中国政府もしくは地方政府と公企業を共同経営する権利を奪うような独占または優先権の設定、あるいはその範囲、期間または地理的限界から機会均等の原則の実際的適用を妨げると考えられる独占または優先権の設定」等は行わないというものであり、単に商品の売買だけでなく、中国での投資の機会均等を保証し、「勢力範囲」を明確に否定するものであった。

このように九カ国条約は、ルート四原則およびヒューズ決議案を取り込み、中国に対する門戸開放・機会均等を謳うとともに、勢力範囲を否定することを骨子とするものであった。ただし、同条約は将来に向けてのものであって、既存の中国との条約等に直接の影響を及ぼすものではない。ルートは、四原則の提示に先立ち、同原則が現に有効な条約および協定に容喙するものでないことを明言している。また、同原則について日本側が、同原則①の行政的保全が既存の利益または特権に影響するものかどうかを質したのに対し、ルートは「この言葉は現に有効なる許与によってあたえられたいかなる特権にも影響するものでない」と答えている。[206] したがって、日本の満蒙における既存の権益は九カ国条約締結後もそのまま維持される。しかしながら、同条約によって勢力範囲が否定され、満蒙においても機会均等の原則が貫かれることとなったことは、既存の権益に否定的影響を及ぼすものであり、その後の日本の大陸政策において現実的に大きな桎梏となったとせざるを得ないだろう。

ワシントン会議で成立した主要な三条約の内容は以上のとおりであるが、同会議中において、日中間では米英両国のあっせんにより山東問題についての交渉が行われた。交渉を通じて日本は膠州湾租借地の返還等を行うこととなった。[207]ただし、この返還は、日本があらかじめ表明していたところであり、予定されたものであった。

なお、九カ国条約と関連し、同会議後の一九二三年四月に石井・ランシング協定が廃棄された。同協定は、日本の石井特命全権大使とランシング国務長官との間で一九一七年一一月に締結されたものであり、次の二項から成っていた。

1　領土相接近する国家の間には特殊の関係を生ずることを承認する。したがって、日本が中国において特殊の利益を有することを承認する。日本の所領に接壌する地方において特に然りとする。

2　中国の独立および領土保全を保障する。中国における門戸開放または商工業に対する機会均等主義を支持する。

日本が重視していたのはもとより一項である。同規定によって米国は日本が中国に政治的な特殊利益があることを認めたものと解釈したのである。ところが米国の重点は二項にあり、一項については地理的近接による経済的な利害をいっているにすぎないと解釈し、政治的なものとは認めなかった。[208]このように同協定は日米間で解釈の相違があったが、日本が満蒙での特殊利益を主張し得る一つの協定上の根拠であったということができよう。しかしながら、この石井・ランシング協定は、九カ国条約で門戸開放が原則とされたことで無用になったとして廃棄されることとなったのである。

ワシントン会議の場で締結された諸条約によって新たに形成されたアジア・太平洋の国際秩序はワシントン体制と呼ばれる。換言すれば、ワシントン体制は、米国を覇権国とし、米国の主導によって形成された東アジア・太平洋の新しい国際秩序ということができよう。

ワシントン体制、特に九カ国条約によって、中国での門戸開放・機会均等主義が条約上で成文化され、しかもその徹底した形での実現がめざされた。これによって、従前列国が有していた勢力範囲は実質的に解消され、また、列国の既得権益も今後の拡大が抑制されることとなった。そして、その矛先は、主として、中国での権益を増大させつつある日本に向けられていた。ただし、日本はワシントン会議では列国との協調を基本としつつ多くの権益を放出したものの、満蒙での権益は堅持することとしており、大陸政策を推進する意向を変えたわけではなかった。ワシントン体制とりわけ九カ国条約と日本の大陸政策とは、既存条約は維持されているので、日本が条約上の合法的な権益を基礎にして諸活動を行う限り、形式的には必ずしも衝突するものではない。

しかしながら、日本の合法的諸活動が平穏裏に行われるためには、日本が九カ国条約に従って門戸開放政策等を進める一方で、中国も既存条約を維持するという約束を守り、日本の既得権益に基づく諸活動の安定的実施が保障されなければならない。ところが、現実は決してそうではなかった。この当時、前述のとおり、国際的なナショナリズムの風潮の拡大によって中国においてもナショナリズムが浸透し、日貨排斥、反日デモ、日本人への襲撃等の事件が頻発するようになっていたが、中国政府はこうした情勢を利用して反日・排日活動を組織的に行い、既存条約に違反または無視して、日本の既得権益をあからさまに侵害しようとしたのである。中国政府の日貨排斥活動等による事実上の既得権益侵害や既存条約を無視した主権回復政策への取組は、日本にとって決して容認できないものであり、これに対する対抗措置が求められるものであった。

すなわち、九カ国条約は日本の満蒙での権益を何ら保障するものでなく、日本が九カ国条約で認められた既得権益を守ろうとすれば、何らかの自衛措置が不可避とされたのである。ところが、軍事行動を含めた自衛措置は、一時的にせよ中国国土の一部の占領や中国の主権の一部制約を伴うこととなり、必然的に九カ国条約の機会均等その他の規定に抵触せざるを得ない。後に、日本は、満州事変その他の軍事行動が九カ国条約に違反しているとして米国等から強い非難を受けるが、一方で、中国の条約違反行為については、九カ国条約では触れるところがない。九カ国条約の精神を最も踏みにじっているのは中国であることは明白であろう。ところが、既存条約の維持は口頭による保証だけであり、中国は既存条約を遵守すべしという規定が九カ国条約には設けられなかったのである。

九カ国条約と日本の大陸政策とが将来的に衝突するであろうことは、当時から激しくなっていた日貨排斥運動や、中華民国の主権回復政策を見ればある程度予測できたことであったと考えられる。ところが、列国との協調を基本姿勢としていた当時の日本政府はこのことには十分に目を向けなかった。門戸開放政策は規定するが、その一方で中国の現実に冷静な目を向け、日本の既得権益の将来的な保証を多国間条約の中に規定するというようなことは主張しなかった。ただ、口頭での回答で満足したのである。そして、実際、中国は日本の既得権益の侵害を繰り返したが、九カ国条約に違反しているという非難はなかった。

九カ国条約が内包するこうした矛盾はその後徐々に拡大していく。そして中国の絶えざる組織的な反日・排日活動等によって日中間の亀裂が深まり、ついには満州事変へと至るのである。

四．満州事変への道

(1) 東方会議

辛亥革命以降、中国では北京政府[209]が中華民国（初代大総統：袁世凱）として中国を代表していたが、現実的には地方には十分に権力が及ばず、軍閥割拠の混乱した状態が続いていた。こうした中で満州では早くから日本とも関係が深かった張作霖が台頭し、一九二〇年頃には満州一帯を支配するようになった。張作霖の軍閥は奉天を根拠としたので、奉天派と呼ばれる。その後、張作霖は北京政府に進出し、他軍閥[210]との抗争等による紆余曲折を経て一九二六年には北京政府の実権を掌握し、自ら中華民国陸海軍大元帥に就任した。

ただし、張作霖は一九二二年に東三省（奉天省、吉林省、黒竜江省を指し、満州の別称）独立宣言を行い、満州に関する外交事案等については北京政府を通さず、奉天政府が直接に処理する意向を表明していた[211]。したがって、日本の満州における権益問題については、これ以後、北京政府ではなく、事実上、奉天政府がその相手方となっていた。

当時、日本では、南京事件[212]（一九二七年三月）および漢口事件[213]（同年四月）における居留民保護対策等が不十分だったとの非難を受けて若槻内閣（外相幣原）が倒れ、その後は田中義一（政友会総裁、陸軍大将）内閣が成立した。田中内閣の外相は首相兼摂であった。

田中は、中国で蒋介石の率いる国民革命軍[214]による北伐が進行しつつある情勢を踏まえ、今後の対中政策の基本を確立すべく、一九二七年六月二七日から東方会議を開催した。会議には、外務省幹部、在中国公使、在上海・漢口・奉天各領事、ならびに陸海軍、大蔵省、関東庁、朝鮮総督府の各代表者が出席した。会議の最終日となる同年七月七日には、八項目から成る「対支政策綱領」が訓示され、一部を除き公表された[215]。各項目の要点は次のとおりである。

①中国の内乱政争については干渉を避け、その民意を尊重する。
②中国の穏健分子の正当な国民的要望については、その合理的達成に協力する。
③中央政府の確立が容易でない現状に鑑み、当分、各地の穏健な政権と連携し、統一の機運を待つ。
④日本の各政権に対する態度は同じであり、共同政府成立の機運が起これば、その所在地にかかわらず、日本は列国とともにこれを歓迎する。
⑤中国における日本の権益および邦人の生命財産が不法に侵害される恐れがあるときは、必要に応じて断固として自衛の措置に出る。特に虚説に基づいて排日排貨の不法運動を起こす者には進んで必要な措置をとる。
⑥満蒙ことに東三省は、日本として、国防上および国民的生存の関係から重大な利害関係が

あるので特別の考慮が必要であり、その平和維持・経済発展は隣国として日本の責務を感じさせるものである。満蒙の経済活動の促進、既得権益の保護等は門戸開放・機会均等主義によって行う。

⑦（本項は未公表）東三省の有力者で、満蒙における日本の特殊地位を尊重し、まじめに東三省の安定に取り組む者に対し、日本は適宜これを支持する。

⑧万一動乱が満蒙に及び、日本の特殊地位・権益が侵害される恐れがあるときは、どの方面から来たものであってもこれを防護し、機を逸せず必要な措置をとる覚悟をしていなければならない。

この対支政策綱領の前文に、「日本ノ極東ニ於ケル特殊ノ地位ニ鑑ミ、支那本土ト満蒙トニ付自ラ趣ヲ異ニセサルヲ得ス」とあり、日本の中国本土に対する政策と満州に対するものとでは内容が異なるものとならざるを得ないことを明記している。これを受け、第一項から第五項までは中国本土に関することを記し、第六項から第八項までは満蒙に関することを記しているが、これからもその基本的政策には本質的な差異があることがわかるであろう。

すなわち、中国本土については、原則として中国人自身による自主的解決にまかせ、日本は列国と共同歩調をとりつつ対処することが基本とされている。日本の権益や邦人の生命財産が脅かされるときは断固とした自衛措置をとるとしていることは、出兵には慎重で邦人の退避を基本としていた幣原外交と異なる点であるが、これもその場での自衛措置にとどまる限り、中国本土で列国と異なる日本の特別の地位を求めたものでない。

一方、満蒙については、日本は特別の利害関係があり、門戸開放・機会均等主義は変えないものの、その発展について日本は特に責務を感じること、すなわち列国とは異なる特別の地位にあることを強調する。また、中国本土とは異なり、日本の権益を守るために、必要に応じて日本の特殊地位を認める有力者を支持することとしている。そして、動乱が満蒙に及びそうなときは、機敏に防護措置を講じて満蒙の安寧を維持する覚悟があるとしているが、これは、たとえば北伐が進行して満蒙の近くで戦火が上がるようになったときでも満蒙は日本が防護して戦場にはさせないということである。満蒙の安定こそが日本の利益なのである。

(2) 張作霖爆殺・満州易幟

田中内閣は、満蒙における日本の特殊権益の保全については、従来関係の深い張作霖の奉天政府を通じて行う予定であった。[216]国民革命軍による北伐は上海クーデター[217]や日本の山東出兵[218]等によって中断されることはあったものの、一九二八年になると各地の軍閥を撃破し、国民革命軍は圧倒的に優勢な勢力で北京に迫った。こうした中で、北京政府を支配していた張作霖は国民革命軍との決戦を望んだものの、張作霖の勢力を保存し、奉天政府の下で満蒙政策を進めようとする日本政府（田中内閣）は張作霖に強硬に北京から撤退して満州に戻るように勧告した。この勧告に対して、張は当初は受入れを渋っていたが、日本政府の強硬な主張に最終的に勧告を受け入れた。ところがその一方で、関東軍首脳は、日本政府の意思とは別に、張作霖を相手とした外交交渉が順調に進まないことに苛立ちを覚え、張作霖を排除してより親日的な自治的政権の樹立を考えていた。現地にあって、奉天政府の排日を知る軍人にとって、張作霖に対する不信は抜きがたいものとなっていたのである。[219]そして、一九二八年六月三日、関東軍の河本大作高級参謀らは列車で奉天に引き揚げる途中の張作霖を爆殺した。

他方、その五日後の六月八日、国民革命軍は北京を占領し、六月一五日に「全国統一」の宣言を行っている。

張作霖爆死後、満州の実権はその子の張学良に移った。晩年の張作霖は、日本が条約等によって獲得していた満州での権益を容認しない意向を示し、北京での党派的闘争には関係せずもっぱら力を満州の開発に注ぐべきだという日本の忠告に怒り無視したが、張学良も同様であった。[220]張学良は、父を殺した日本を深くうらんでいたという。日本政府は、北伐を終えた国民政府（南京政府）の政策が基本的に反日的で日本にとって好ましくない傾向があることをつかみ、張学良に国民政府に合流しないよう勧告していたが、張学良はそれを無視して一九二八年一二月に国民政府に忠誠を誓い、易幟《えきし》（幟を変えること。すなわち満州五色旗に代えて国民党の青天白日旗を掲げること）を実行した。

奉天政府の国民政府への合流は、中国の他の地方とは異なり、軍事、外交、財政等の実際の統治において奉天政府が依然として大きな自由を有していたものの、満州の状況にはやはり重大な変化をもたらすこととなった。国民政府との合流後、満州で国民党による組織的・系統的宣伝が行われ、ナショナリズム的感情が鼓吹され、抗日が煽り立てられるようになったのである。中国人の家主や地主に対しては、不法にも日本人、朝鮮人への家賃引上げ、または賃貸契約の更新拒絶の強要が行われた。

一九三一年三月には満州の各省の省都に国民党の省党部が設立され、続いてその他の都市、地方に支部が設立された。中国本土から送られてくる宣伝員の数は次第に増え、反日運動は日増しに激化した。同年四月に奉天で「人民外交協会」の後援のもとに満州各地からの代表者三〇〇余人が参加する会議が開かれた。同会議では満州における日本の地位一掃の可能性について議論が行われたが、その決議には日本にはまったく許容できない「満鉄奪回」の項目が含まれていた。(221) こうした会議は、当然、国民党の支援のもとに行われているものと考えられ、満州問題について国民政府を相手にして話合いで解決できる可能性はほとんどないことを感じさせるものであった。

(3) ボイコット運動

中国で頻繁に起こされた反日ボイコットは日本を悩ませ、日本人の対中国感情悪化の重要な要因となった。ボイコットは、過去数世紀にわたり中国において、商人、銀行家の団体、同業組合、秘密結社等によって常用されてきた伝統的手法である。これらの団体は、共通の職業的利益を擁護するため、その成員に対して絶大な力を振るってきた。(222) この伝統的手法が、近年のナショナリズムと結合し、「排外ボイコット」として組織しなおされ、反日運動にも利用されるようになったのである。

排外ボイコットは、一九〇五年、中国人の渡米をより厳しく制限した米国に対してなされたものに始まるとされるが、それ以降は主として日本が対象となった。(233) 国民党は、その創設以来、ボイコット運動を支援してきたが、次第にボイコットを支配するようになり、国民党の指導のもとでボイコットはより統一的、厳格的、効果的なものとなった。国民党はボイコットの成功のために、「敵国」に対する民心を刺激する標語や、全国的・統一的に実行された猛烈な宣伝を通じて、反日民衆感情を醸成した。

ボイコット運動を実効あるものとするためには、ボイコット団体の成員が統一的な対応をとる必要があるが、一九三一年七月に開催された「上海反日会」では次のような四原則が採用されている。(224)

ア　すでに契約した日本製商品の注文を取り消すこと。

イ　すでに契約した日本製商品で、まだ積込みが終わっていないものは船積みを停止させること。

ウ　すでに倉庫に入っているものでも、支払いが終わっていない日本製商品は引取りを拒絶すること。

エ　すでに購入した日本製商品を「反日会」に登記し、その売却を一時停止すること。

こうした措置によって日本製商品が市場に出回ることはなくなるはずであり、反日会の検査員はそのことを監視するのである。

ボイコットは日本製商品だけに限られず、中国人は日本の船で旅行したり、日本の銀行を利用することも禁じられる。また、いかなる資格においても日本人に仕えることがないよう警告される。そして、こうした命令を無視する者は各種の非難や脅迫を受けるのである。

このようなボイコットは、そもそも商業的にも契約の一方的破棄等を伴う不法なものであるが、日本人商店の破壊や暴行、脅迫等の違法行為を伴うことがあり、日本人をいたく憤激、激昂させた。日本政府または日本人は、ボイコットは国民党が恐怖政治に等しい方法で人民に強制している官民一体の組織的運動としてとらえており、国民政府に対する不信感には強いものがあった。

ボイコットは中国全土で行われ、特に揚子江沿岸では熾烈であったが、奉天政府が国民政府に合流して後、満州でもボイコットを含めた反日活動が激化した。日本政府が満州易幟によって満州での日本の諸活動が阻害され、権益が脅かされるものとして警戒心を深めることとなったのはまったく当然のことだったのである。

(4) 革命外交

治外法権の撤廃は、ワシントン会議でも中国代表がこの件を主張し、中国の年来の宿願であったが、国民政府はいわゆる「革命外交」を標榜し、相手国をほとんど無視した一方的な方法でこれを実現しようとした。国民政府は、国民革命軍が北京入城を果たして中国統一をほぼ成し遂げると、一九二八年七月七日、期限が満了した不平等条約の破棄と新条約締結に至るまでの臨時弁法（治外法権は認めない）の適用を一方的に宣布した。そして、日本には同年七月一九日、日清通商航海条約の破棄と臨時弁法の適用を通告してきたのである。[225] 同条約は一八九六年一〇月に締結されたものであり、一〇年目ごとに改正交渉を行うことができ、改正期限が満了しても新条約の成立のないときは旧条約が引き続き一〇年間効力を有するものと規定されていた（同条約第二六条）。

同条約については、期間満了後の交渉が成立しないままとなっており、同条約の規定上は期間が一〇年間延長されるべきものであったが、国民政府の主張は、改正交渉が行われた場合は、交渉が成立しなくても現行条約は失効するというものであった。日本政府が、このような一方的な失効宣言は国際慣行および国際信義を無視する暴挙であると真っ向から反論し、与野党こぞって強硬に反対したのも当然のことであろう。[226]当時、外務省亜細亜局長は、田中外相（首相の兼摂）の命によって作成した中国に対する一般方針案の中で、「万一支那側ニ於テ此ノ際条約ヲ破棄シテ我国ヲ無条約国タラシムルカ如キ態度ヲ執ル場合ニハ日本トシテハ凡ユル手段ヲ尽シテ其反省ヲ促シ支那側態度ノ変更ヲ強要スルヲ要ス（其ノ手段ニツキテハ別ニ研究ス）」[227]と記し、場合によっては軍事的な強要も必要であるという認識を示していた。日本の根本的な利害に関することについても独断専行で話合いに応じず、一方的な態度をとり続ける相手に対しては、最終的に実力をもって問題の解決を図るほかはないということである。

(5) 満鉄並行線問題

日露戦争後、満州における鉄道は、日本の満蒙政策の基幹であり、鉄道の発展とその運営の安定は、常に日本の満州での政策の最重要課題であった。満州での国際的な争いは、主として鉄道をめぐって生じたのである。

鉄道を管理する日本の組織は満鉄であったが、満鉄の活動によって満州での鉄道網は発達し、満州の経済発展に大いに貢献した。満鉄の鉄道網整備の基本的政策は、満州で鉄道を建設しようとする場合、満鉄線に連絡する鉄道だけを建設するようにし、そうすることによって満州内の貨物を満鉄線によって租借地・大連まで輸送し、大連から輸出するようにさせるということにあった。

ところが、第二次奉直戦争（一九二四年）後、張作霖が戦争における鉄道の重要性を自覚し、日本の資本からは独立して自ら鉄道建設を企て、実施するようになると満鉄の利益と衝突するようになった。張作霖は、東三省交通委員会を設置して満鉄線の東西に中国鉄道（中国の資本により建設され、運営される鉄道）を建設する計画を立て、着々と実施した。一九二九年にはすでに呼海線（呼蘭―海倫）、瀋海線（瀋陽―海竜）、吉海線（吉林―海竜）といった東側路線、打通線（打虎山―通遼）、斉克線（チチハル―克山）といった西側路線が完成または一部運転を開始し、満鉄の経営を圧迫した。中国鉄道の運賃は満鉄よりも安く、貨物の相当量が中国鉄道に流れたのである。

日本政府は、中国側のこうした鉄道建設の動きに対して、満鉄の並行線の建設は条約違反[228]であるとして非難し、特に満鉄に致命的な影響を与えるような路線についてはその建設を中止するようたびたび申し入れを行った。ところが張作霖は、中国人が中国で鉄道を敷設することは制限されないとして日本の反対にはほとんど耳を貸さず、一方的に建設を進めたのである。

張作霖の後を継いだ張学良は、すでに敷設された路線を活用しつつ、満鉄をはさんで東西に二大幹線を建設し、これらを北寧線（北京―瀋陽）に接続・集中して錦州の葫蘆《ころ》島に連結する計画をたてた[229]。葫蘆島は輸出港として予定され、大規模な港湾建設工事が始められた。もしこの計画が完成すれば、満州の貨物はその大部分が中国鉄道に奪われ、しかも大連の輸出港としての地位も大きく低下することとなろう。まさに満鉄を包囲し、圧殺することを目的とした計画というほかはない。実際、世界恐慌のさなかの一九三〇年において、満鉄によって大連に輸送される輸出貨物は一〇〇〇万トン以上減少したが、その一方で牛荘港[230]からの輸出は前年より増加したのである。[231]これとともに、恐慌による経済低迷等の諸要因もあるが、満鉄をめぐる情勢はさらに厳しいものとなり、満鉄は深刻な経営危機に陥ることとなった。

満鉄並行線の問題は、日本の満蒙政策の根幹に関わる問題であり、その速やかで根本的な解決は緊要の要請であった。このため、一九三一年になってからも日中間での協議が続けられたが、張学良側からの満足な対応は得られず、実質的に何らの解決ももたらさなかったのである。

(6) 土地商租問題と在満朝鮮人問題

二一カ条要求の結果として一九一五年五月に日中間で締結された「南満州及び東部内蒙古に関する条約」(以下「一九一五年条約」という)にはその第二条で「日本国臣民は南満州に於いて各種商工業上の建物を建設する為又は農業を経営する為必要なる土地を商租することを得」と規定されている。商租とは契約による賃借のことである。満鉄を中軸として満州の経済発展を企図する日本にとって、この条項は必須のものであり、また官民のこの条項に寄せる期待には大きなものがあった。

ところが、中国側は、日本人が土地を獲得しようとする努力は、日本が満州を買収しようとする国策の一環だと見なし、この条項を実施しないどころか、日本人のこうした努力を妨害し続けたのである。中国側は、条約の規定を無視して、日本人が土地を租借しようとすると省令または地方庁の命令でこれを妨害し、土地を租借すれば刑法をもって罰することとした。また、租借を認める場合でも特別手数料と税を課し、あるいは地方官吏が土地譲渡を許可しないように刑罰の脅しを用いたのである。[232]

このような種々の妨害にかかわらず、現実には日本人による土地租借は進み、また抵当流れの方法で所有権の取得も行われたが、それとともにトラブルが頻発し、日本人の土地取得の大きな制約となっていたことは疑いを入れないところであろう。

このため、日本外務省は一九二一年七月、「商租規則制定ニ関スル交渉方針」を作成し、奉天の中国当局に提示してたびたび協議開始を督促したが、中国国内で二一カ条廃棄運動が高まっていることもあり、奉天当局が応じる気配はなかった。こうした中、一九二三年になって、日本側は両者の主張をできるだけ接近させる観点から、双方がそれぞれ大綱を提示することを提議したところ、中国側提示には、土地を暫定的に租借できる区域は南満鉄道沿線各県に限ること、借地期限は一年から五年に限り期間満了後は自由に解消できること、奉天省内の日本人は中国警察法に服すること、領事裁判権を即時撤廃して訴訟案件を中国側が審理すること、といった内容を含んでおり、まったく互譲的誠意の認められないものであった。[233] 結局、日中間での土地商租に関する協議は頓挫し、その後も日本側は協議を再開させようとしたが、中国の国権回復運動の高まりもあって土地商租問題をめぐる情勢はますます厳しいものとなり、ついに協議は不成立に終わったのである。

在満朝鮮人問題はこの土地商租問題と密接な関係があり、しかも国籍問題が付随したので日中の対立はより先鋭的なものとなり、また朝鮮人にとってはより過酷なものとなった。

当時、満州に朝鮮人は約八〇万人居住しており、そのうち四〇万人は豆満江北側の間島地方に居住していた。間島への朝鮮人の移住の歴史は古く、当時において朝鮮人と中国人の比率は三対一であり、朝鮮人居住者が絶対多数を占める地区となっていた。このため、間島の所属については争いもあったが、韓国併合前の一九〇九年に日中間で締結された「間島協約」によって、間島が中国領であることを確認する一方で、中国は間島を外国人の居留・経済活動のために開放すること、朝鮮人が間島の農耕地に居住すること、吉長鉄道（吉林―長春）を韓国鉄道に接続すること等を認めた。ただし、間島の朝鮮人は中国の管轄裁判に服することとなった。

ところで、中国は、間島協約締結後、朝鮮人が中国に帰化しなければ土地所有権を認めない方針をとった。間島在住の朝鮮人を自国民として統治し、間島から日本の勢力を排除しようとしたのである。これによって、間島（琿春を含む）の可耕地の半分以上は朝鮮人の所有となり、同地の朝鮮人の一五パーセント強が中国に帰化したという[234]。また、中国は、間島在住の朝鮮人に限らず、満州に居住する朝鮮人に土地所有権を餌にして中国に帰化させることに努めた。

これに対して日本は、一九一〇年の韓国併合後は朝鮮人も等しく日本国民であり、朝鮮人も一九一五年条約によって満州で土地を商租する権利があると主張し、満州にいる朝鮮人の中国への帰化を認めなかった。そして、間島協約についても、一九一五年条約と矛盾するものは同条約によって廃棄されたと見るべきであり、したがって、間島の朝鮮人も日本の治外法権によって保護されるとした。朝鮮人も日本国籍を有することとなった以上、当然のことであろう。

ところが、中国側はこれに反発し、一九一五年条約には、満州に関する既存条約は一九一五年条約で別に規定するもの以外はこれまでどおり実行する旨の規定があり、一九一五年条約は間島協約を変更することができないと主張した。間島で朝鮮人が土地所有権を得られるのも間島では中国の管轄裁判に服することとされているためであり、管轄裁判に服さないなら土地所有権も与えられないという。韓国併合で朝鮮人が日本国籍を有することとなっても、朝鮮人が日本人として保護されることを認めようとしなかったのである。

このように、もともと中国当局または中国人は、朝鮮人を強制的に中国に帰化させたり、朝鮮人が作り上げた美田を取り上げたり、不当な租税を課したりして迫害してきたが、一九二八年の満州易幟後はそれがもっと熾烈なものとなった。満州において、一般に朝鮮人は「日本の侵略と併合の前衛」だと見なされ、中国当局から強い圧迫を受けたほか、「不逞鮮人」[235]には朝鮮人農民を脅迫して金銭を巻き上げ、暴行・加害をなすことが許されるなど、その境遇は極めて悲惨であった[236]。

こうした状況に、日本側はもちろん強く抗議し、何らかの形での解決を図ろうとしたが、この問題も解決の糸口すら見出せないままであった。

(7) 満州事変の勃発

以上、この当時の中国の条約や法秩序を無視した反日・排日の状況を紹介してきたが、もとよりこれらは全くの一端であって、これにとどまるものではない。学校、軍隊等では事実を無視した悪質な反日教育、排日宣伝が行われ、日常生活においても反日ビラの配布、通行中の日本人に対する威嚇暴行といった事件が絶え間なく発生した。中国兵による侮日行為、鉄道妨害、日中官憲衝突事件も頻発した。関東軍参謀部の調査によれば、昭和二年から同五年までに発生した満蒙関係事件は二四〇件に上った[237]。言うまでもなく、これは関東軍が把握した事件だけであるから、実際には遙かに多くの事件が発生していたはずである。

日本の満蒙政策の根本には日露戦争の記憶があった。「日本人にとって対露戦争とは、ロシアの侵略の脅威に対する自衛戦争、生死を賭けた戦いとして永久に記憶され、この一戦で十万人の将兵を失い、二十億円の国費を費したという事実は、日本人にこの犠牲をけっして無駄にしてはならないという決心をさせた」[238]のである。したがって、日本は、満蒙権益を放棄するようなことは選択肢になく、満蒙権益の維持・確保に全力を注いだ。また、それが日本の国民的合意であり、国民感情でもあった。日本が中国との間で、交渉が難航しつつも条約の締結を積み重ね、中国との合意のもとに満蒙権益の存続、安定化を図ろうとしてきたのはそのためである。ところが、中国は、両国が合意したはずの条約の規定を無視して一方的な行動をとり、政府が関与して組織的に反日・排日活動を指導ないし扇動し、日本の権益を脅かし続けた。満蒙権益が脅かされることは、日本の存立の基盤にもかかわるものであり、日本にとっては深刻な問題であった。中国の不法活動に対して日本が懲罰的に軍事行動を起こしたときには中国側は妥協、合意するが、その裏ではすぐにその合意を無視し、もしくは反する行動をとるのである。中国の交渉に全く誠意が見られず、中国が誠実な交渉相手たり得ていないことは、これまで述べてきたところでも明らかであろう。

一九三一年三月に、関東軍高級参謀板垣征四郎大佐は、「満蒙問題の解決は現下支那側の態度より考察して、単に外交的平和手段のみを以てしては到底其の目的を貫徹することが出来ないと言う結論に到達せざるを得ない」と述べているが[239]、中国側に誠実な対応が見られず、合意があってもそれを踏みにじって恥じることがないという態度をとり続ける以上、そうした結論となるのもまったくやむを得ないところであろう。板垣、石原（完爾）らを含めた関東軍参謀は、満蒙問題の解決のためには満蒙を日本の領土にすることが最善の方法だと確信するようになり、その機会到来を待つのである。

一九三一年九月一八日夜、奉天北方の柳条湖で満鉄の線路が爆破されたことをきっかけとして日中の軍隊の衝突が起こった。満州事変の勃発である。これまで述べてきたことから見れば、満州事変は起こるべくして起こったのであり、決して偶然に発生したものではない。満州事変は、当時の日本が生命線と考えていた満蒙権益に対する中国側の絶えざる侵害、日本人の生命・財産に対する組織的危害行為等を前にして、やむなくとらざるを得なくなった日本側の対抗措置という性格を強く有している。そして、おそらく、これ以外には有効な対抗措置も考えられなかった。その意味で満州事変は、満州の権益をめぐる日中の絶えざる確執の結果だったということが言えよう。

第Ⅳ編　現代の中国――国際秩序に対する脅威

第二次世界大戦後、中国大陸では、国共内戦で勝利した中国共産党が一九四九年一〇月に中華人民共和国の建国を宣言するが、日本が国交を結んだのは台湾に遷移した中華民国であり、大陸の共産化した中国ではなかった。共産化した中国は、ソ連と一体のものと見なされ、アメリカを盟主とする自由主義陣営からの孤立化・封じ込めの対象であった。日本との貿易その他の交流は大きく制約され、日中間はほとんど没交渉の状況となった。

明治維新以来、日本は中国大陸とは常に緊密な関係にあり、また、重大な利害関係を有していたが、このとき日本は初めて中国大陸から離れ、言わば脱中国の状態となったのである。日中国交回復は一九七二年のことであり、約三〇年にわたり脱中国の状態が続いたが、この期間に日本は戦後回復、高度成長を遂げ、大きな飛躍を成し遂げた。

日本の飛躍を可能としたのは、何と言っても、パックスアメリカーナによってもたらされた日本にとって好ましい国際環境であろう。安定した自由主義的な経済秩序は、人材等の社会的蓄積はあっても資源に乏しい日本の高度な経済発展を可能とし、日本を世界の経済大国へと押し上げた。アメリカの軍事力、覇権によって保障された海洋自由の原則を最大限に利用したのは日本であろう。日本は、海洋覇権国としての地位を持たないまま、ある意味でコストを払わないまま、その利益を享受することができたのである。そして、日本の周辺には日本の発展を妨げたり、障害になるような国はなかった。日本の外交、経済的交流は欧米諸国、東南アジア諸国等を中心としたものであったが、そうした状況の中で日本は日本の良さを活かしつつ伸び伸びと発展することができた。この時期は、期せずして脱中国、福沢諭吉の言を借りればまさに「脱亜」の状況が実現していたのである。

それでは、脱中国ないし「脱亜」の状況では再びなくなった日本は、どのように中国と関わっているのだろうか。以下、このことについて、経済面での動きを中心に簡潔に述べておきたい。

一九七二年の日中国交回復当時は、中国はまだ文化大革命（文革）の最中であり、国交が回復したからといってすぐに日中間の経済交流が盛んに行われるようになったわけではない。日本の中国への経済的関与が拡大していくのは、中国が一九七八年に改革開放政策に転じた後、一九八〇年代になってからのことである。日本からは中国の港湾、輸送施設等のインフラ整備、国有企業近代化等のために多額のODA資金が供与された。日本の対中円借款の新規供与は二〇〇七年に終了するが、日本の対中ODAは総額で三兆円を超え、日本は中国への最大のODA供与国であったことはよく知られているところである。

こうした政府レベルでの経済協力とともに、民間レベルでは日本企業の中国進出が進んだ。日本企業の中国進出は、一九九〇年代半ば以降に急速に拡大するが、このことは中国の労働力の安さとともに為替政策の変更も重要な要因となっている。中国は、一九九三年まで公定為替レートと市場為替レートが存在する二重レート制度をとっていたが、一九九四年にこれら二つを統合し、人民元のレートをほぼドルに固定化する事実上のドルペッグ制を採用した。このときに、公定為替レートが一ドル五・七元であったものを、新しいレートは一ドル八・七元とし、大幅な切下げを行った。元安が日本企業または外資企業の中国での投資活動を有利なものとしたのである。

中国に進出した日本企業または外資企業が主として行ったのは、中国政府の許容する方式での加工貿易である。この中国の加工貿易の主要な方式は、中国に投資した外資企業は原材料・半製品を中国以外の国から輸入するか中国国内で調達するが、輸入した原材料・半製品は中国国内に流通させず全て輸出用として加工に回し、原則として全ての製品を別の国に輸出するというものである。たとえば日本企業であれば、東南アジアの自社関連工場等から半製品を中国に輸入し、中国で組立・製品化して日本または米国に輸出するのである。なお、こうした加工貿易の方式は中国が初めてではない。まず台湾で採用され、台湾で大きな成功を収めていた。中国はこの台湾の方式を模倣したのである。

加工貿易では、中国国内での産業が未発達な段階では中国国内からの原材料・半製品の調達は限られるので、中国は実質的に安価な労働力および土地を提供するだけであり、工場施設の資金、技術、外国での販売力等は全て外資企業に依存する。しかしながら、これが中国経済の重要な起動力となった。労働力を提供することで中国人の収入は増加し、しかも中国はその産業に必要な技術、営業ノウハウ等を身につけることができた。また、輸出額が増加することによって外貨の蓄積も可能となり、外資企業の納税によって国庫も潤った。二〇〇〇年代半ばごろまでは、この加工貿易による輸出額が中国の輸出総額の約五割を占めていた。(240) 中国の急速な経済成長とともに貿易額は大きく増大したが、加工貿易が中国の輸出を牽引したのである。なお、現在では技術力、営業力、資金力での実力を身に付けた多くの中国企業が育ち、外資企業の役割は相対的に低下している。

これとともに、日本の企業は雪崩を打ったように中国に進出した。中国で製造して輸入するほうが国内で製造するよりも安価なため、国内での競争に生き残るためにも中国に進出せざるを得なかったのである。国外への工場移転は、国内での雇用の喪失や産業の空洞化をもたらし、日本の経済基盤を弱体化させ、成長能力を奪うものであることは言うまでもないだろう。実際、日本企業の中国への本格的な進出が始まった一九九五年の日本のGDPは五・五兆ドルであったが、二〇一六年のGDPは四・九兆ドルであって、この間全く増加せず、わずかに減少すらしているのである。もちろん、日本のGDP停滞の原因はこれだけではないが、中国要因が大きなウエイトを占めていることは否定できない。

この間に中国政府がとっていた貿易政策はまさに近隣窮乏化政策というべきものであった。近隣窮乏化政策とは、自国産業の発展を図り自国産品の輸出に有利になるように自国通貨の為替レートを安く設定し、近隣諸国からは雇用を奪い産業を衰退させようとする政策のことである。中国は自国の輸出額がどんなに増えようとも人民元の事実上のドルペッグ制を維持し、わずかながら徐々に切上げを行ったものの、為替レートを大きく変えるようなことはなかった。この間、日本には安価な中国製品の輸入圧力が加えられ続けたのである。輸入は加工貿易によるものだけでなく、繊維、玩具等の一般貿易によるものも増大し、縮小、撤退を迫られた日本の産業は少なくない。かつては日本の基幹産業の地位を占めていた生糸も、中国産生糸の増加でほとんど姿を消すこととなったのはその典型的な例であろう。日本の企業は、安い労働力、安い為替レートを背景とする安い中国製品の攻勢に耐えね

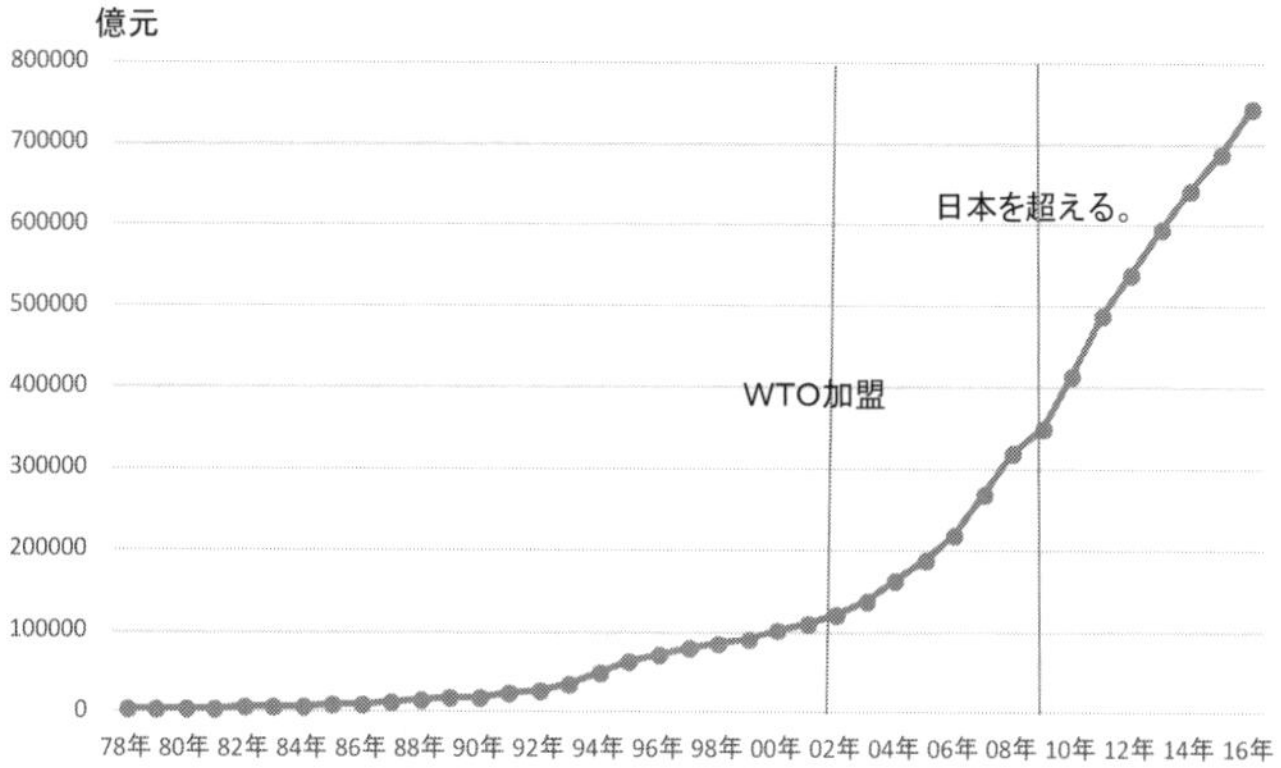

図Ⅳ-1 中国のGDPの推移
資料：中国統計年鑑2017

ばならなかった。そのためにコスト低減は不可欠であり、賃上げは望むべくもなかった。こうした状況は二〇年以上も続き、その間、日本のGDPは低迷を続けたのである。

こうした日本を尻目に、中国は順調な経済成長を続けた。図Ⅳ―1は改革開放政策開始後の中国のGDPの推移を見たものである。

この図から明らかなとおり、中国のGDPは一九九〇年代半ばから本格的に離陸を始め、二〇〇一年一二月のWTO加盟を契機として大きな飛躍を遂げ、二〇〇九年には中国のGDPが日本を超えて中国は世界第二位の経済大国となった。そして、その後も中国は比較的高い経済成長を続け、日本との格差は拡大を続けている。

この間の中国の貿易額の増大は、中国の東南アジア諸国への影響力を大きく高めた。かつて、東南アジア諸国の貿易の大半は日本を相手方とするものであったが、二〇〇〇年代後半になると中国が日本にとって替わるようになり、現在では、基本的に全ての東南アジア諸国の最大の貿易相手国は中国となっている。

以上、日本との関わりを見ながら、中国の国力増強の状況を簡単に述べてきたが、本編では、こうした状況や中国の文化、社会の性格も踏まえ、現代の中国がどのような性格を有するものであるかを明らかにしていくこととしたい。このため、まず中国の国力が増大する中で、中国がどのような国になろうとしているのかを検討する。中国の国家目標は何なのか、それは中国の文化・社会ないし中国の国家的性格をどのように反映しているのだろうか。そして、それは東アジアや世界に何をもたらすのだろうか。

また、近年、中国は南シナ海で軍事基地の建設等を進め、南シナ海に対する支配力を強めつつあるが、南シナ海問題に関する中国の対応を見ることによって、改めて中国の性格または特殊性を明らかにすることとしたい。

第十章　東アジアでの覇権を狙う中国と習近平の「新時代」

東アジアは、その経済的な発展にかかわらず、安全保障という観点からは脆弱性を抱えた地域である。東アジアには域内での安全保障に関する有力な国際機関が存在しない。このことは、欧州において、ＥＵ、ＮＡＴＯ（北大西洋条約機構）、ＯＳＣＥ（欧州安全保障協力機構）といった安全保障に関係する国際機関が重層的に形成されている状況とは大きく異なっている。

東アジアでの安全保障の枠組は、冷戦期に形成されたいわゆるハブ・アンド・スポーク型システムと言われるものであり、現在においてもこの枠組は基本的に変わっていない。ハブ・アンド・スポーク型システムとは、米国をハブとして、日、韓、比、豪等の国がそれぞれ車輪のスポークのように米国と二国同盟を形成することによって地域の安全保障を維持しようとするものである。

ハブ・アンド・スポーク型システムでは、域内の各国間では同盟や国際機関は形成されず、域内の国際秩序はハブである米国のパワーを通じて間接的に維持されるにすぎない。したがって、米国のパワーが強大なときは域内の秩序は安定しているが、米国のパワーが弱化すれば域内に安全保障の国際機関がないことの欠陥が露呈し、各国がバラバラとなって域内が一気に不安定化する恐れもないわけではないのである。

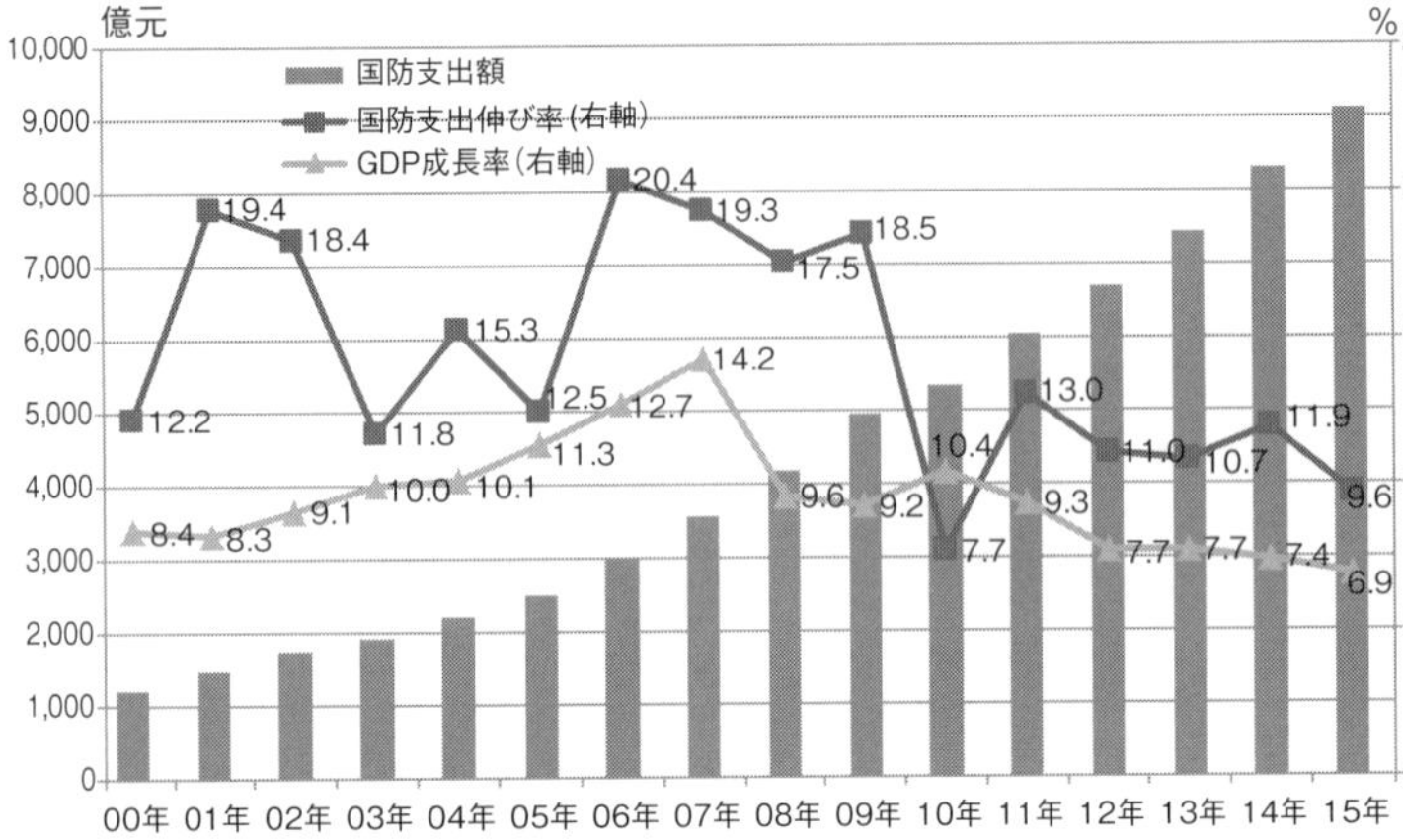

図10-1 中国国防支出の推移
資料：中国統計年鑑

こうした米国を中心とした東アジアの国際秩序に挑戦し、東アジアでの新しい覇権国をめざしているのが中国である(241)。

中国は、一九七八年からの改革開放政策開始後、二〇〇〇年代半ばごろまでは、経済発展を優先的な政策目標として国力の充実に努め、外交的には比較的抑制的であった。このことは、「韜光養晦《とうこうようかい》、有所作為」(能力を隠して力を蓄え、いくらか為す)という鄧小平の有名な教えを中国当局者が守ってきたということもあろう。しかしながら、米国国防総省の議会への報告(242)にもあるとおり、覇権を狙う中国の意図は表面に出されないまま常に堅持されているのであり、このことが「韜光養晦」の本質でもあることは忘れられてはならない。

その後、二〇〇八年に北京オリンピックを成し遂げ、二〇〇九年にはGDPで日本を追い越して世界第二位となり、さらに経済の高成長を続けて米国を追い上げるという状況が続く。これとともに、中国の軍事力の近代化、増強が大きく進み、国防支出の面からも中国はアジアで最大の軍事大国となった。図10―1は中国の国防支出額の推移を見たものである。中国の国防支出の伸び率は経済成長率よりもかなり大きく、中国が軍事力の強化を急いできたことがわかろう。二〇〇〇年に約一二〇〇億元（約二兆八〇〇〇億円）であった国防支出額が、二〇一五年には約九〇〇〇億元（約一五兆五〇〇〇億円）にまで増加した。一五年で国防支出額は七倍以上になったのであり、日本の国防支出額の三倍以上になっている。

こうした国力の増強を背景として、中国の外交姿勢に変化が見られるようになる。二〇〇九年に胡錦濤は、第一一回駐外使節会議で演説を行い、これまでの抑制的な外交方針を「堅持韜光養晦、積極有所作為」（能力を隠して力を蓄えることを堅持し、積極的にいくらか為す）に修正した(243)。鄧小平の基本路線は変えないものの、もっと積極的に国力に応じた外交力を発揮していくというものである。

習近平は、こうした流れをさらに進めて「中国の夢」を掲げ、中国は「新時代」を迎えたとの認識の下に、鄧小平の時代とは異なって野心的な目標を内外にあからさまに示すようになる。

一．中国外交の変化――覇権を狙う中国(244)

(1) 全方位外交

改革開放政策が始まって間もないころの中国の全方位外交(245)は、経済発展のために良好な国際環境を維持、確保することを主旨として掲げられたものである。この当時の全方位外交においては、新安全保障観、国際関係民主化、「平和、発展、協力」といった理念が掲げられ、米国との間では「建設的協力パートナー」、ロシア、フランス、英国、ドイツ、日本等の間では「戦略的パートナー」の関係を形成し、インド等の新興国との間では共同発展の道をとることとされた[246]。

先進国をはじめとする各国と友好的な協力関係を形成し、経済的交流を中心に各般の実務的関係を拡大、深化させるというこうした外交方針は、当時の中国の経済発展の要請に即応したものであり、このことによって中国は大きな経済発展を遂げることが可能になったとしてよいであろう。

ただし、全方位外交については定義が特に設けられているわけではなく、その後、中国の経済発展、国際的地位の向上等とともに、その内容も変化した。たとえば、胡錦濤政権下の二〇〇八年の第一六回共産党大会では全方位外交の内容として次の九点が掲げられていた[247]。

①主要大国との関係の全面的推進
②周辺国家との友好隣睦関係の強化
③発展途上国との団結、協力の保持
④多国間外交への参加
⑤注目されている地球的問題での積極的役割の発揮
⑥国家主権と安全の防御
⑦海外在住民の合法的利益の法に基づく保護
⑧中国内政外交の方針・政策の積極的宣伝

⑨オリンピック委員会との協力による北京オリンピックの準備

こうした胡錦濤政権の外交は、全方位外交という建前はおろさないものの、右記九点のうちの最初の四つを取り出し、「大国は要であり、周辺は第一であり、発展途上国は基礎であり、多国間は重要な舞台である」という組立でまとめられるようになる[248]。

ここで、大国との関係は、「大国との関係を引き続き推進し、総体としての安定を構築し、相互のバランスを図り、協力して共に勝ちを得るような枠組を築く」こと、周辺国との関係では「周辺との隣睦友好を深化させ、平和的安定を強固にし、共に発展する有利な周辺環境を整備する」こと、発展途上国との関係では「発展途上国との伝統的な友好を発展強化させ、中国外交の基礎を固める」こと、多国間関係では「多国間協力に積極的に参加し、経済外交を着実に推進し、経済発展方式の転換を加速させる」ことが想定されていた[249]。

ただし、胡錦濤政権期までは、これらは中国外交の枠組を整理したものにすぎず、国力増強を反映して大国としての意識がうかがえるものとなっているが、東アジアでの覇権を求めるという意識がそれほど強く出ているものではない。

習近平政権は、この胡錦濤政権時の「大国」、「周辺」、「発展途上国」、「多国間」という中国外交の枠組を継承しつつ、大国外交および周辺外交で積極的な方策を打ち出し、覇権国に向けたより戦略的な動きとみられる外交を展開するようになる。現在の中国外交の枠組を図示すれば、次頁の図10−2のように整理される。なお、「多国間」は基本的に国際機関での活動なので、同図では省略した。

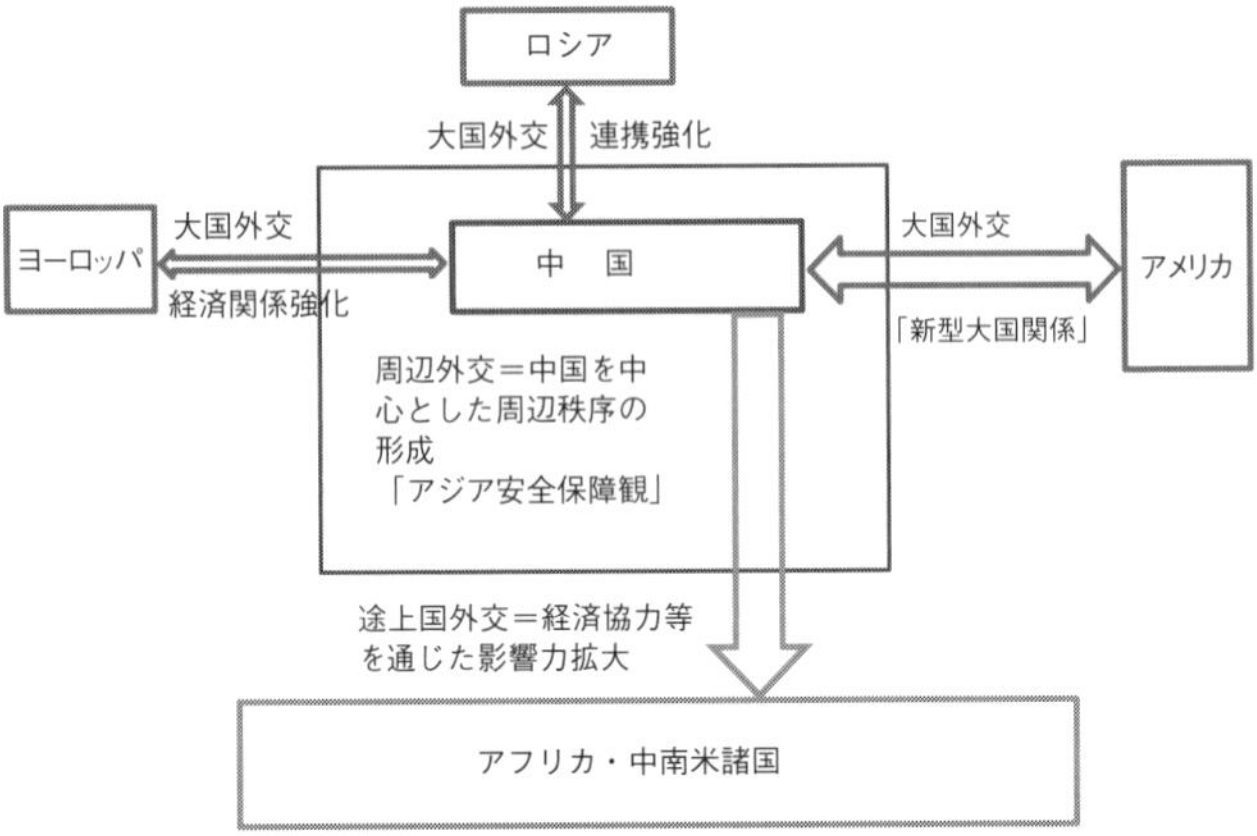

図10-2　習近平の外交モデル図
資料：筆者作成

それでは、中国は東アジアでの覇権国となるため、具体的にどのような大国外交または周辺外交を進めているのだろうか。次にそのことを見ていきたい。

(2) 大国外交

習近平政権の大国外交の対象は、主としてロシア、米国、欧州であるが、東アジアにおける覇権という観点からは、米国が最も重要であることは言うまでもないであろう。米国は、前述のハブ・アンド・スポーク型システムのハブとして、東アジアの国際秩序に深く関与しており、東アジアでの事実上の覇権国である。したがって、中国が東アジアでの覇権の獲得をめざすならば、米国との関係の調整は不可避の最重要課題とならざるを得ない。

米国との関係については、二〇〇九年頃に米中G2論という考え方が浮上した。これは米中二国で国際秩序の維持に関する責任を分担しようというものであり、ブレジンスキー元米国大統領補佐官等の発案によるものである。しかしながら、この米中Ｇ２論での国際秩序は、従来の米国主導の民主主義と自由経済の国際秩序を前提としたものであり、中国はもともと否定的であった。こうした中で、二〇一一年一月、クリントン国務長官は「Ｇ２は存在しない。今後ともアジア太平洋では米国が同盟国等と連携してリーダーシップを発揮する」[250]と明言し、Ｇ２論を明確に否定した。すなわち、今後ともハブ・アンド・スポーク型システムで米国とその同盟国等によって東アジアの秩序を維持するという方式は変えないとしたのである。一方で中国の温家宝首相も各処で「Ｇ２論は根拠がない」とＧ２論を否定する発言を行い、これによって米中間でのＧ２論は完全に消滅することとなった。米国は中国が米国と基本的価値観を共有していないと考え、中国は中国で米国主導の民主主義を普遍的な価値とする秩序に組み入れられることを嫌った結果と言えよう。他面、このことは中国が米国主導のものでない独自の秩序を模索していることを示唆するものである。

中国が米国との関係で打ち出した新たな大国外交の概念が新型大国関係である。新型大国関係という概念は、すでに胡錦濤時代において提起されていたが、習近平は二〇一二年二月に国家副主席で訪米した際に米側にこの概念を提示し、習近平政権となってからは新型大国関係の構築は中国外交の最も重要な目標の一つとされることとなった。

習近平は二〇一三年六月のオバマ大統領の会談で改めてこの新型大国関係を持ち出し、その内容について説明しているが、それによれば新型大国関係とは、大国間では①互いの核心利益を相互に尊重すること、②衝突・対抗しないこと、③共に利益を得てウィンウィンの関係を築くこと、というものである。中国の言う核心利益には、台湾、南シナ海、尖閣諸島等が含まれるが、新型大国関係によれば、これらの核心利益は互いに尊重され、これらの地域で紛争が生じても米中間では軍事的に衝突せず、それぞれの利益を得ようということとなる。

まさに帝国主義的な領土分割の考え方そのものであり、現在の国際秩序を度外視したものである。その一方で、中国は、東アジアで米国の挑戦者となっていることを自覚し、そのことを強く意識している。中国の考えでは、伝統的な大国関係は、敵味方がはっきりし、対抗・衝突があり、ゼロサムゲームであったため、新興国が従来の覇権国に取って代わろうとする場合は、戦争が不可避であった。ところが、中国が主張する新型大国関係では、互いに勝ちを得ることを基本的理念とするため、そうした戦争は避けるができるとする。[251]すなわち、新型大国関係によって、従来は鉄則と考えられていた「ツキディデスの罠（Thucydides Trap）」[252]が避けられるというのである。[253]

このように、新型大国関係は、米国に対して、東アジアでの覇権を平和裏に中国に移転させることを狙いとして含んでおり、平和裏に移転させる環境を徐々に構築していくことが現在の中国外交の目標となっているということである。

ただし、中国もこうした覇権の平和的移行というようなことが簡単にできるとも考えてはいないようだ。中国は、たとえば軍事的にはA２／AD[254]能力を強化し、経済的には東アジアで米国を排除したFTAの締結等を推進し、軍事的、経済的に東アジアで米国を排除し、さらには凌駕しようとする意図があると見られる施策を着々と進めている。こうした施策は将来的に米国に覇権の平和的移行を迫るための準備工作の一つとしてとらえられるものである。覇権の平和的移行のためには、事実として、軍事的、経済的に東アジアで米国を上回る力を有し、少なくとも東アジアにおいては実力で米国の介入を排除し得るようになり、米国が東アジアからやむなく撤退せざるを得ないような環境を作ることが必要ということであろう。

中国が大国外交としているものには、米国のほかに、ロシアと欧州との外交がある。このうちロシアに対しては全面的戦略協力パートナーシップの関係を築き、大国としての復興という共通の目標を持つものとして連携を強化するものとしている。中ロの連携強化は米国が東アジアの問題に介入しようとする場合の強い牽制となろう。欧州とは主として経済関係の緊密化、強化が目的とされるが、米国の伝統的な同盟国である欧州が、中国との経済関係を拡大させ、または依存性を強めることは、米国の中国に対する立場を弱める可能性もある。このように、中国の大国外交は、米国以外の大国との関係であっても、常に米国との関係を念頭に置きつつ進められているものと考えられる。

なお、付言すれば、米国はこれまで、中国の提唱する新型大国関係に対しては、反対、賛成の立場を公式には示していない。中国の提唱には直接反応せず、中国の現実的な動きに対して現実的に対応していることとなろう。

(3) 周辺外交

中国の周辺外交は、習近平政権になって、従来の周辺各国との二国間関係を中心としたものから、主導的に周辺の国際秩序を形成しようとする能動的なものへと大きく変化した。また、周辺の概念も中国と領土・領海で直接隣接する国家だけでなく、基本的にアジア全域が周辺として意識されるようになる。

二〇一三年一〇月二四、二五日に習近平は北京で「周辺外交工作座談会」を開催した。議事は李克強首相が司会し、党中央政治局常務委員全員が出席したことからも、習近平政権がこの座談会を重視したことが窺えよう。

同座談会で習近平は、周辺外交への取組は中華民族の偉大な復興という中国の夢の実現に必要なことであるとして、次の三つのことに取り組むことを強調した。

①周辺諸国との経済的互恵関係の強化
②地域安全保障協力の推進
③周辺諸国への宣伝活動、交流の強化

このうち①の経済的互恵関係の強化は、「一帯一路」構想が重要な基礎とされている。中央アジアから南アジアそして西アジアへとつながる地域を「シルクロード経済ベルト」[255]（一帯）として利益共同体を建設し、ASEANからインド、東アフリカにまで至る地域を「二一世紀海上シルクロード」[256]（一路）として自由貿易圏等を形成して、「一帯一路」による地域経済一体化の新しい枠組を構築しようというものである。周辺諸国の中国への貿易依存度は、現在、すでに圧倒的に大きなものとなっている。「一帯一路」によって、さらに貿易自由化、経済協力の緊密化、中国資本の投下等が進めば、中国のこれら周辺諸国に対する影響力はより一層強まることとなろう。ただし、「一帯一路」は事業投資が不良債権化するなど、必ずしも順調に進んでいるわけではない。

②の地域安全保障協力の推進については、前記座談会では相互信頼等に基づく新安全保障観を堅持して周辺諸国との安全保障協力を進めるという趣旨のことが述べられただけであったが、その具体的な内容は二〇一四年五月に上海で開催されたアジア信頼醸成措置会議（ＣＩＣＡ）(257)で明らかにされることとなった。同会議で習近平は、「新アジア安全保障観」を提唱したが、それは次の四つのことを含むものであった。

その一は、米国が東アジアでとっている同盟システムへの強い批判である。安全保障は各国の制度等への相互尊重によるべきもので、第三者に対する軍事同盟は地域共同安全を損ねるとするのである。

その二は、テロリズム、分裂主義、過激主義には全く容赦しないものとし、そのための国際的、地域的協力を強化するというものである。

その三は、アジア問題への米国の介入の拒否である。アジアのことはアジア人が決めるべきことであり、アジアの安全保障もアジア人によって行われるべきものであるとする。

その四は、経済発展こそが安全保障だとするものである。地域の安全保障上の問題の解決にとっても、経済発展が重要な鍵となるとする。

以上のことから明らかなとおり、習近平の「新アジア安全保障観」は、現在の東アジアでのハブ・アンド・スポーク型システム等の安全保障の枠組を解消し、アジアの問題に米国を介入させず、経済発展等の利益で周辺国の不満を抑え、中国を中心とした新たな安全保障の枠組の構築を図ろうとするものなのである。

右記座談会の③の周辺諸国への宣伝活動等の強化は、従来行われてきたことであったが、今後の周辺外交の取組の柱の一つとして改めて取り上げられることとなった。習近平政権が周辺への宣伝活動または周辺における思想工作・世論形成をそれだけ重視しているということであろう。宣伝活動等は、マスコミ、民間外交、文化交流、教育、観光等を通じたあらゆるレベルで行われる。宣伝活動等の目標は、右記座談会での習近平の発言によれば、「対外的にわが国の内政外交方針・政策をうまく説明し、中国のことをうまく語り、中国の声をうまく伝え、中国の夢と周辺各国人民のよい暮らしへの願いや地域発展の展望をドッキングさせ、運命共同体意識の根を周辺諸国に下ろさせる」[258]ことにある。宣伝活動等を通じて中国の印象を良くし、中国が自国にとって不可欠の存在であると認識させ、周辺諸国人民による中国を中心とした運命共同体意識の醸成が狙いとされているのである。

習近平の周辺外交は、以上のとおり、経済面、安全保障面、思想面等で周辺での積極的な活動を行い、アジアで中国を中心とした新しい国際秩序を形成することを究極的な狙いとしたものである。そして、そうした新国際秩序の形成こそがまさに習近平の言う「中国の夢」なのであろう。

しかしながら、習近平の描く周辺外交の青写真は、現実には画餅的要素が極めて強い。たとえば「一帯一路」構想にしても、地域開発等の問題で周辺諸国と中国との経済的利害が必ずしも一致しているわけでなく、前述したが、投資事業が行き詰まり、投下した資金が不良債権化することも少なくない。技術導入、資源確保等についても周辺諸国は必要に応じて欧米、日本等の企業や中東その他の資源供給国に頼らざるを得ない。また、安全保障面では、中央アジア諸国は中国よりもロシアを信頼しており、米国の同盟国や南シナ海問題で中国と対立するベトナム、フィリピン等は中国の提唱する「新アジア安全保障観」には決して賛同しないだろう。「新アジア安全保障観」では、南シナ海等の中国の主張する核心的利益は完全に中国の覇権の下に置かれることが前提とされていると考えられ、関係国の明確な拒否に遭うことは必至である。さらに、思想面においても、中国の思想工作にかかわらず、中国が独裁国家で自由を抑圧している国であるという認識は拭い去ることはできず、しかも現在のような高度情報社会においては、情報を完全にコントロールすることは不可能であろう。

また、中国が進めようとしているこうした新しい国際秩序形成の動きは、米国が全く許容できないものである。米国は、第二次世界大戦後、民主主義と自由経済を指導理念として掲げ、それを世界的に普及、浸透させることによって国際秩序を形成し、維持しようとしてきた。中国の考える新しい国際秩序には必ずしもはっきりしない点も多いが、少なくともそれは中国の経済的、軍事的優勢による中国を中心とした地域国際秩序の形成が企図されていると考えられるものであり、このことは、民主主義と自由経済を基調として国際秩序を維持するという米国の立場とはおよそ相容れないものである。

換言すれば、中国は、これまで米国が指導し、維持してきた東アジアでの国際秩序に変革を迫り、これに挑戦しようとしているのであって、中国が現在の方針をこのまま推し進めようとすればいずれ米国やその同盟国との対立は避けられない。しかしながら、中国の膨張主義的な性向は、その国家としての性格に根ざすものであって、今後とも変わるものではない。習近平の中国は、そうした中国の国家的性格を明確に示しつつある。このことについて、次に述べていきたい。

二．習近平の中国と「新時代」

(1)「二つの百年」と「中国の夢」

習近平が中国共産党の新しい指導者とされたのは二〇一二年の第一八回党大会であるが、同大会では小康社会（まずまずの生活ができる社会）の達成という従来の目標が確認されるとともに、「二つの百年」という中長期の努力目標が提起された。二つの百年のうちの一つ目の百年は中国共産党成立百年に当たる二〇二一年までのものである。中国はこの段階で小康社会建設を達成し、GDPと都市・農村住民の所得を二〇一〇年比で倍増させるという。二つ目の百年は中華人民共和国成立百年を迎える二〇四九年までのものであり、この段階で中国は富強・民主・文明・調和をかなえた社会主義現代国家の建設を達成し、中等先進国の水準に達することとされた。もちろん、「二つの百年」は、中国にとって記念的な年となる百周年を迎えることに本来の意義があるのであって、まず目標ありきということではない。言うなれば、目標は、記念的な年を一定の達成感を持って迎えるためのものということとなろうが、中国にとってそれは社会主義現代国家の建設を進めて中等の先進国となること、すなわち先進国入りを果たすということである。第一八回党大会では胡錦濤の影響力が強かったためか、公表される目標も比較的穏やかなものに抑えられ、それほど野心的なものではない。

第一八回党大会の翌年の二〇一三年三月に開催された第一二回全国人民代表大会で、習近平は、「二つの百年」で目標とされている小康社会の達成と社会主義現代国家の建設と併せて、今後の目標として新たに「中国の夢」という概念を掲げた。習近平によれば「中国の夢」とは「中華民族の偉大な復興の実現」のことであり、近代以降の中華民族の一人一人が数世代にわたって待ち望んでいるものだという。(259) 習近平は「中華民族の偉大な復興」の具体的内容を明示してはいないが、まさに明清帝国の最盛期のように、領土が広く周辺領域を支配する強大な国家の復興が想定されているのであろう。

このように、中国の中長期的目標として、「二つの百年」と「中国の夢」が掲げられているが、習近平からすれば、自ら提起した「中国の夢」の実現こそがより本質的なものである。「中国の夢」という観点からすれば、「二つの百年」は「中国の夢」を実現する上での経過地点であり、または、「中国の夢」を実現するための手段ということとなろう。

「中国の夢」を掲げ、東アジアでの覇権を掌握し、さらには世界大国を建設するという習近平の野心的国家戦略は、第一九回党大会でその方向性がより明らかとなる。

(2) 習近平の「新時代」

第一九回党大会で、習近平は三時間半に及ぶ党中央委員会活動報告（政治報告）を行ったが、この報告のキーワードは「新時代の中国の特色ある社会主義」であった。この用語のうち、「中国の特色ある社会主義」とは、言うまでもなく、鄧小平の推し進めた社会主義市場経済のことであり、いわゆる鄧小平理論の内容をなすものである。習近平はこの「中国の特色ある社会主義」が「新時代」に入ったとするのである。

「新時代」に入ったという意味は、「久しく苦難をなめてきた中華民族が、立ち上がり、富むようになった時代から強くなる時代へと偉大な飛躍を迎えたということであり、中華民族の偉大な復興の実現に明るい見通しを持てる時代を迎えた」[260]ことであるという。すなわち、習近平の言う「新時代」とは、社会主義市場経済を基礎に、中国が強くなる時代なのであり、「中国の夢」が実現し得る時代だということである。ここで注意しておく必要があるのは、単に富めるだけでは「新時代」ということはできず、強くなることが「新時代」の要件とされていることである。豊かになるだけでは不十分で、強さが備わらなければならないというのである。言わば、経済大国ではだめで、軍事大国である必要があるということである。

なお、同政治報告で強調されたこの「新時代の中国の特色ある社会主義」は、第一九回党大会において、習近平思想として習近平の名が冠せられ、中国共産党規約に盛り込まれた。同規約に規定される思想に名が冠せられるのは毛沢東に次いで二人目であり、その点では鄧小平を凌駕し、このことによって習近平の権威が大きく高められたことは間違いのないところであろう。そして、習近平は「新時代」への移行を告げることによって、中国が「韜光養晦《とうこうようかい》」の鄧小平の時代と決別したことを宣言したのである。

同政治報告は、全体として「新時代」は中国が強国となる時代であるということを強く意識したものとなっており、それに即した内容が盛り込まれている。たとえば、建国百周年を迎える今世紀半ばには「富強、民主、文明、調和の美しい『社会主義現代化強国』」の建設をめざすとし、従来の「社会主義現代国家」を「社会主義現代化強国」と言い換えている。

また、中国の二〇五〇年までの長期政策について、同政治報告ではこれを二段階に分け、二〇二〇年から三五年までの第一段階は都市・農村の生活水準の差の縮小等の「人民全体の共同富裕」に向けての歩みを進め、五〇年までの第二段階では「総合的な国力と国際影響力において世界をリードする国家になる」[261]とした。習近平は、中国が二〇五〇年には米国を超える世界大国となる目標を臆面もなく宣言したのである。

そして、同政治報告では、「中国の夢と強軍の夢を実現するため、新情勢下での軍事戦略方針を制定し、全力で国防・軍隊の近代化を推進する」[262]とし、「中国の夢」の実現と軍事力強化を一体的にとらえ、「中国の夢」は軍事力によって実現されるという認識を明らかにした。習近平にとって、「中国の夢」は決して富によってではなく、力によって成し遂げられるものなのである。

三．「新時代」と中国文化

第一八回党大会直後の二〇一二年一一月二九日、習近平は「復興の道」展を見学した際、「中国の夢」に関して次のとおり述べた。

「過去を振り返ると、立ち後れれば叩かれるのであり、発展してこそ自らを強くできるということを全党同志は銘記しなければならない。現在を見極めると、道が命運を決定づけるのであり、正しい道を見出すことがどれほど難しく、われわれはこれを揺るがず歩んでいかなければならないということを全党同志は銘記しなければならない。未来を展望すると、ビジョンを現実化するにはまだ長い道程があり、われわれは長期間にわたり苦しい努力を払う必要があるということを全党同志は銘記しなければならない」[263]。

ここに流れている論理は、すなわち、中国は強くならなければならないという「力の論理」である。過去に中国が侵略を受けたのは中国が立ち遅れて弱かったためである。現在は正しい道を見出し、富強化への道を歩んでおり、この道は堅持しなければならない。そして、さらに長期間の苦しい努力を払って自分たちのめざす強大な国家を建設しなければならないというのである。

弱ければ周囲から叩かれ、強くなれば逆に周囲を威圧し自らが支配的地位に立つことができる。習近平の発想の底辺を流れるこうした露骨な「力の論理」は、現在の国際関係、国際社会のルールとは全く相容れないものであることは明らかである。現在の国際社会では、国家の大小、強弱にかかわらず各国の主権は尊重され、力による現状変更は許されない。軍事力を背景として相手国を威嚇し、譲歩を迫ることは国連憲章の明白な違反である。ところが、習近平の中国ではそうした国際社会のルールはまず顧みられることはなく、「力の論理」による支配・従属が強調される。

習近平の「新時代」は、これまで述べてきたとおり、軍事力または力によって築かれるものであり、言わば「力への信奉」とでも言うべきものが見られるが、客観的ルールよりも力による支配・従属を受け入れるという考え方は、必ずしも習近平に特有のものではなく、中国文化に根差したものであることには十分な注意が必要であろう。

「強者はおのれの欲することをなし、弱者はそれを甘受するのみ」[264]。この言葉はペロポネソス戦争を描いたツキディデスの『戦史』に記載されているものであるが、一方でこの言葉はまさに中国文化の論理を表したものとなっている。

中国社会は、第七章で述べたが、「非価値社会」であり順法意識は低く客観的な価値を尊重しない。個人間相互の信頼関係は薄く、互いに相手を疑う。したがって、中国社会では互いに相手を信用して遵守することが必要な共通の価値観や基準が形成されにくく、たとえそうしたものが形式的に作られたとしてもほとんど信用されないし、守られない。互いに、相手がそうしたものを守るとは信じていないのである。

繰り返しになるが、そのような社会では、個人間にトラブルが生じたときの解決の基準は、共通の価値観というものではあり得ず、現実にどちらが強いかということで決着せざるを得ない。強ければすべてを得るが、弱ければすべてを失う。弱い立場になると誰も助けてはくれず、ただ叩かれて潰されるだけである。中国人がメンツまたは体面を重んじるのは、常に相手または周囲との力関係を気にしているためである。メンツを失って自分が弱い立場に置かれることは絶対に拒否しようとするのである。

こうした中国社会を覆う「力の論理」は、そのまま中国の各種政策にも反映される。鄧小平の「韜《とう》光養晦《こうようかい》」の言葉も一面で「力の論理」を反映したものである。現在は力がないから相手を凌駕するような力をつけるまでは相手に潰されないように注意せよと言っているのであり、十分な力がつけば自らが支配的地位に立てばよいということを暗黙の意味として含んでいる。習近平の「新時代」は、その観点からは、中国は既に必要な力をつけてきており、これからは中国こそが他を支配する時代となったのだということを宣言したものということとなろう。

「力の論理」の下で生きる大多数の中国人にとって、習近平の「新時代」は決して違和感のあるものではない。むしろ待ち望んだものであり、まさに「中国の夢」の実現がすぐ近くに来ているという高揚感をもたらすものであろう。

ただし、その時に、中国政府、中国人には、国際社会や国際規則はまったく眼中になく、ほとんど意識もされていない。中国の東アジアでの覇権、そして世界的な覇権は、中国の力による他の支配でしかあり得ない。したがって、現在の民主主義と自由経済を基調とした世界秩序は中国の都合の良いように破壊されるほかはなく、各国の主権も尊重されることはないだろう。習近平の「中国の夢」の実現は、特に東アジア諸国にとっては、悪夢としか言いようのないものとなるのではないか。

強くなれば他を力によって支配するという性向は、本質的に膨張主義的性格を有するものであり、他の国家にとっての大きな脅威とならざるを得ない。この性向は今後とも変わることはあり得ず、しかも習近平は今世紀半ばまでの強軍化の方針を明確にしている。習近平の中国は、現在の国際社会ないし国際秩序に対する脅威であり、その脅威は今後とも高まり続けるであろう。

第十一章　南シナ海問題と中国の性格[265]

南シナ海は、東アジア諸国にとって極めて戦略性の高い海域である。南シナ海の利用、役割には、海底資源開発、漁業生産、軍事拠点化等、各種のものが考えられるが、その最大のものはやはりシーレーンとしての利用であろう。日本をはじめとする東アジア諸国の石油その他の重要物資は、その大半が南シナ海を通過する。万一南シナ海の通航が封鎖されれば、日本は言うまでもなく、東アジア諸国の経済は大きな打撃を受け、長期に及べば経済の崩壊につながろう。南シナ海問題が重視されるのは、言うまでもなく、こうした戦略的重要性を背景としているのである。

さて、南シナ海問題は、一九四五年にそれまで同海域を事実上支配していた日本が敗戦によって同海域から撤収したことに始まる。日本の撤収後ただちに中華民国がパラセル諸島（西沙諸島）等、日本が占拠していた島嶼の一部の接収に取りかかり、一方でフランス[266]やフィリピンは南シナ海の一部の島嶼の領有権の主張を始めた。一九五一年に日本はサンフランシスコ平和条約でパラセル諸島およびスプラトリー諸島（南沙諸島）に関する領有権を放棄し、これら諸島は法的にも領有国未定の地となった。現在、中国、台湾[267]、フィリピン、ブルネイ、マレーシア、ベトナムの六カ国がスプラトリー諸島の全部または一部の領有権を主張している。これらの主張は、当然ながら、相互に重複しているが、現在のところ調整、解決のメドはついていない。

本章では、こうした状況にある南シナ海での中国の行動とフィリピンとの対立、フィリピンによる対中国提訴、仲裁裁判所の判決内容と中国の対応等について、その経緯と内容を整理、分析することにより、中国の行動の特色や国家としての性格を明らかにすることに資することとしたい。

一．南シナ海での中国とフィリピンとの対立

中国は、一九五〇年五月一九日に中華人民共和国として初めてスプラトリー諸島に対する主権声明を行い(268)、一九五八年九月四日に発布した領海十二カイリ宣言では、南海諸島(269)を中国領として明記した。中国の南シナ海における主張は、南シナ海のほぼ全域を範囲とする九段線を論拠とする。九段線とは、一九四七年一二月一日に中華民国政府内政部から公布された「南海諸島新旧名称対照表」の地図に加えられた複数の段線からなるU字形の図（図11-1）のことである(270)。もともと十一段線からなっていたが、このU字形の図を受け継いだ中華人民共和国は、一九五三年に北部湾内の二段線を削除し、これ以降九段線となったものである(271)。

この後、中国の南シナ海での活動は、国内での文化大革命等の政治的混乱もあってそれほど活発ではなかったが、一九七四年にはベトナム戦争による南ベトナムの疲弊等に乗じて、南ベトナムが支配していたパラセル諸島の西半分に侵攻してパラセル諸島全部を支配下に収めた。また、一九八八年には、ベトナムの海軍力が不十分なこと等を見越してスプラトリー諸島でベトナムに海戦を仕掛け、べ

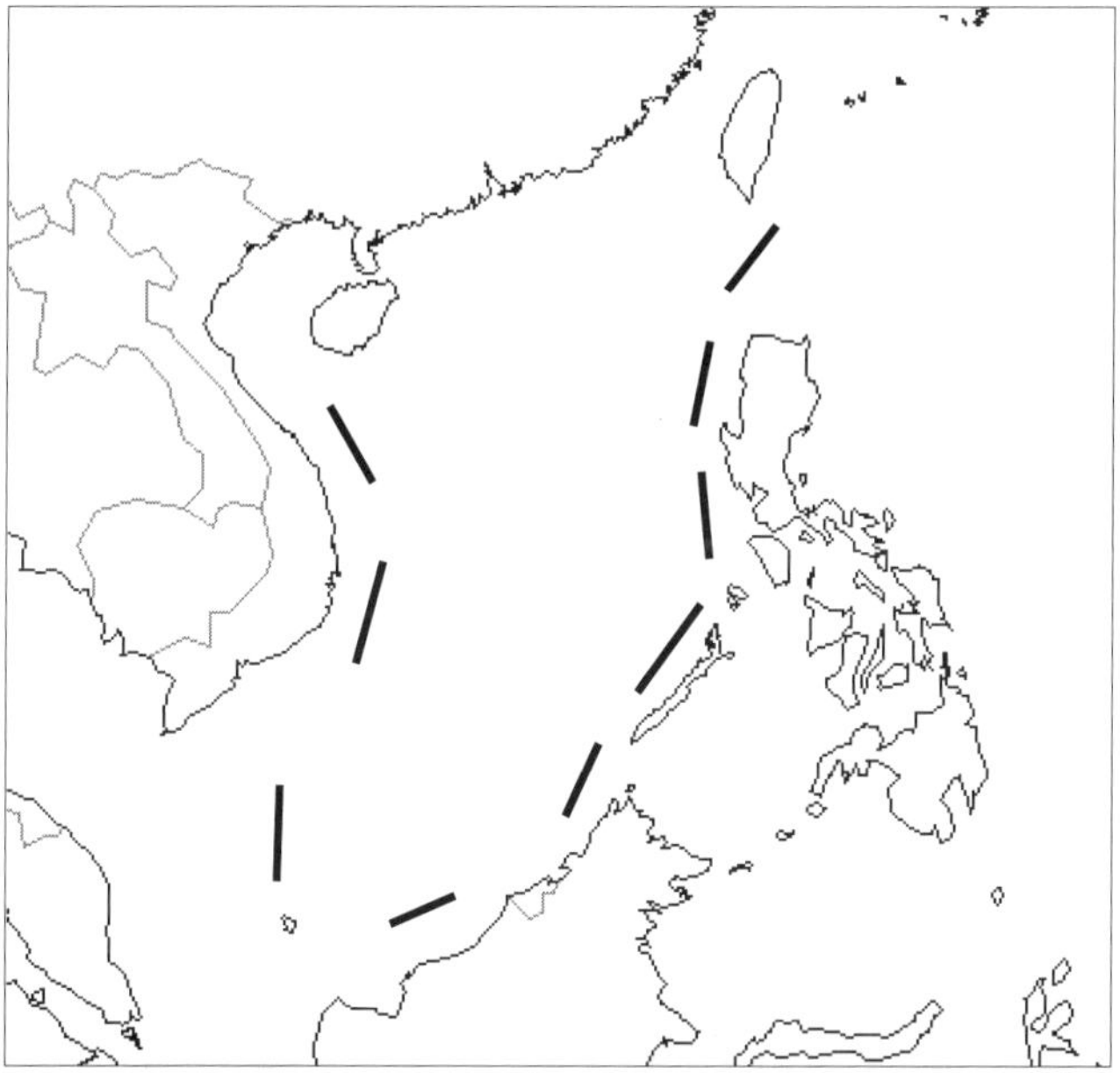

図11-1　中国の主張する九段線

トナムが支配していたジョンソン南礁（赤瓜礁）、ファイアリー・クロス礁（永暑礁）等を占拠した。次いで一九九二年には、「領海および接続水域法」（領海法）を制定し、法的にも南海諸島を中国領として規定した。

一方、フィリピンは一九四六年七月に外相声明でスプラトリー諸島を国防範囲内に編入する旨を宣言し、一九七二年にはスプラトリー諸島の一部を含むカラヤーン群島[272]をフィリピン領として併合した。カラヤーン群島についてフィリピンは、一九八七年に制定されたフィリピン群島領域境界線法においてもフィリピン領であることを改めて確認している。

中国とフィリピンとが南シナ海で激しく対立するようになるのは、

一九九五年二月にカラヤーン群島内のミスチーフ礁を中国が占拠してからである。事件は、米軍が一九九二年にフィリピンから撤退し、同地域での軍事力が低下している時期に起こった。フィリピンは、ミスチーフ礁で中国が軍事施設を建設していることを発見した後、中国にただちに抗議し、その一方でフィリピン海軍の警戒態勢を強化しつつ中国の設置した領土標識を破壊した。しかしながら、中国がこの抗議に応じることはなく、一九九六年一月にはフィリピン、中国の双方の艦船が九〇分にわたり銃撃戦を交える事態となった。ミスチーフ礁の占拠を続ける中国が、一九九八年に建造物を増設したことは両国の関係をより悪化させた。一九九九年にはフィリピン海軍艦艇と中国漁船の衝突等の事件も起こっている。現場海域は小規模な衝突や小競り合いが絶え間なく続く紛争の海域となった。

フィリピンと中国との間では、本問題の解決に向けて早くから二国間またはＡＳＥＡＮ等を通じた多国間での協議が持たれ、一九九五年には両国の共同声明で南シナ海での「行動基準の原則」が発表されているが、強制力がないため実効性がなく、十分な成果は上がらなかった。[273]

フィリピンの中国に対する不信感を決定的なものとしたのは、中国によるスカボロー礁占拠事件である。スカボロー礁はルソン島の西約二三〇キロメートルに位置し、フィリピンの排他的経済水域内にある。二〇一二年四月八日、中国漁船がスカボロー礁に入り込み、その礁湖に停泊しているところをフィリピン海軍が発見し、礁湖の入り口を封鎖した。このため、中国の海監船が現地に向かい、両国の艦船が対峙して緊張局面が続くという事態となった。事件の解決を図るため、フィリピンは同年四月一七日に中国に対して両国で国際海洋裁判所の判断を仰ぐ提案をしたが、中国はこれを拒否した。[274]本事件では、数カ月後にフィリピン艦船は悪天候を理由に撤収したが、中国艦船は付近海域での停泊を続け、スコボロー礁を引き続き占拠している。

事件発生翌年の二〇一三年一月二二日に、フィリピンが中国に対して仲裁裁判所への提訴(275)に踏み切ったのは、大要、以上のような経緯を背景としたものである。

二．南シナ海での中国の行動

中国の南シナ海での行動には、中国的ないくつかの特色があるが、その基本的な方向性は「戦略的国境」という概念に即している面があるので、まず、この「戦略的国境」という概念について説明しておきたい。

同概念は、一九八七年に退役将軍の徐光裕によって提唱されたものであり、中国の政府関係者、研究者等によって広く用いられ、特に海洋戦略で用いられることが多い。

「戦略的国境」の概念は「地理的国境」の概念と対比される。「地理的国境」は、国際法および国内法に確定された国家の領土領域のことである。「地理的国境」は、まさに一般的な国境概念ということができよう。これに対して「戦略的国境」は、国家の合法的利益と関係しつつ国家が実際にコントロールできる領域のことであり、国家の能力にしたがって変化し、「地理的国境」より大きいこともあれば小さいこともあるという(276)。

「戦略的国境」という概念は、日清戦争前に山形有朋の提唱した「利益線」と類似しているようであるが、両概念はまったく異なったものである。山形の「利益線」は、自国の安全保障上敵国の支配

表11-1　中国の南シナ海での非軍事的行動の態様

	具体的態様
非軍事的実力行使	・民間船による侵入、漁業、調査活動等の常態化。 ・公船による侵入、国家権力の行使 ・公船による他国船舶の操業妨害等、利用の排除。 ・占拠した島礁での埋立・建設活動。
国内法規の整備	・「領海および接続水域法」公布施行（1992年2月25日）。 ・三沙市設立（2012年6月21日） ・海南省漁業法実施方法第35条で南シナ海での外国漁船の操業についての許可制を規定（2014年1月1日施行）
外交交渉・圧力	・二国間では現状変更の既成事実化 多国間では平和的解決等の原則的主張 ・問題を棚上げし、共同開発 ・2002年「南シナ海行動宣言」への参加

資料：筆者作成

下に置くことは許されず、自国の勢力下に置くべき地域のことであり、安全保障という観点から限定的なものである。一方、「戦略的国境」は、国家がその能力または実力で実際に支配し得る地域のことであって、その範囲には限定がない。「国家の合法的利益と関係しつつ」という限定がなされているようであるが、合法的利益には安全保障上の利益のほか、通商上の利益、対テロ対策上の利益等、様々のものが考えられ、実質上無限定なものとなっている。すなわち、何らかの名目の下に、実力で他を排して、または圧して支配できる地域が「戦略的国境」なのであり、その範囲は国家の実力次第でどこまでも拡大し得るのである。

この「戦略的国境」という概念からすれば、中国は、現在は南シナ海でごく一部の海域をコントロールしているだけで、大変厳しい状況にあり、「戦略的国境」を九段線に一致させることが南シナ海での当面の目標とされることとなる。すなわち、九段線を前提として、国境を海上管轄区域三〇〇万㎢の縁辺にまで拡大することによって中国が獲得すべき空間が実現される[277]とするのである。

九段線に即した「戦略的国境」を実現するため、中国はあらゆる手段をとることとしており、その手段に制限を設けていない。「戦略的国境」を中国にとって望ましいものとするためには、支配地域の現状変更が必要であるが、その「現状変更にはまず〝文改〟から始め、〝武改〟の最終選択を排除しない」[278]とされている。現状変更の試みを、まず非軍事的行動から始め、最終的には軍事行動も辞さないというのである。表11-1は、南シナ海における中国の現状変更のための非軍事的行動を、態様別に整理したものである。

中国の南シナ海での非軍事的行動は、同表のとおり、「非軍事的実力行使」、「国内法規の整備」および「外交交渉・圧力」の三態様に分類される。これらはそれぞれ現状変更を企図する現地、中国国内および外交における行動に対応するものである。現実的にはこれら三態様の行動が個別に実施されるのではなく、それぞれが互いに相補いつつ、必要に応じ軍事的圧力も加え、複合的に実施されている。

一つ目の「非軍事的実力行使」は、民間船または公船による他国支配の海域への侵入等を行い、他国支配を事実上剥奪し、または他国船舶の海洋利用を排除して、自国による現場海域の実力支配を確立しようとするものである。また、占拠した島礁で施設の建設活動等を進め、支配を強化する。なお、これらの建設活動は、飛行場、港湾施設の整備等により、中国による南シナ海の軍事拠点の強化という側面を有している。こうした南シナ海での一方的な軍事力の増強につながる行為は、現状変更に向けた極めて挑発的な行為であると言わざるを得ず、関係国にとっては深刻に受け止めざるを得ないものである。

二つ目の「国内法規の整備」は、島嶼領有の明記、管轄行政庁とその管轄範囲の明文化、外国漁船への法的規制等の形をとって行われている。領海法で南海諸島の領有を規定したことは前述のとおりであり、二〇一二年に設立された三沙市の管轄範囲は、「西沙群島、中沙群島、南沙群島の島礁およびその海域」とされている。また、南シナ海で操業しようとする外国漁船は、中国の国内法規では、中国政府の許可が必要である。

三つ目の「外交交渉・圧力」では、フィリピンとのミスチーフ礁をめぐる対応でも見られたように、二国間解決を強調しつつ対話に応じさせ、それとともに各種の圧力をかけて現状変更の固定化、既成事実化を迫るという手法が多い。一方で、多国間では、協議に応じても実質的協議は避け、平和的解決等の原則的主張に終始し、具体的な義務は負わないようにするのである。なお、二〇〇二年「南シナ海行動宣言」(279)は、アセアン諸国と中国とが南シナ海で海洋法条約等を順守しつつ行動することを宣言したものであるが、強制力はなく、実効性には乏しい。

それでは、フィリピンは中国を相手に仲裁裁判所に対して何を訴えたのであろうか。

三、フィリピンの提訴の内容

国際法に基づき行われる国家間の裁判では、一般的に、紛争当事国の両国が提訴に賛成するのでなければ、裁判手続きを始めることができない。国内と異なり、一方当事者の提訴があれば、相手方がそれに応訴するしないにかかわらず裁判手続きを開始することができるとする強制管轄規定が設けられていないためである。このため、たとえば、日本が竹島問題で韓国を提訴しても韓国が裁判に応じなければ裁判は成立しない。ところが、海洋法条約ではその第二八七条第五項（具体的手続きは付属書Ⅶ）に、海洋法条約の解釈または適用に関する案件に限られるが、相手方の同意の有無にかかわ

表11-2　フィリピンの提訴の主な内容

類型	裁定請求の具体的内容
無効宣言(九段線)	九段線に基づく中国の主張は海洋法条約に違反して無効であることを宣言する。
低潮高地における中国の占拠・建設活動の違法性の宣言、停止。	中国が占拠して建設活動を続けているミスチーフ礁、マッケナン礁、ガベン礁およびスビ礁は海面下の地形(低潮高地)であり、そのうちミスチーフ礁およびマッケナン礁はフィリピンの大陸棚の一部であるのでフィリピンの主権的権利を侵害している。また、ガベン礁およびスビ礁は中国の大陸棚にはなく、不法行為である。
海洋法条約上の「岩」での中国の排他的経済水域主張の違法性の宣言、停止。	中国が占拠し排他的経済水域を主張しているスカボロー礁、ジョンソン礁、カテロン礁およびフィアリ・クロス礁は海洋法条約上の「岩」であり、排他的経済水域を持たない。しかも、スカボロー礁およびジョンソン礁はフィリピンの排他的経済水域内にあり、中国はフィリピンの生物資源利用を妨げている。
中国の違法な諸活動の停止	中国がフィリピンの排他的経済水域・大陸棚で不法な権利の主張、利用を行い、フィリピンの利用を妨害していること、中国の埋立・建設活動が環境法規に違反していること、中国の官船が危険な操船を行っていること等を宣言し、中国がこれらの不法行為をやめるよう求める。

資料：フィリピンの提訴文書を基に筆者作成。

らず一方当事者の要請で裁判が開始される強制管轄規定が設けられている。フィリピンはこの規定を利用して、中国を相手方としてオランダ・ハーグにある仲裁裁判所に提訴したのである。

フィリピンの提訴の主な内容は表11－2のとおりである。同表では、裁定請求の内容を四つの類型に区分して整理した。

一つ目の類型は、南シナ海における中国の九段線の主張は法的に無効であるとの宣言を求めるというものであり、今回の裁定請求の最大の眼目と言っていいものである。中国のこれまでの南シナ海での非軍事的実力行使や権利の主張は、基本的に九段線を論拠として行われてきた。もし、九段線の主張が国際法上何の根拠もなく、海洋法条約に違反する無効なものであることが確定すれば、中国が南シナ海で行っている各種の行動はその法的根拠を失うこととなる。

二つ目の類型は、低潮高地に関するものである。

低潮高地とは高潮時には海面下に隠れる海底地形のことであり、海洋法条約上、陸地とは見なされず海面として扱われる。中国が占拠して埋立等の建設活動を続けているミスチーフ礁、マッケナン礁、ガベン礁およびスビ礁はこの低潮高地に属する。このうち、ミスチーフ礁およびマッケナン礁はフィリピンの大陸棚に含まれているので、中国の占拠行為等はフィリピンの主権的権利を侵害している。また、ガベン礁およびスビ礁は中国の大陸棚になく、公海にあるものなので、これらを占拠し、建設工事を行うことはやはり不法行為である。したがって、中国のこれらの行為の違法性を宣言し、その停止を求めるというものである。

三つ目の類型は、海洋法条約上の「岩」に関するものである。高潮時に海面下に沈まない部分がある地形であっても、その部分だけでは人間の居住又は独自の経済的生活を維持することができない場合は、その地形は「岩」とされ、領海十二カイリだけは認められるが、排他的経済水域や大陸棚は持たない。中国が占拠しているスカボロー礁、ジョンソン礁、カテロン礁およびフィアリ・クロス礁はこの海洋法条約上の「岩」であるが、中国は排他的経済水域を主張している。しかも、スカボロー礁およびジョンソン礁はフィリピンの排他的経済水域内にあるにもかかわらず、中国はこれらの海域でフィリピンが生物資源を利用しようとするのを妨害している。これらの中国の主張、行為は違法であるので、その旨を宣言し、こうした行為の停止を求めるというものである。

四つ目の類型は、中国の違法な諸活動の停止を求めるというものである。中国の違法な諸活動の内容として、たとえば、①フィリピンの排他的経済水域・大陸棚で不法な主張、利用を行い、一方でフィリピンが同海域で資源を利用したり船舶を航行させたりするのを妨害していること、②中国の占拠する海域での埋立・建設活動は環境法規に違反していること、③中国の官船がフィリピンの船舶に対して危険な操船を行っていること等が指摘されている。これらの行為の違法性を宣言し、その停止を求めるというものである。

今回のフィリピンの提訴の主な内容は以上のとおりであり、全体として、自国の権利の救済という点だけでなく、中国の南シナ海における国際秩序を無視した横暴な振舞い、無法ぶりを法的観点から的確に訴えた内容となっていると言えるだろう。とりわけ、中国が南シナ海における行為の正当性を主張する上で重要な論拠としてきた九段線の違法性が認められれば、中国はこれまでのように振る舞うことが難しくなる。フィリピンの今回の提訴は、今後における南シナ海の法的秩序を維持し、中国を交えた南シナ海での平和的な紛争解決のあり方にも影響を与えることが期待されるものであった。

四．仲裁裁判の経緯と判決の主な内容

(1)　経緯

フィリピンが中国を相手に提訴したのは、前述のとおり、二〇一三年一月二二日であったが、同年二月一九日に中国はフィリピンの通告書の受領を拒否し、中国が南海諸島の主権を有していると主張する口上書を提出した。また、仲裁裁判（仲裁人五人）では、当事国はそれぞれ仲裁人一人を一定期間内に指名することとなっているが、中国はその指名を行わなかった。[280] さらに、中国は、同年八月一日に常設仲裁裁判所（ＰＣＡ）に宛てた口上書で、「フィリピンの申し立てによる仲裁を受け入れ

ないとの立場」を改めて表明した。

このように、中国が仲裁裁判所へのフィリピンの提訴に応じないことは確実であったが、前述のとおり、海洋法条約には一方の当事国が提訴に応じなくても裁判手続きを開始することができる強制管轄規定が設けられている。したがって、この規定に基づき仲裁裁判は開始され、中国が欠席したまま、一方当事国のフィリピンとのやり取りの中で必要な手続きが進められた。

二〇一五年七月七日から行われた当事国からのヒアリングでは、フィリピンは総代表弁護士のほか、外務大臣、法務大臣、国防大臣、最高裁裁判官、国会議員、大使等を含む約六〇人の代表団を派遣している。フィリピンがこの裁判に国家を挙げて、まさに国運を賭して臨んでいたことが窺えよう。

一方で中国は、裁判手続きの中ではないが、これに先立つ二〇一四年一二月四日にポジション・ペーパーを仲裁裁判所に送付し、今回の紛争は領土主権の問題であって海洋法条約の問題ではないので仲裁裁判所には管轄権がないと主張していた。仲裁裁判所は、この管轄権に関する問題について所要の審査を行った上で二〇一五年一〇月二九日に裁定を下し、仲裁裁判所が今回のフィリピンの提訴に基本的に管轄権を有していることを認め、中国の主張を退けた。

こうした経緯を経て、フィリピンの提訴に対して仲裁裁判所が判決を下したのは二〇一六年七月一二日のことである。

(2) 判決の主な内容

判決は、フィリピンの主張を原則として受け入れ、フィリピンのほぼ全面的勝利と言える内容となった。その主な内容は次のとおりである。

①九段線の法的無効

中国の主張する九段線は、国際法上、無効である。中国は、九段線内の海域を古くから利用してきたとしてその歴史的権利を主張しているが、これらは中国がこの海域に有効に国家権力を行使してきたという証拠を示すものでなく、中国に何らの法的効果ないし法的権利をもたらすものではない[281]。

②スプラトリー諸島の島の地位（低潮高地と海洋法条約上の「岩」）

ミスチーフ礁、マッケナン礁、ガベン礁およびスビ礁は低潮高地であり、中国の主張、行為は違法である。また、スカボロー礁、ジョンソン礁、カテロン礁およびフィアリ・クロス礁は海洋法条約上の「岩」であり、中国の主張、行為はやはり違法である。なお、スプラトリー諸島の島礁はいずれも共同体が他からの支援なく安定的に居住できるものとは言えず、ある程度大きなものであってもやはり「岩」であり、排他的経済水域および大陸棚を有する「島」としての地位を有していない[282]。

③中国の行為の違法性

中国がフィリピンの排他的経済水域内でフィリピンの行う漁業活動、石油開発等を妨害しているのは違法であること、中国の大規模な人工島建設がサンゴ礁等の環境に深刻な被害をもたらしており環境法規に違反していること、中国の官船の危険な操船は海上交通に関する国際条約に違反していること等を認める。

このように、判決結果は総じて中国に対して厳しいものとなっており、特に九段線の法的無効が宣言されたことは、中国の南シナ海での今後の戦略に影響を及ぼさずにはおかないのではないかと見られるものである。

また、スプラトリー諸島では排他的経済水域を主張し得る「島」が存在しないとされたことは、同諸島の一部の島の領有を根拠としてそこを拠点に排他的経済水域を主張し得る国家は存在しないということであり、今後の南シナ海の海域の利用調整のあり方に大きな変更をもたらすものである。すなわち、スプラトリー諸島の海域は、一部の「岩」を除き、実質的に全面が海面としての扱いとなり、周辺各国はそれぞれの排他的経済水域または大陸棚の範囲で利用調整を行うだけとなる。もし、中国を含めた関係国が判決結果を尊重するのであれば、その方向での利用調整が今後行われることとならなければならない。

ところが、この判決に対する中国の対応は、まさに「中国的」というべきものであり、どこまでも判決を無視しようとするものであった。

五．判決への中国の対応と国家的性格

今回の提訴は、これまで述べてきたとおり、国連海洋法条約第二八七条第五項および付属書Ⅶの

規定に基づき、まったく合法的な法手続きに則って行われている。そうした中で示された仲裁裁判所の判断であり、中国は同条約の締約国（一九九六年六月七日批准）として当然に同判断を尊重し、それに従うべき義務を負っている。もし、同判断に従うことができないのであれば、締約国の義務を履行できないとして同条約から脱退するべきであろう。

ところが、中国はこの判決に対して、これに従わず、しかも同条約から脱退もせず、まったく特異とでも言うべき行動をとった。ここでは、こうした中国の同判決への対応から中国的と見られる五つの要素を取り出して検討し、中国の国家的性格を見ていくこととしたい。

まず、第一の要素は、本来のルールとは別のルールを作り上げ、それによって自己の正当化を図ること、すなわち、ダブルスタンダードを利用することである。中国は仲裁裁判所の判決の翌日の七月一三日に「中国は中比間の南シナ海での紛争を、協議を通じて解決することを堅持する」と題する白書を発表した。同白書では、中国は南シナ海で争いのない歴史的権利を有していると述べた上で、その白書の題名のごとく、中比間の問題は二国間での協議を通じて解決することが適当であり、本来のあり方であると主張する。すなわち、海洋法条約で認められた仲裁裁判所を利用した解決でなく、二国間協議での解決という方式を持ち出し、そちらこそが本来のもので、中国はその方式での解決を望んでいると述べる。そして、二国間協議での解決はフィリピンの約束していたところであり、中国とＡＳＥＡＮ諸国とで合意された前述の二〇〇二年「南シナ海行動宣言」の趣旨にも合致しているところだとする。今回のフィリピンの提訴はそうした経緯を無視したもので、しかも国連海洋法条約締約国としての中国の紛争解決方式選択の自由を侵害しているとして、フィリピンを強く非難し、判決とは別に、二国間協議というダブルスタンダードを利用することにより自己の正当性を主張するのである。これとともに、二国だけの協議に妨げとなるような日本、米国等の南シナ海問題への関与には強く反対し、これを排除しようとする。

第二の要素は、国際的な宣伝戦を展開し、数の力を頼み、自己に有利な国際世論を形成しようとすることである。中国は右記白書を八カ国語に翻訳して出版し、国際社会での宣伝用資料として利用することとした。また、中国国務院新聞弁公室報道官は、判決の翌日には早くも七〇カ国以上の政府のほか、世界の二三〇以上の政党・政治組織が中国の立場に支持を表明したと主張している(283)。数を強調するのは、内容の是非よりも数の力を信奉しているからであろう。これとともに、中国に有利な見解を持つ外国の専門家の発言、論稿等を人民日報等に連日搭載し、判決の批判を行っている。これらは、専門家の見解としてどこまで客観性があるのかという疑問もあるが、国際世論の形成に一定の影響力を及ぼすことができると考えているのである。

第三の要素は、自己に不利なルールは最初からルールに従わず、一方で、その結果を無視し、または批判することである。中国は二〇一三年二月、前述のとおり、フィリピンに対して中国の立場を説明した口上書を提出し、フィリピンの通告書についてはその受領を拒否して返還した。このことは国連海洋法条約の規定に従って行われたフィリピンの行為を無視し、同条約の規定には従わないという意図を表明したものであり、もとよりルール違反である。仲裁裁判所で法的に争っても勝てる見込みはなく、得られるものはないということであろう。

このときに、中国がこの口上書で、争いの原因を作ったのはフィリピンであり、フィリピンがスプラトリー諸島の一部島礁を不法に占拠したことが紛争の原因であると決めつけ、非難していることには注意を要する。自己がルールに従わないだけでなく、そのルールが自己に不利なものだと思えば、そのルールを適用しようとする相手方、すなわち正当な権利を行使しようとする相手方を敵視し、または憎み、激しく攻撃するのである。

また、中国は、当時の海洋裁判所の所長が日本人であったため、仲裁裁判の仲裁人五人の人選が適正なものでなかったと非難するが、そもそも中国はフィリピンと同じく仲裁人一人を選ぶ権限があったにもかかわらず自らその権限を拒否している。自らルールを無視しておきながら、ルールに従ってなされたことを受け入れず誹謗する。そして、仲裁裁判所による仲裁については政治的茶番劇であると言いつのり、示された判決については紙くずにすぎないと否定しさるのである。

第四の要素は、裏で当事者の分断を図り、結果に影響を与えようとすることである。中国は仲裁裁判所長に個別に接触を図り、圧力につながる行為を続けていた。(284) 仲裁裁判所は、前述のとおり、二〇一五年一〇月二九日に提訴の管轄権を認める裁定を下しているが、その裁定文の中でこのことについて触れ、立場の主張は裁判所の全員と先方当事者にも表明されるべきだとの指摘を行っている。まさに正当な指摘であるが、正々堂々とは争わず裏面で当事者分断等の工作を行い、結果を変えようとするのが中国の手法なのである。

第五の要素は、自己の主張を押し通すため、力によって既成事実を積み重ねることである。中国は今回の判決で、埋立て工事がフィリピンの排他的経済水域に関する権利を侵害して違法だと指摘されてもそのまま工事を続行し、しかも判決の翌日に人工島の新設空港で民間航空機の離発着試験を実施した。また、習近平は判決の公表に合わせて人民解放軍に開戦準備を下令し、戦争を敢えて辞することなく南シナ海での中国の権利を守りぬくよう求めた[285]。さらに二〇一六年八月二日には中国最高人民法院が南シナ海を含めた中国管轄海域で司法権を行使することを宣言した。こうした既成事実を積み重ねることによって、判決内容にかかわらず、自己の主張する状態を力ずくで実現させ、それを維持し得る実力があることを内外に誇示しようとしているのである。

以上、今回の仲裁裁判所の判決に対する中国の対応の中から五つの要素を取り出してその特徴を見てきたが、これらはいずれも中国が他者と共通の客観的ルールを受け入れることができない国であることを示している。他者と利害が対立するような案件が生じたときに、それを平和的に解決するためには、他者と共通のルールを尊重し、他者とともにそのルールに従うことが必要である。国連憲章をはじめとして、多数の国際条約が締結されているのはそのためであり、海洋法条約もともよりその一つである。ところが、中国はこうした共通のルールの意義を理解できず、それを信じることもできない。

中国が見えているのはこれらのルールが自国にとって都合がいいかどうかであり、あくまで自己の利益が中国の世界である。自己の外にある客観的存在やルールは認められないし、顧みられることもない。ダブルスタンダードを都合のいいように作り上げ、黒を白と言いくるめるような強力な宣伝活動を行い、自分の都合の悪いルールは認めず、正面では争わずに裏での分断工作を行い、実力を行使して既成事実を押し付けるのはまさにそうした国家的性格を反映したものであろう。

この仲裁裁判所の判決の公表後も中国は南シナ海での不法な島礁の占拠と建設活動を継続し、現在では軍事利用可能な複数の大型空港がほぼ完成して、南シナ海での深刻な軍事的脅威となりつつあることはよく知られているところである。しかしながら、国際社会は、現在のところ、こういう状況に有効に対処できていない。

国際ルールを信じることができないし守りもしない、ダブルスタンダードを臆面もなく利用して相手方にこれを強要する。このような国家が強力なパワーを有するようになれば、世界はふたたび弱肉強食の状況へと逆戻りするほかはない。こうした国家に世界はどのように対処するのか、今、世界はこの問題を突きつけられているのである。

終章　中国とどう向き合うか

本書では、これまで、中国の文化、社会の本質を主に日本との比較で明らかにするとともに、戦前の日中関係の特色を整理、考察し、また、世界的な脅威となりつつある現在の中国の動向について述べてきた。それでは、こうした中国に今後どう向き合うべきなのだろうか。このことを検討するに当たって、図終-1によって、現在の中国の体制の特色を改めて見ておくこととしたい。

現在の中国では、周知のとおり、中国共産党による一党独裁の体制がとられている。政府は共産党と一体であり、行政、立法、司法の官署はあるものの、権力は全て共産党に吸収され、独立性を有していない。そして、その権力を武力で支えているのが人民解放軍である。人民解放軍は、中国の国軍ではなく共産党の軍隊であり、外敵だけでなく国内の共産党の敵対勢力に対する壊滅、弾圧も重要な任務である。共産党は人民解放軍の武力や強力な警察力を背景として国内を治めているが、その至高の目的は共産党の存続と繁栄である。中国の国家としての発展ももちろん目的とされるが、それは究極的には共産党の繁栄をもたらすものでなければならない。共産党が下野するような政策は、いかに中国が国家として発展するものであっても、考慮の外である。したがって、中国国内の経済政策および社会政策においてもこうした考えが反映される。

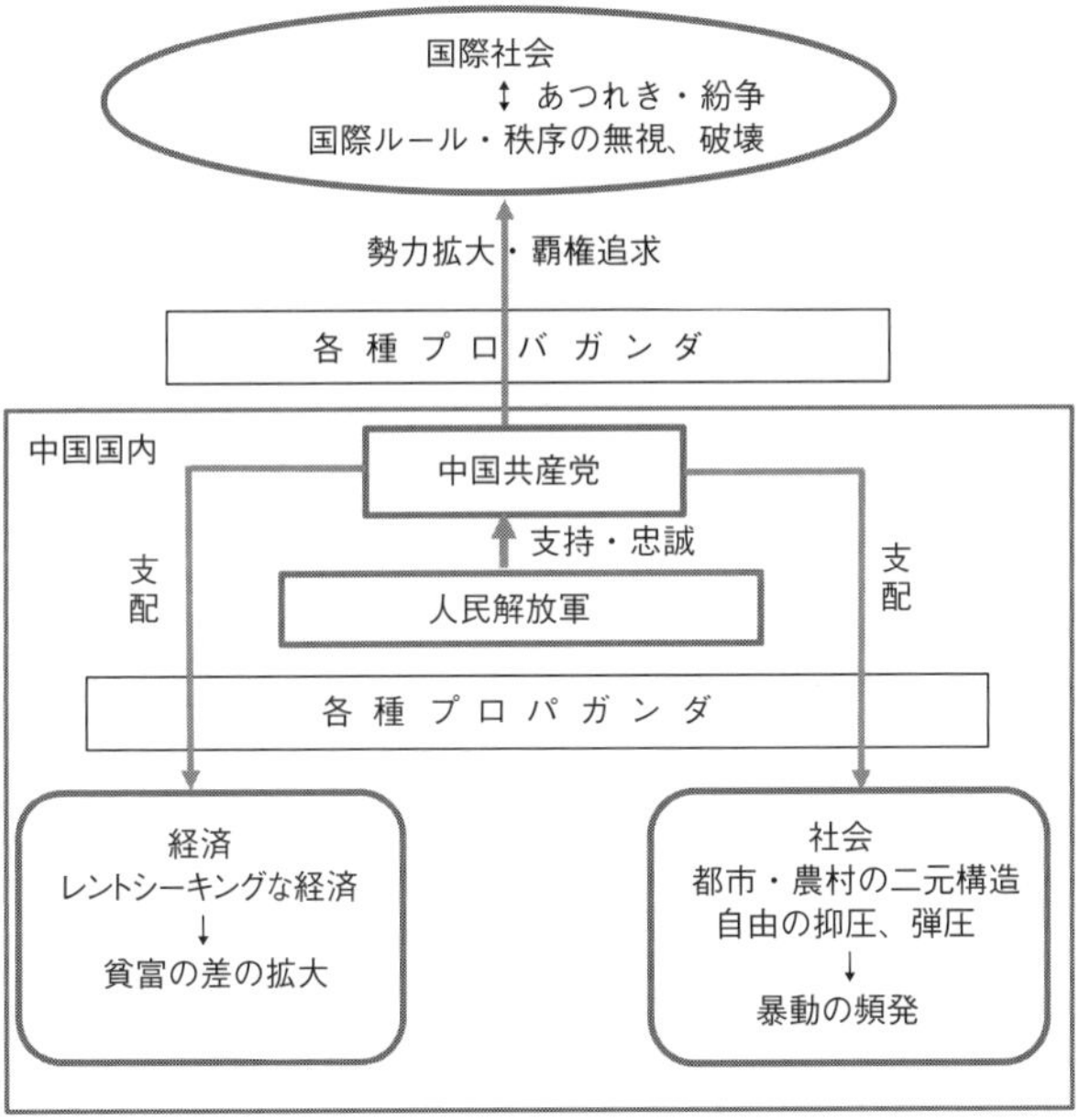

図終-1　現在の中国の体制

中国の経済は、国有企業等の特定の企業が優先され、利益が一部の企業に集中するレントシーキングな経済である。レントシーキングとは、経済制度、政策等を特定の企業に都合よく規制したり、変更して、超過利潤（レント）を得ることをいう。中国では、各地域で、絶対的な権力を持つ共産党関係者が企業関係者と癒着してこうした行為を行っており、中国は決して自由で公正な市場ではない。外国企業がこれに反発して法に基づき裁判所に訴えても、裁判所は実質的に共産党の下部機関であり、裁判に勝てる見込みはほぼ皆無に近い。こうした一部の者に利益が集中する経済では、当然ながら貧富の格差は拡大し、社会の貧困層の不満は増大する。

一方、中国の社会は都市、農村の二元化政策がとられており、農民（戸籍で都市籍を有しない者）は身分差別的な差別を受けている。農民であるという理由で、都市への移住は制限され（都市に出ても教育、医療等の満足な社会的サービスは受けられない）、企業では賃金が都市住民とは区別され低く抑えられる。都市住民と農民との所得格差は約三倍にもなる。民主国家ではこうした政策はあり得ないことであるが、中国ではこれによって中国企業の競争力が維持され、共産党（および党員）が潤うことから、現在でもこの政策は維持されている。また、共産党の独裁体制を脅かす恐れのある民主化運動に対しては徹底した抑圧、弾圧政策がとられている。特に習近平政権になってからはこの弾圧政策が強化され、共産党政権の批判につながるような言説は、インターネット上においても厳しい取締りが行われている。ただし、こうした中で、各地で現状に不満を持つ住民の暴動が頻発するようになっており、暴動件数は年間で数十万件にも及ぶとされる。暴動の理由は、環境悪化、土地取上げ、賃金未払等、多様である。中国では、前述のとおり裁判所に訴えても意味はなく、勢い暴動に及ぶということになるのであるが、中国各地で住民の不満が渦巻いているのである。

こうした経済、社会の矛盾を覆い隠し、国内統治を安定させるために用いられている手法が強力なプロパガンダである。共産党の政策は正しく、中国がここまで発展したのは共産党のおかげであるというようなことが、虚実織り交ぜてあらゆるメディアを通じて繰り返し国民に刷り込まれる。もちろん、中国のメディアはすべて共産党のコントロール下にある。もともと嘘をつくことに抵抗感が少ない文化が背景となっているせいか、中国のプロパガンダは極めて巧妙で、しかも徹底している。天安門事件に関する取扱いがそのいい例であろう。犠牲者数が一万人にも及ぶ[286]という大事件が中国国内ではまったく話題にもされず、なかったことにされているのである。

ところで、このように強力な一党独裁体制を敷いている共産党を組織として結合させている組織原理はどのようものだろうか。組織原理を正統性、利益および威嚇の三要素の組合せとして考えれば、まず、共産党組織が伝統的価値や民主的選挙といった正統性に欠けることは明らかであろう。第四章の都市の団体の組織原理で述べたように、中国の団体は、一般的に、構成員各個人の利益ないし権益の保護を重視し、そのために構成員の団体規約違反行為に対しては厳しい私的制裁措置を課すという性格を強く有している。何らかの正統性を有して各構成員の内面的支持を結合原理とするような組織ではなく、利益による結束・協調と、威嚇による従属・服従とが組織の主たる結合原理なのである。こうした団体は、中国の秘密結社も同様であるが、組織内部では各個人が自己の利益の拡大をめざして互いに闘争を繰り広げるが、組織外部に対しては自らの既得権益を確保し、さらに拡張するために強い結束力を示す。言うまでもなく、中国の共産党も、こうした中国の団体が持つ性格を強く有している。

共産党の政策は、基本的に、共産党の支配する範囲と権益を拡大し、そのことを通じてその個々の構成員（共産党員）の欲望を満たす方向に向けられている。先ほど紹介した中国の経済政策と社会政策にもそうした性格がよく示されていよう。共産党員、とりわけその幹部の利益がまず優先され、その他の者の利益や権利についてはほとんど顧みられることがない。そして、そうした自分たちの利益や欲望の実現のために、共産党の支配する範囲を拡大していこうとする性向は、対外政策にも反映されるのである。

対外政策では、中国で共産党は独裁支配を行う政権党であるため、共産党の対外に関する意向や考え方がそのまま中国国家としての外交方針や外交政策となる。第十章では、習近平の「新時代」は「力の論理」が支配的論理となっており、そのことは中国の文化・社会を背景としていることを述べたが、「力の論理」はまさに共産党の性格そのものと考えてもよいだろう。自分たちに力がつけば、その力に応じて徐々に支配範囲・地域を拡大し、自分たちのより大きな欲望を満足させ、またはより大きな利得を得ようとするのである。中国が常に対外的には勢力拡大をめざし、または覇権を追求するのは、まさにこうした「力の論理」に基づいて、欲望を満足させんとするがためである。第十一章で「戦略的国境」の概念の説明の際に述べたが、中国の支配地域の拡大は、必ずしも自国の安全保障のためといった抑制的なものに限られず、その範囲に実質上限定がないのも、こうした「力の論理」が背景となっているためであろう。支配範囲・地域の拡大が、欲望の満足を動機とする限り、その範囲は無制限であり、その行き着く先は世界征服でしかない。

また、ルールや合意を軽視もしくは無視する中国の文化・社会の性格は、対外政策にもそのまま投影される。そして、自国の力が相手国または関係国よりも上回ると見られるところでは、相手国の権利や既存の秩序は無視され、または破壊される。このことは、第十一章で述べた中国の仲裁裁判所判決に対する対応にすでに表れていると言えよう。

もちろん、現状を変更しようとする中国の勢力拡大行為や、国際ルールを無視した行為は、関係国とのあつれきや紛争を生じさせ、また、国際社会からの批判もあることから、中国のこうした行為が必ずしも中国側の意図したとおり進んでいるわけでもなく、しかも、中国は現在のところそこまで強大でもない。ただし、ここで注意しなければならないのは、中国のプロパガンダ活動であろう。国内と同様、中国は対外的にも自国の行為の正当性、役割の重要性等を強調したプロパガンダを恐らくどの国よりも強力に展開している。しかもその方法は、内容の巧妙さだけでなく、各種手段を駆使して関係国要人、関係国際機関、関係民間団体等への浸透、取込み等を図り、極めて巧みである。うっかりすると中国のプロパガンダ活動によって国際世論が変わっていたということにもなりかねない。中国のプロパガンダ活動には十分に注意を払い、相応の予防、防御措置を講じていくことが必要である。

以上のとおり、中国は膨張主義的な衝動を常に有していること、国際ルールは無視して自己の都合のいいように改変しようとすることといった国家的性格を有するため、関係国とのあつれきを起こし、また、国際社会の重大の脅威となりつつある国家であるが、こうした国家に隣国である日本はどのように向き合うのか。

まず考えておかなければならないことは、日本と中国は、過去もそうであったが、現在においても互いに信頼関係にないということである。したがって、日中は、現在、決して真の友好国ではなく、また近い将来においても友好国とはなれないだろう。友好国として安定した関係を築くためには、利害関係だけにとらわれない一定の共通した価値観を有し、相互に信頼関係があることが必要である。ところが、現在の日本と中国にはそうした共通の価値観はなく、信頼関係も欠如している。そもそも中国は、本書で述べてきたとおり、他国と共通の価値観を共有、尊重しようとする意識、文化に欠けている。

したがって、今後の日中関係は、単に利害に基づくいわば表面的な交流でしかあり得ず、それ以上のものはなく、また期待すべきでもないということとなる。双方の利害が一致すれば関係は良好となるが、利害が反すれば関係は悪化する。かつて「日中友好」が叫ばれた時期があり、中国側も熱心にそれを謳っていたが、それは中国が日本の経済協力を必要とし、利害が一致していた故である。中国が経済的実力をつけるにしたがって、いつの間にか「日中友好」は雲散霧消し、今では誰も言わなくなった。日中間の「友好」がいかに底の浅いものかを示す事実である。

こうした中国に対しては、是々非々で毅然として対応することがとるべき基本的な態度であり、また唯一のものであろう。中国との関係は、基本的に、その場その場の利害関係であり、その時々に適切に処理をしていくほかはない。とりわけ、「中国に恩を売ることの愚」は絶対に避けなければならない。日本人はややもすれば、ここで恩を売っておけばいずれ見返りがあるだろうと考え、妥協を考えがちである。そして、中国に恩を売っておくことを献言する者もいるがこの対応は好ましいものではない。中国側は、こうした対応を日本側の弱さとしか見ないだろう。何の見返りもなくこうしたことを繰り返せば、日本の立場は悪くなる一方である。安易な妥協は決して行わないことである。

これと併せて、中国は力関係の変化に応じて態度を変える国であるということにも十分な留意が必要である。きょうの中国の態度は、決して明日の中国の態度ではない。このことは官民を問わず同じであって、たとえば中国に進出した企業が十分な技術力・資本力を有して中国側が裨益する立場にあるときは大事にされるが、中国にのめり込んで経営基盤を中国に移したりすると、中国の政策いかんが当該企業の経営に直接の影響を与えることとなることから、中国はこれを弱みと見なして無理難題をふっかけるというようなことが起こる。中国に対しては一定の距離を保ち、決して弱い立場にならないようにすることが重要なのである。

また、国際秩序を踏みにじり、世界的な脅威となりつつある中国に対して、日本は米国をはじめ、オーストラリア、インド、西欧諸国等との民主的価値観を共有する国との連携を強め、長期にわたることは十分に覚悟の上で、膨張主義的性格を顕わにしつつある中国と対峙・対抗し、抑止を図っていくほかはない。対峙・対抗は軍事面と経済面が中心となるが、いずれも封じ込め的性格を帯びたものとなろう。最近、中国は米国の軍事戦略等に対して、「冷戦的思考の産物」といったような表現で批判することが多いが、これは、米国の政策が冷戦時代のように再び封じ込め的なものとなることを恐れているのである。

中国の膨張を抑止できず、支配地域の拡大、そして覇権を許せば、世界は近代以前のような人権と自由がない抑圧の時代を迎えることとなろう。抑止の失敗は許されず、世界が抑圧の恐怖から逃れるためには、たとえどれだけ長期になろうとも中国との対峙・対抗を続けていくほかはない。そして、日本はその対峙・対抗の最前線に位置しているのであり、日本の果たす役割は世界史的に決定的に重要である。

双方の滅亡が予想される戦争による解決を避け、しかも人類が獲得してきた自由と人権を確保しようというのであれば、解決策は中国の民主化をおいて他にない。しかし、中国が民主化するというようなことがあるのだろうか。

これまで述べてきたとおり、日本の文化は、話合いを重視し、「和」の精神を尊ぶことから民主主義に親和的であり、民主国家への移行は比較的スムーズであった。ところが、中国の文化は、「力の論理」が重視され、ルールも尊ばれないことから民主主義には非親和的である。したがって、よほど大きな社会的衝撃や変革が起こらなければ、中国が民主的体制に移行するようなことはないだろう。単にある程度豊かな中産階級的な人口が増えたから体制変革が起こるというものではない。ある程度豊かな人々は、基本的に、共産党独裁体制の恩恵を受けており、体制を変革しようとするような意図は有していない。

しかしながら、ここで注目しておきたいのは、「絶対的権力は絶対に腐敗する」という格言である。中国国内で、共産党は一党独裁体制の下に絶対的権力として君臨しているが、その腐敗の弊害は、前述のとおり、その経済政策および社会政策においてもすでに顕著に表れており、農民等の社会的下層では現在の境遇への不満が渦巻いている。習近平政権は、こうした権力の腐敗に危機意識を感じ、腐敗撲滅活動を鋭意進めているが、政敵の追い落としが重要な目標とされ、習近平の身内は摘発されないなど、ダブルスタンダードのものとなっており、腐敗の進行をとどめることはできないだろう。

中国経済は、前述のとおりレントシーキングなもので富や資源が偏在しており、民主国家の経済のように自由に経済活動が行われていないことから、経済は非効率的である。したがって、民主国家との長期の経済的競争には勝つことができず、次第にその限界が明らかとなってこよう。現在は高い経済成長で下層民の不満をそらし、共産党への忠誠を何とか維持しているが、今後、経済が行き詰まり、しかも腐敗が深刻化すれば下層民の不満が爆発し、中国はどの地域もほぼ同じ状況に置かれていることから、その炎が一気に中国全土に広がるということも考えられないことではない。そのときに中国の民主化を適切に指導する組織やグループがあれば、中国の民主化は実現しよう。ただし、民主化を主張する者は中国当局の徹底的な弾圧を受け、民主化グループは、現在、ほとんど壊滅状態だと言われる。しかし、それでも民主化を主張する者はしかるべき時期が来れば現れよう。中国の文化は民主主義に非親和的であるが、もちろんこれは文化、社会のレベルのことであって、全ての個人がそうだというわけではない。民主主義に理解を示し、自由を熱望する中国人も少なくはないのである。

これは一つのシナリオにすぎないが、日本および民主世界は、こうしたシナリオやいろいろなバリエーションを想定しながら、これから長期にわたって中国との対峙・対抗を続け、その一方で中国の民主化を促していくということとなろう。

日中文化の衝突は続いている。そしてその衝突は長期にわたるものである。しかしながら、カントの主張[287]のとおり、世界平和への道は、現実的には、まず各国がそれぞれ民主的政府を組織し、その民主的政府による連合体を形成していくほかにはない。将来において、中国が多党制の下での民主化を成し遂げ、日中が真に平和的に共存できる時代が来ることを心から願うものである。

あとがき

筆者は、一九九五年から九八年までの三年間、北京の日本大使館に農林水産担当の参事官として勤務していた。北京での駐在中、同じく北京に駐在している多くの分野の日本の方と話をさせていただいたが、その時によく「中国の相手方とやっとのことで合意に達しても、その翌日にはその合意が取り消されてしまう」というようなことを聞かされたものである。とにかく中国人の言うことは額面通りには信用できないということであった。また、「中国は知れば知るほど嫌いになる」といった言い方をされる方も少なからずあった。通常、その土地に住んでその土地の文化、人情といったものを知れば、その土地に親近感や好意を持つようになるのが一般であろう。ところが、中国にはそれがなく、日本人には根本的に相容れないものを感じるというのである。

もちろん、中国を好きになる日本人も全くいないわけではない。しかし、筆者の見る限り、そうした人はごく少数であって、大多数の日本人は中国に駐在して、中国を知ることによって中国に対して否定的な感情を抱くようになっている。

日本と中国の文化社会は全体として根本的に異なっており、個人のレベルではなく文化社会のレベルで何か本質的な差異があるということでは中国を知る大多数の日本人の間では異論のないところであったように思う。

それでは、その本質的な差異とは具体的に何であって、それはどのような背景で生じているのだろうか。このことが明確に、また、ある程度体系的に説明されなければ、日中の文化社会はただ異なっているというだけで終わってしまい、日中関係の本質の理解にも資することはできないだろう。

本書は、筆者が北京駐在時から抱いていたこうした問題意識から、これまでの見聞や研究蓄積を基にして、日中文化社会の本質的差異の具体的内容について、その背景を明らかにしながら解明し、また、明治以来の日中間の衝突がそうした日中の文化的相違の一つの発現という要素を含んだものであることを説明しようとしたものである。ただし、筆者の力不足もあって、この目的がうまく達成できていないところも多々あると思うが、このことについては読者の批評、批判を待ちたいと思う。

なお、もとより本書は日中の文化の優劣を論じようとしたものではない。文化は、それぞれの社会が置かれた地理的要件、社会形成の形態等に基づき創られ、蓄積されていくものであり、そこに優劣はないはずである。このことは、未開社会の文化と先進国の文化とて同様である。

しかしながら、民主社会の実現という特定の観点から見た場合、日本文化は民主社会に比較的近く、中国文化は遠いということは、否定できない事実である。本書で述べてきたとおり、歴史を逆戻りさせることなく両国両民族の共存共栄を図るためには、中国が民主化する以外に方法はないが、そこに至るまでの道のりは長く、紆余曲折もあり、長期を要することとなろう。そして、それまで日中文化の衝突は続く。本書が、今後とも続くであろう日中文化衝突の期間において、日本人が日中関係を的確に理解し、中国とどのように向き合えばいいかを考える上での一助となることを切に望む次第である。

最後になったが、本書の出版に快くご協力いただいた彩流社の高梨治第一編集部長にこの場を借りて謝意を表することとしたい。

二〇一八年三月

小浜の寓居にて　河原昌一郎

註

◉序章　日中文化の異質性と衝突

(1) 福沢諭吉『文明論之概略』第一編第二章。
(2) 1885年3月16日『時事新報』に掲載された無署名の社説。福沢諭吉が著したとされる。
(3) 原文は文語。現代語訳は筆者。
(4) 長谷川如是閑『我観中国 —— その政治と哲学』(東方書局、1947年) 164頁。
(5) 同上、170-171頁。
(6) 梅棹忠夫『文明の生態史観』(中央公論社、1967年) 所収。
(7) ウィットフォーゲル『東洋的専制主義』アジア経済研究所訳(論争社、1961年)。
(8) カール・マルクス『資本論』第7編「資本の蓄積過程」。
(9) サミュエル・ハンチントン『文明の衝突』鈴木主税訳(集英社、1998年) 59頁。
(10) 華夷秩序とは、中国が世界の中心(中華)で、周辺は野蛮人(夷)であるとの考え方に基づいた国際秩序。また、中国皇帝が王や候といった爵号を授けて国を治めさせることを冊封といい、爵号を授かった王や候は中国皇帝と君臣関係に立ち、朝貢等の義務を負う。冊封体制の下では、中国は宗主国、冊封された周辺国は藩属国とされる。
(11) 文章内(　　)書きは筆者が付加。現代語訳筆者。

◉第Ⅰ編　中国の家族と村

(12) 中華民国の成立(1912年)から中華人民共和国建国(1949年)までの期間をいう。

◉第一章　中国の家族

(13) 仁井田陞「中国の家 —— 中国農業家族労働力の規律」『東洋の家と官僚』(生活社、1948年) 37-84頁。
(14) 同上、67-71頁。
(15) 同上、62頁。
(16) 福武直『中国農村社会の構造』(有斐閣、1951年) 357頁。
(17) 戒能通孝「支那土地法慣行序説 —— 北支農村に於ける土地所有権と其の具体的性格」『支那農村慣行調査報告書第一輯』(東亜研究所、1943年) 185頁。
(18)「合有」とは共同所有のうち持ち分の分割請求や処分ができない形態のものをいい、「共有」は持ち分の分割請求や処分ができるものをいう。

（19）仁井田「中国の家」48 頁。
（20）「支那農村慣行上の土地所有権は、日本の旧時代土地所有権などと比較して、遙かに私権的性格が強固」なものであった。戒能「支那土地法慣行序説」186 頁。
（21）2007 年 6 月 22 日「人民網」。
（22）戒能「支那土地法慣行序説」192 頁。
（23）福武『中国農村社会の構造』304 頁。
（24）付恵凱「20 世紀農村宗族変遷研究総述」『新余高専学報』第 14 巻第 6 期（2009 年）28-30 頁。
（25）小竹文夫『中国社会』（三省堂、1949 年）168 頁。
（26）福武『中国農村社会の構造』342-355 頁。
（27）同上、343 頁。
（28）王洪兵「清代華北宗族与郷村社会秩序的建構－以順天府宝坻県為例」『東北師大学報（哲学社会科学版）2014 年第 6 期、116 頁。
（29）同上、117 頁。

◉第二章　中国の村

（30）中国の土地は、憲法の規定上、農村または都市近郊の土地で、国有地以外の土地は集団有とされている。ここで集団とは村を単位とする農民集団のことが考えられており、集団有とは実質的には村有のことである。
（31）ここでは、自己が村民であるということを意識する程度や村への帰属心の有無を表すために用いる。
（32）近世の村において、田畑および家屋屋敷を所持していた百姓。その持高に応じて、年貢、諸役等を負担した。
（33）福田アジオ「村の共同と秩序」塚本学編『日本の近世　第 8 巻　村の生活文化』（中央公論社、1992 年）95 頁。
（34）自分がある組の意思決定に共同に参画し、運営しているメンバーであるという意識。この場合の組は寄合のこと。
（35）福田「村の共同と秩序」、97 頁。
（36）大石慎三郎編『日本史小百科　農村』（近藤出版社、1980 年）106 頁。
（37）同上、117 頁。
（38）福武『中国農村社会の構造』477 頁。
（39）旗田巍『中国村落と共同体理論』（岩波書店、1973 年）59-63 頁。
（40）同上、63-65 頁。
（41）福武『中国農村社会の構造』478 頁。
（42）旗田『中国村落と共同体理論』103-107 頁。
（43）同上、127-141 頁。
（44）同上、141-153 頁。
（45）目黒克彦「清朝中期の保甲制について」『愛知教育大学研究報告、29（社会科学編）』（1980 年 3 月）57 頁。

(46) 同上、59 頁。
(47) 福武『中国農村社会の構造』492 頁。なお、福武は、行政事務の繁雑化に伴い村長には必ずしも財産家でなくても世話好きで気軽に事務を遂行するような人物がなることも多かったとするが、これとても背後に富農層の勢力等をもつ者であり、村公会はやはり村内の上層者に牛耳られていたとする（同）。
(48) 旗田『中国村落と共同体理論』72 頁。
(49) 副と富は、中国語では発音が同じである。
(50) 旗田『中国村落と共同体理論』255 頁。
(51) 福武『中国農村社会の構造』427 頁。
(52) 旗田『中国村落と共同体理論』258 頁。
(53) 福武『中国農村社会の構造』395 頁。
(54) 石田浩『中国農村の歴史と経済』（関西大学出版部、1991 年）107 頁。
(55) 福武『中国農村社会の構造』491 頁。
(56) 同上、495 頁。
(57) 戒能「支那土地法慣行序説」183 頁。
(58) 川野重任「小作関係より見たる北支農村の特質 —— 河北省順義県沙井村の事例に就て」『支那農村慣行調査報告書第一輯』（東亜研究所、1943 年）313-315 頁。
(59) 戒能「支那土地法慣行序説」191 頁。
(60) 川野「小作関係より見たる北支農村の特質」319-328 頁。

◉第Ⅱ編　中国の社会と民族性
◉第三章　士大夫階級と中国社会

(61) 宮崎一定『科挙』（中央公論社、1963 年）。以下、科挙の説明は主として同書による。
(62) 山口智哉「地方の士大夫と郷飲酒礼」『アジア遊学』(64)（勉誠出版、2004 年）91 頁。
(63)『支那社會の史的分析』経済資料第 15 巻第 10. 11 号（(財) 東亜経済調査局、1929 年）27 頁。
(64) 同上、26 頁。
(65) 仁井田陞『中国の法と社会と歴史』（岩波書店、1967 年）41 頁。
(66) 同上、45 頁。同事件は、1449 年に鄧茂七が戦死して終息する。
(67) 同上、47 頁。
(68) 三木聡「抗租と法・裁判：雍正五年（一七二七）の《抗租禁止条例》をめぐって」『北海道大学文学部紀要』37(1)、119 頁。
(69) 大谷敏夫「清代郷紳の理念と現実 —— 朋党、封建、井田論を中心として」『中国士大夫階級と地域社会との関係についての総合的研究』（昭和 57 年度科学研究費補助金総合研究（A）研究成果報告書、1983 年）121 頁。
(70) 同上。

（71）弔う人のない墓、無縁塚のこと。
（72）大谷敏夫「清朝君主権と士大夫」『鹿児島大学法文学部紀要』通号 19（鹿児島大学法文学部、1983 年）95 頁。
（73）同上。
（74）宮崎『科挙』166 頁。
（75）森正夫「宋代以後の士大夫と地域社会」『中国士大夫階級と地域社会との関係についての総合的研究』（昭和 57 年度科学研究費補助金総合研究（A）研究成果報告書、1983 年）96 頁。
（76）大谷「清朝君主権と士大夫」94 頁。
（77）宮崎『科挙』185、186 頁。
（78）同上、196、197 頁。
（79）冨田孔明「北宋士大夫の皇帝・宰執論」『東洋文化研究』（学習院大学東洋文化研究所、2002 年 3 月）52、53 頁。

◉第四章　都市の団体

（80）小竹『中国社会』180 頁。
（81）同上、182 頁。
（82）同上、183 頁。
（83）同上、186-187 頁。
（84）マーティン・ブース『龍の系譜 —— 中国を動かす秘密結社』田中昌太郎訳（中央公論社、2001 年）123 頁。
（85）同上、125-126 頁。
（86）『在留支那貿易商』経済資料第 14 巻第 3 号（南満州鉄道株式会社東亜経済調査局、1928 年）。
（87）同上、16-19 頁。
（88）同上、15 頁。行桟の主人の収入としては、このほか、自己の営む問屋業収入がある。
（89）同上、12 頁。各収入の説明は、同じく 33、44、51 頁。
（90）同上、40-41 頁。
（91）村松裕次『中国経済の社会態勢』（東洋経済新報社、1949 年）257 頁。
（92）同上、258 頁。
（93）仁井田陞『中国の社会とギルド』（岩波書店、1951 年）16 頁。
（94）ウィットフォーゲル『解体過程にある支那の経済と社会（下巻）』平野義太郎監訳（中央公論社、1933 年）351 頁。
（95）仁井田『中国の社会とギルド』31 頁。
（96）同上、38-39 頁。
（97）同上、37-38 頁。
（98）同上、26 頁。
（99）ブース『龍の系譜 —— 中国を動かす秘密結社』188 頁。
（100）同上。

（101）同上、45-46 頁。
（102）同上、91 頁。

◉第五章　易姓革命の思想

（103）「四書」とは儒教の代表的書物である『論語』、『大学』、『中庸』および『孟子』をいう。
（104）藤堂明保監修『中国の古典 4 孟子』大島晃訳（学習研究社、1983 年）67-68 頁。
（105）同上、193 頁。
（106）同上、257 頁（『孟子（万章章句）』）。
（107）漢は火徳とされるが、火徳の色は赤であって青ではなく、スローガンとは一致しないので、このスローガンの解釈については諸説がある。
（108）藤堂監修『孟子』20 頁。
（109）同上。

◉第六章　中国人の性格・民族性

（110）和辻哲郎『風土 —— 人間学的考察』（岩波書店、1935 年）9 頁。
（111）アーサー・エチ・スミス『支那人気質』渋江保訳（博文館、1896 年）10-14 頁。
（112）ラルフ・タウンゼント『暗黒大陸 —— 中国の真実』田中秀雄、先田賢紀智訳（扶養書房出版、2004 年）91-103 頁。
（113）同上、94 頁。
（114）同上、96-97 頁。
（115）同上、99-101 頁。
（116）天野利武「支那民族性論」京城帝国大学大陸文化研究会編『大陸文化研究』（岩波書店、1940 年）177-205 頁。
（117）小竹『中国社会』55 頁。
（118）ラルフ・リントン『文化人類学入門』清水幾太郎、犬養康彦訳（創元新社、1952 年）第 5 章。
（119）同上、171 頁。
（120）同上、172 頁。

◉第七章　日中の文化・社会の差異

（121）中根千枝『タテ社会の人間関係 —— 単一社会の理論』講談社現代新書、1967 年。
（122）同上、26-29 頁。
（123）フランシス・フクヤマ『「信」無くば立たず』加藤寛訳（三笠書房、1996 年）。
（124）同上、110-111 頁。

◉第Ⅲ編　戦前の日中関係

◉第八章　華夷秩序攻防期の日中関係

(125) 大山梓編『山縣有朋意見書』(原書房、1966年) 61-64頁。
(126) 原文は文語。現代語訳筆者。
(127) 朝鮮にとって、「皇」は天下を統一し地上を治めている尊者の称号であり、「勅」は天子の詔令であって、清朝皇帝にしか用いられなかった。
(128) 田保橋潔『近代日鮮関係の研究 上巻』(文化資料調査会、1963年) 149-167頁。
(129)『大日本外交文書』第二巻第2冊、854-858頁。原文は文語。現代語訳筆者。
(130) 外務省『日本外交文書デジタルアーカイブ　明治期第3巻』89。
(131) 同上。原文は文語。現代語訳筆者。
(132) 外務省『日本外交文書デジタルアーカイブ　明治期第3巻』141「清国トノ条約締結予備交渉ノ顛末並ニ阿片禁止金札贋造ノ清国人断罪ニ関スル回答報告ノ件」附属書1。
(133) 信夫清三郎『近代日本外交史』(研進社、1948) 28頁。
(134) 布和「李鴻章と日清修好条規の成立 ——1870年代初めの清国対日政策の再検討」『桜花学園大学人文学部研究紀要』(5) 2002、205頁。
(135) 外務省『日本外交文書デジタルアーカイブ　明治期第3巻』157「清国トノ条約談判経過報告ノ件」。原文は文語。現代語訳筆者。
(136) 信夫『近代日本外交史』29頁。
(137) 田保橋潔『明治外交史』(岩波書店、1934年) 21頁。
(138) 田保橋『明治外交史』22-23頁。
(139) 戴天昭『台湾国際政治史研究』(法政大学出版局、1971年) 128頁。
(140) 牡丹社は当地の原住民の部族名。同一部族で、いくつかの集団に分かれていた。
(141)『大日本外交文書』第七巻、1頁。原文は文語。現代語訳筆者。
(142) 戴『台湾国際政治史研究』110頁。
(143) 同上、116頁。
(144) 同上、124頁。
(145)『大日本外交文書』第六巻、178-179頁。原文は文語。現代語訳筆者。
(146)『大日本外交文書』第七巻、75頁。原文は文語。現代語訳筆者。
(147)『大日本外交文書』第七巻、316-318頁。
(148) 原文は文語。現代語訳は筆者。
(149) ただし、この後、朝貢禁止等に関して琉球藩王の清国への陳情等があり、清国はなお暫く琉球の両属を主張した (田保橋『明治外交史』26-30頁)。
(150) 田保橋『近代日鮮関係の研究　上巻』323頁。
(151) 同上、328頁。
(152) 信夫『近代日本外交史』46-47頁。
(153) 同上。原文文語。現代語訳筆者。
(154)『大日本外交文書』第九巻、99頁。

(155)『大日本外交史』第六巻、177-178 頁。原文は文語。現代語訳筆者。なお、属邦であることと内外政の自主は矛盾しないとされていることには留意が必要である。これによれば、日朝修好条規第 1 条の規定も朝鮮が清国の属国であることと矛盾しないと解釈することが可能であり、朝鮮はそうした立場をとったようである。
(156) 信夫『近代日本外交史』49-51 頁。
(157) 章程名の中の「與」は「及び」の意。
(158) 信夫『近代日本外交史』55、57-58 頁。
(159) 田保橋『明治外交史』43 頁。
(160) 大山編『山縣有朋意見書』116-118 頁。
(161) 現ソウル。「京城」は正式には韓国併合後の呼称であり、当時は「漢城」と言われていたが、本書では便宜的に「京城」で統一した。
(162) 田保橋『明治外交史』44 頁。
(163) 1885 年 6 月 9 日井上外務卿から清国駐箚榎本公使宛文書（『大日本外交文書』第 18 巻、324-325 頁）。
(164) 信夫『近代日本外交史』56-57 頁。
(165) 1985 年 2 月 8 日井上外務卿から清国駐箚榎本公使宛文書（『大日本外交文書』第 18 巻、192 頁）。原文は文語。現代語訳筆者。
(166) 原文は文語。現代語訳筆者。
(167)黒野耐『帝国国防方針の研究 —— 陸海軍国防思想の展開と特徴』(総和社, 2000 年）23 頁。
(168) 原文は文語。現代語訳筆者。
(169) 信夫『近代日本外交史』70 頁。
(170)『大日本外交史』第 27 巻第二冊、167-169 頁。（　）書は筆者。
(171) 陸奥宗光『新訂　蹇蹇録』（岩波書店、1983 年）53-57 頁。
(172)『大日本外交史』第 27 巻第一冊、559-560 頁。
(173) 1894 年 6 月 12 日英国駐箚青木公使より陸奥外務大臣宛電報（『大日本外交史』第 27 巻第二冊、268-269 頁）。
(174)1894 年 6 月 17 日清国駐箚小村臨時代理公使より陸奥外務大臣宛電報(『大日本外交史』第 27 巻第二冊、270-271 頁)。
(175) 陸奥『蹇蹇録』90-91 頁。
(176) 信夫『近代日本外交史』77 頁。
(177) 陸奥『蹇蹇録』80 頁。
(178) 同上、82-85 頁。
(179) 同上、73-74 頁。筆者一部修正。
(180) 同上、75 頁。
(181) 信夫『近代日本外交史』79 頁。
(182)『大日本外交史』第 27 巻第二冊、266 頁。
(183) 田保橋『明治外交史』66-67 頁。
(184) 当時の中国で流通していた銀貨の一種。
(185) 陸奥『蹇蹇録』325-362 頁。

(186) 信夫『近代日本外交史』95 頁。
(187) 陸奥『蹇蹇録』350-357 頁。
(188) 信夫『近代日本外交史』96-97 頁;陸奥『蹇蹇録』358 頁。

◉第九章　反日・排日活動期の日中関係

(189) 信夫『近代日本外交史』172 頁。
(190) 同上、171 頁。
(191) 20 世紀の初め、タフト大統領の下でノックス国務長官によって実践された米国経済・資本力を背景とした外交政策。ラテンアメリカ諸国の借款をドルに借り換えさせることによってラテンアメリカ諸国への支配力を強めるとともに、満州では門戸開放を実現しようとした。
(192) 中村粲『大東亜戦争への道』(展転社、1991 年) 139 頁。
(193) 信夫『近代日本外交史』209 頁。
(194) 同上、221 頁。
(195) 同上。
(196) 信夫『近代日本外交史』225-226 頁。
(197) 同公司は漢陽にある鉄鉱石採掘・輸出会社。辛亥革命後、革命軍による没収を免れるために必要な資金を日中合弁化を条件として日本が貸し付けていた(中村『大東亜戦争への道』151-152 頁)。
(198) 中村『大東亜戦争への道』153 頁。
(199) 信夫『近代日本外交史』251 頁。
(200) 馬場明『日露戦争後の満州問題』(原書房、2003 年) 90 頁。
(201) 信夫『近代日本外交史』256 頁。
(202) 馬場『日露戦争後の満州問題』90-91 頁。
(203) 日本国際政治学会太平洋戦争原因研究部『太平洋戦争への道　開戦外交史　1 満州事変前夜』(朝日新聞社、1963 年) 27-29 頁。
(204) 世界海軍力二位のフランスと同三位のロシアの海軍力を合わせた以上の海軍力を整備、保有すること。
(205) 信夫『近代日本外交史』258 頁。
(206) 日本国際政治学会太平洋戦争原因研究部『太平洋戦争への道』33 頁。
(207) 同上、35-36 頁。
(208) 信夫『近代日本外交史』241-247 頁。
(209) 辛亥革命後の 1912 年から 1928 年に国民党が北伐を完成させて南京を首都とするまで北京に存在した政府。
(210) この当時における有力な軍閥としては、安徽派、直隷派等があり、また、広州には国民党政府があった。
(211) 中村『大東亜戦争への道』208-209 頁。
(212) 国民革命軍が、北伐の途上、南京において外国領事館、学校、会社等を襲撃、略奪した事件。同事件による各国死者は日本 1、英国 2、米国 1、イタリア 1、デンマーク 1 の計 7 名であり、他 2 名が行方不明となった(中

村『大東亜戦争への道』242頁)。
(213) 国民革命軍による漢口攻略時に、中国人群衆が日本租界を襲撃して、邦人商店、家屋等を破壊、略奪した事件。日本の陸戦隊の上陸等によって、日本人は全員救出された(中村『大東亜戦争への道』251頁)。
(214) 中国国民党の軍。
(215)「昭和2年7月7日来電合第一八五号並7月11日附来信亜一機密合第六三六号」(『日本外交年表並主要文書下』所収)。
(216) 川田稔『昭和陸軍全史　1満州事変』(講談社、2014年) 31頁。
(217) 1927年4月12日、上海で蔣介石の国民革命軍が共産党組織の解散を命じ、共産党員を逮捕、処刑した事件。
(218) 1927年から1928年にかけて、日本が山東省の居留民保護のため、前後3回にわたり行った出兵。
(219) 中村『大東亜戦争への道』284頁。
(220) 渡部昇一解説・編『全文リットン報告書』(ビジネス社、2006年) 96頁。
(221) 同上、99頁。
(222) 同上、278-279頁。
(223) 同上、279頁。同年以降、満州事変までに国民的規模のボイコットは10回行われたが、そのうち9回が対日本で、1回が対英国であった。
(224) 同上、283-284頁。
(225) 馬場『日露戦争後の満州問題』211頁。
(226) 中村『大東亜戦争への道』294頁。
(227) 馬場『日露戦争後の満州問題』233頁。
(228)「日清満州に関する条約附属取極」(1895年12月) 第3条に「清国政府は南満州鉄道の利益を保護するため、同鉄道を回収する以前においては、同鉄道付近にこれと並行する幹線または同鉄道の利益を害する枝線を敷設しないことを承認する」旨の規定がなされている。
(229) 白井勝美『満州事変　戦争と外交と』(中公新書、1974年) 12-13頁。
(230) 遼河河口の港。葫蘆島の港湾建設が完成するまでの主港として位置付けられ、満州の玄関として栄えた。
(231) 渡部『全文リットン報告書』138頁。この内容は日本側の説明による。
(232) 渡部『全文リットン報告書』150-151頁。
(233) 馬場『日露戦争後の満州問題』229-230頁。
(234) 渡部『全文リットン報告書』163頁。
(235) 朝鮮人のうち、職業的犯罪人等と結託して同胞(朝鮮人)を脅して財産を奪ったり、金銭を強要したりする者。
(236) 渡部『全文リットン報告書』163-164頁。
(237) 村『大東亜戦争への道』306-307頁。
(238) 渡部『全文リットン報告書』118頁。
(239) 白井『満州事変』21頁。

◉第Ⅳ編　現代の中国―国際秩序に対する脅威

（240）中国統計年鑑。なお、近年では加工貿易による輸出額は表示されていない。

◉第十章　東アジアでの覇権を狙う中国と習近平の「新時代」

（241）U.S. Department of Defense, "Report to Congress Pursuant to Section 1305 of the FY97 National Defense Authorization Act," Apr.8, 1997.　本報告では、中国の意図について、「中国の長期的目標は、世界の大国の一つになることである。中国の指導者は、21世紀の前半期のある時期に、中国が東アジアでの指導的な経済力および政治力を確実に有するようになるものと見ている。」と記述している。

（242）Ibid.

（243）清水美和「中国外交の09年転換とその背景」（IDE-JETRO 2011年「中国・インドの台頭と東アジアの変容」第5回研究会）http://www.ide.go.jp/Japanese/Publish/Download/Seisaku/pdf/1109_shimizu.pdf

（244）本節は、河原昌一郎「中国の国力増強と東アジア」『21世紀東アジア安全保障と危機管理　日台学術研究会論文集〔21世紀東亜安全保障与危機管理　台日学術研討会論文集〕』（淡江大学国際研究学院日本研究中心、2016年3月）39-69頁の一部を修正したものである。

（245）「全方位外交」の概念は、周恩来の外交にもあった。これは平和五原則のもとに、米国とソ連の覇権に反対するというものであった。

（246）葉江「略論改革開放以来中国全方位外交中的大国戦略調整」『毛沢東鄧小平理論研究』2008年

（247）『四川統一戦線』2008年3月、12頁。

（248）2011年2月23日「文都考研」。http://kaoyan.wendu.com/23685.html

（249）同上。

（250）2011年1月14日、胡錦濤訪中を控え、クリントン国務長官が「21世紀の米中関係の見通し」と題してワシントンで行った講演。

（251）李海龍、卒穎「"新型大国関係"建構路径分析」『長白学刊』2014年第2期、26頁。

（252）ツキディデスは、その著『戦史』において、ペロポネソス戦争の原因はスパルタがアテネの強大化を恐れたためであり、戦争の原因は他国が強大化することへの「恐れ」にあるとした。

（253）2016年1月26日「人民日報」。

（254）Anti-Access/Area Denial（反接近、領域拒否）の略。米国の軍事力に対抗するために中国が進めるミサイル能力の強化等の措置の米側の呼称。

（255）2013年9月7日、習近平はナザルバエフ大学での演説で「シルクロード経済ベルト」に関する構想を説明した。

（256）2013年10月3日、習近平はインドネシア国会での演説で「21世紀海

上シルクロード」に関する構想を説明した。
(257) 1993年発足の国際組織。提唱国はカザフスタンで、加盟国はアジア諸国を中心とした26カ国。日本はオブザーバー国である。
(258) 駐日中国大使館ホームページ「習近平総書記、周辺外交活動座談会で重要演説」。
(259) 2013年7月8日「北京週報（日本語版）」。
(260) 習近平第19回党大会政治報告抜粋版による。
(261) 同上。
(262) 同上。
(263) 2013年7月8日「北京週報（日本語版）」。
(264) アテネ軍がメロス島を攻略した際、奴隷となるか全滅かの決断を迫るアテネ軍に「名誉ある和平の道はないか」と尋ねるメロス島民に対してアテネ軍がこの言葉を返したとされる。

◉第十一章　南シナ海問題と中国の性格

(265) 本章は、河原昌一郎「南シナ海問題におけるフィリピンの対中国提訴に関する一考察」『国際安全保障』第42巻第2号、86-104頁を最近の情勢を加えて全面的に書き直したものである。
(266) インドシナを領有していることによる主張。現在、その主張は基本的にベトナムが引き継いでいる。
(267) 台湾の国家としての性格については、異論もあるが、「国の権利および義務に関する条約（米州）」（1933年モンテビデオ）に規定された国としての要件である「永続的住民」、「明確な領域」、「政府」および「他国と関係を取り結ぶ能力」を台湾は現実的に備えていると考えられるので、本書では国家であることを前提として記述している。
(268) 同日付の新華社の発表記事による（浦野起央『南海諸島国際紛争史』刀水書房、1997年、397頁）。
(269) 一般的に、パラセル諸島、スプラトリー諸島を含め、南シナ海に存在する各島嶼の総称として用いられる。
(270) 黄偉「論中国在南海U形線内“其他海域”的歴史性権利（南シナ海のU字形線内の“その他の海域”における中国の歴史的権利を論じる）」『中国海洋大学学報』2011年第3期、36頁。
(271) 金永明「中国南海断続線的性質及線内水域的法律地位（中国の南シナ海の断続線の性質および線内の水域の法律的地位）」『中国法学』2012年第6期、42頁。
(272) フィリピンは、同国のパラワン島に比較的近い53の島嶼をカラヤーン群島と呼称している。
(273) アイリーン・サン・パブロ・バビエラ「南沙諸島紛争とフィリピンの対中外交」『世界週報』1999年10月、28頁。
(274)「南シナ海問題で中国『自国領だ。フィリピンは異議唱えなかった』」

2012年4月19日「サーチナ」。news.searchina.ne.jp/disp.cgi?y=2012&d=0419&f=politics_0419_013.shtml

(275) 海洋法条約附属書Ⅶ第1条に基づくフィリピン政府から中国政府への口上書による通告。

(276) 徐光裕「中国戦略観念需改変(中国の戦略観念は改変が必要)」『党政論壇・幹部文摘』2009年12月、19頁。

(277) 樊恭嵩「拓展戦略辺疆:中国国防建設的歴史使命(戦略的国境を開拓する:中国国防建設の歴史的使命)」『空軍政治学院学報』1997年第1期、54頁。

(278) 徐光裕「未来十年、解決海疆問題関鍵期(未来の10年は、海洋国境問題を解決する鍵となる時期である)」『社会観察』2012年10月、31頁。

(279) 2002年11月4日「南シナ海における関係国の行動に関する宣言」。

(280) 当事国が指名を行わない場合は、国際海洋法裁判所長が代わって任命する。

(281) 国際法上、歴史的権利の主張のためには、少なくとも①当該水域への当該国による国家権力の行使、②当該国家権力の行使の継続、③当該国家権力に対する外国政府の容認の3つが必要とされるが、中国は、南シナ海でこれらのいずれも満たしていない。

(282) この判決について、スプラトリー諸島で最大の陸地面積がある太平島を占拠してその領有を主張している台湾は、強く反発している。

(283) 2016年7月13日「YOMIURI ONLINE」。

(284) 2016年7月13日「産経ニュース」。

(285) 2016年7月12日「自由時報」。

◉終章　中国とどう向き合うか

(286) 2017年12月26日「BBCNEWS JAPAN」。 http://www.bbc.com/japanese/42482642

(287) イマヌエル・カント『永遠平和のために』。

【著者】

河原昌一郎

…かわはら・しょういちろう…

1955年兵庫県生、1978年東京大学法学部卒業　農林水産省入省、
1995年在中国日本大使館参事官、1998年内閣外政審議室内閣審議官、
2001年農林水産省課長、2003年農林水産政策研究所（研究室長、上席主任研究官）、
2009年博士（農学）〔東京大学〕、2011年～日本安全保障・危機管理学会理事、
2015年博士（安全保障）〔拓殖大学〕、
現在（2017～）、福井県立大学海洋生物資源学部 ／ 海洋生物資源学科教授。

【著書】

『民主化後の台湾——その外交、国家観、ナショナリズム』（彩流社、2016年）、
『米中台関係の分析——新現実主義の立場から』（彩流社、2015年）、
『中国農村合作社制度の分析』（農山漁村文化協会、2009年）、
『詳解中国の農業と農村』（農山漁村文化協会、1999年）ほか。

【論文】

「南シナ海問題におけるフィリピンの対中国提訴に関する一考察」
『国際安全保障』（2014年9月）、
「アメリカの対台湾政策と台湾海峡ミサイル危機」
『拓殖大学大学院国際協力学研究科紀要』（2013年3月）ほか。

Sairyusha

日中文化社会比較論《にっちゅうぶんかしゃかいひかくろん》

日中相互不信《にっちゅうそうごふしん》の深層《しんそう》

2018年6月25日　第1刷発行

著者　河原昌一郎

発行者　竹内淳夫

発行所　株式会社 **彩 流 社**
〒102-0071　東京都千代田区富士見2-2-2
電話 03 (3234) 5931（代表）FAX　03 (3234) 5932
http://www.sairyusha.co.jp
E-mail: sairyusha@sairyusha.co.jp

装丁　鈴木 衛
印刷　モリモト印刷(株)
製本　(株)難波製本

定価はカバーに表示してあります。
落丁本・乱丁本はお取替えいたします。
ISBN978-4-7791-2489-1　C0020